SOCIOLOGIA DO BRASIL

Alysson Leandro Mascaro

SOCIOLOGIA
DO BRASIL

© Boitempo, 2024
© Alysson Leandro Mascaro, 2024

Direção-geral Ivana Jinkings
Edição Pedro Davoglio
Coordenação de produção Juliana Brandt
Assistência editorial Marcela Sayuri
Assistência de produção Livia Viganó
Preparação Carolina Hidalgo Castelani
Revisão Trisco Comunicação
Capa e diagramação Antonio Kehl
Foto de capa Victor Barau

Equipe de apoio Artur Renzo, Ana Slade, Davi Oliveira, Elaine Ramos, Frank de Oliveira, Frederico Indiani, Higor Alves, Isabella de Oliveira, Isabella Meucci, Ivam Oliveira, Kim Doria, Letícia Akutsu, Luciana Capelli, Marina Valeriano, Marissol Robles, Mateus Rodrigues, Maurício Barbosa, Raí Alves, Renata Carnajal, Thais Rimkus, Tulio Candiotto

CIP-BRASIL. CATALOGAÇÃO NA PUBLICAÇÃO
SINDICATO NACIONAL DOS EDITORES DE LIVROS, RJ

M362s

Mascaro, Alysson Leandro
    Sociologia do Brasil / Alysson Leandro Mascaro. - 1. ed. - São Paulo : Boitempo, 2024.
    23 cm.

    ISBN 978-65-5717-358-9

    1. Ciências sociais - Brasil. 2. Sociologia - Brasil. I. Título.

24-88970
CDD: 300.981
CDU: 316(81)

Meri Gleice Rodrigues de Souza - Bibliotecária - CRB-7/6439

Este livro compõe a 42ª caixa do clube Armas da Crítica.

É vedada a reprodução de qualquer parte deste livro sem a expressa autorização da editora.

1ª edição: abril de 2023; 1ª reimpressão: outubro de 2024

BOITEMPO
Jinkings Editores Associados Ltda.
Rua Pereira Leite, 373
05442-000 São Paulo SP
Tel.: (11) 3875-7250 / 3875-7285
editor@boitempoeditorial.com.br
boitempoeditorial.com.br | blogdaboitempo.com.br
facebook.com/boitempo | youtube.com/tvboitempo
instagram.com/boitempo

Sumário

Prefácio 7

1. Três caminhos do pensamento social brasileiro 11
   Historicidade do pensamento social 11
   Três caminhos do pensamento social contemporâneo 13
   Três caminhos da sociologia do Brasil 16

2. As interpretações do Brasil pioneiras 25
   Formas das interpretações do Brasil 25
   Os liberalismos pioneiros 32
   Os não liberalismos pioneiros 41

3. As interpretações do Brasil liberais 55
   Sérgio Buarque de Holanda 55
   Raymundo Faoro 59

4. As interpretações do Brasil não liberais 67
   Gilberto Freyre 67
   Guerreiro Ramos 73
   Darcy Ribeiro 77

5. As interpretações do Brasil críticas 81
   Caio Prado Júnior 81
   Ruy Mauro Marini 88
   Florestan Fernandes 95

6. A SOCIEDADE BRASILEIRA: FORMAÇÃO 111
    A escravidão.. 111
    O modo de produção escravista colonial 113
    As socializações de escravizados e de livres... 120
    A sociabilidade salariada 128

7. A SOCIEDADE BRASILEIRA: ATUALIDADE 131
    Desenvolvimento da dinâmica capitalista brasileira... 131
    Consolidação da reprodução social brasileira 134
    Sentido da reprodução social brasileira contemporânea..................................... 142

REFERÊNCIAS BIBLIOGRÁFICAS 147

Prefácio

Entrego neste livro minha perspectiva crítica a respeito da sociologia do Brasil, propondo e sistematizando três caminhos dos pensamentos sociais brasileiros.

As interpretações acerca da sociedade brasileira perpassam já séculos e são múltiplas, revelando distintos horizontes e implicações. Ainda há quem exalte o país por conta de sua reputada abençoada natureza; há os que o tomam a partir da pretensa gente cordial, sentimentalista, e outros ainda torcem o conceito, associando cordial a bom; há os que louvam o potencial pátrio a partir da miscigenação; há os críticos ao Estado, ao patrimonialismo e a populismos; e há os que desejam mais Estado e mais decisão política soberana. No entanto, no seio de todos esses conclames históricos e sociais, despontam, ainda, leituras que buscam alcançar sua materialidade, a determinação pelos modos de produção, as específicas explorações, dominações e opressões que articularam as formações sociais que historicamente resultaram no Brasil. Trata-se de um conjunto raro de leituras – as críticas –, relativamente negado ou ocultado pela ambiência intelectual liberal ao longo de muito tempo, mas o mais especial, que aqui trago na esperança de que seja enfim definitivamente alcançado e consolidado por aquelas e aqueles que se ocupam do conhecimento radical a respeito do país.

As lutas de classes e as lutas sociais, as disputas intelectuais e o domínio ideológico são responsáveis pelas modulações de interesses e perspectivas teóricas sobre o Brasil. A partir daí, dois caminhos se abrem. De um lado, naturalizando o capitalismo e tomando-o como base inexorável da ação política, são as leituras liberais que ganham posição social e intelectual dominante no final do século XX e início do século XXI. De outro lado, pontualmente, laivos regressivos, ditatoriais e moralistas sempre retornam – o clamor à família, à tradição, aos costumes e à propriedade defendida de modo iliberal. Contra tudo isso, o terceiro e mais importante caminho, via de regra desconhecido ou deliberadamente denegado pela ambiência acadêmica: o pensamento crítico, que se funda nas dimensões materiais e estruturais da produção e de sua reprodução, é tanto a base científica e o ponto mais alto da compreensão social como, também, o grande horizonte de leitura a ser evitado pela ideologia capitalista. Visões radicalmente críticas acerca da sociedade revelam-se raras; de modo amplo, as universidades, os espaços acadêmicos e os intelectuais reclamam âmbitos temáticos e perspectivas teóricas que nunca ponham em causa o capitalismo nem apontem a luta socialista como possibilidade.

Assim, está sempre em questão até mesmo a noção do que seja a sociologia do Brasil, tomada aqui a partir das questões do chamado pensamento social brasileiro. A tendência liberal da intelectualidade nas sociedades capitalistas torna seu corolário teórico analítico, encerrado mais em estatísticas e empirias fragmentadas das relações e das instituições já dadas que, propriamente, em alcançar suas totalizações e suas causas sociais estruturais. Daí decorre o grande contraste entre esse conjunto ideológico liberal e as leituras marxistas, a ponto de, muitas vezes, mesmo que se reconheçam suas distinções, elas não sejam perfilháveis como sociologias comparáveis. Em tal contexto, é necessário reclamar uma ciência da sociedade capitalista e da formação social brasileira que rompa com os limites temáticos e as abordagens aceitas pelo meio acadêmico e intelectual bem instalado nos aparelhos ideológicos burgueses. É preciso, pois, deslocar e ampliar o que se toma por sociologia do Brasil, alcançando a crítica como sua chave decisiva de leitura.

Também os tempos específicos da dinâmica social, política, econômica e cultural do país tornam a compreensão social brasileira variável de acordo com os afetos prevalecentes. No início do século XXI, o Brasil vislumbrava-se como potência mundial; anos depois, no bicentenário de sua independência política, seu grau de degradação alcançou patamares poucas vezes vistos em sua história. São dois momentos sequenciais, mas de afecções distintas, que levam também a duas atitudes sobre o país: ufanismo de um lado e vergonha de outro. Ocorre que entre as margens liberais-progressistas e reacionárias do capitalismo brasileiro há o mesmo rio: exploração burguesa, golpes, controle político, jurídico, militar e ideológico que impedem variações na dominação de classes e grupos, mantendo a dinâmica histórica voltada à acumulação. Nesse contexto, a explicação social, por mais variável em seus méritos ou em suas sensibilidades, via de regra é sempre um conjunto explicativo moralista, juspositivista, liberal ou, então, culturalista, voluntarista, não juspositivista. Alcançar a materialidade histórica e científica da sociedade é tomar o estrutural e determinante – os modos de produção, as classes, as formas sociais –, de tal modo que então esperanças e dores não sejam acasos dos tempos nem virtudes e fortunas desenraizadas da dinâmica concreta da reprodução social. A crítica é tanto a ciência que se deve descobrir e aprender quanto o passo para a luta de transformação.

Este livro, organizando as linhas de compreensão teóricas sobre a sociedade brasileira, busca romper com suas típicas limitações, liberais ou organicistas, inscrevendo então nesse contexto o decisivo aporte crítico. Meu propósito é estabelecer os quadrantes da sociologia do Brasil a partir de seus três grandes caminhos – liberalismos (juspositivismos), não liberalismos (não juspositivismos) e crítica –, forjando, com isso, uma didática e uma sistemática que permitam, também, o incremento de seu estudo e pesquisa. Além de partes originais, esta obra incorpora diretamente alguns capítulos publicados em meu *Sociologia do direito*[1], obra na qual desenvolvo, ainda, a reflexão sobre os fundamentos da sociologia geral e a sistematização de seus principais pensadores no mundo, e que serve de base teórica e referência a muitas das questões aqui tratadas.

Na dor histórica da exploração e das dominações, mas também na esperança do enfrentamento, que sirvam estas páginas às pesquisas e ao público leitor interessados no Brasil e inspirados pela luta em favor de sua transformação.

São Paulo, de 7 de setembro de 2022, bicentenário da Independência, a 1º de janeiro de 2024.

O autor.

---

[1] Alysson Leandro Mascaro, *Sociologia do direito* (São Paulo, GEN-Atlas, 2023).

1
Três caminhos do pensamento social brasileiro

Historicidade do pensamento social

A experiência histórica brasileira não é lida de modo uníssono; desde muito, há disputas em torno da interpretação sobre o Brasil. Ainda assim, embora as mais variadas leituras se apresentem no debate intelectual a respeito do país, ocorre uma longa constância de decantação das explicações acerca dessa dinâmica, de seus polos ou, eventualmente, de seus disparates. Horizontes teóricos e políticos se reiteram. Já desde o século XIX, os males e os potenciais do Brasil são creditados, por muitos, à fraqueza de suas instituições políticas, à incipiência de relações de mercado, ao desrespeito ao direito e à carência de impessoalidade da legalidade. Por mais distintas que sejam as modulações internas a tais explicações, elas formam um conjunto teórico de perfil liberal. Fazer o Brasil alçar ao capitalismo, ou aperfeiçoá-lo, é seu horizonte basilar. De outro modo, há também uma história de explicações que afirmam uma excepcionalidade brasileira, tomando a bandeira do passado como força para guiar o futuro. A unidade territorial da antiga colônia portuguesa em face da fragmentação da América espanhola; uma dita peculiaridade na escravidão brasileira em face daquela dos Estados Unidos da América, na qual aqui a mistura das raças e mesmo uma doçura no trato pretensamente se impuseram; a experiência única de uma contínua monarquia no Novo Mundo; tudo isso se apresenta, com variações reacionárias, conservadoras e até mesmo progressistas, como uma perene linha de explicação a respeito do país.

Ainda que reconhecendo a multiplicidade das leituras sobre a sociedade brasileira, elas remontam a fontes básicas e reiteradas, de tal sorte que é possível tomar a longa lista de interpretações a respeito do Brasil não apenas como um enfileiramento pitoresco, ocasional ou curioso de pensadores que se sucederam cronologicamente, mas, em especial, como caminhos possíveis – e mesmo inexoráveis –

a partir de interesses, demandas, experiências e posicionamentos de classe, de grupo, de valores e de ideologia. Pelo Brasil e pelo mundo, as posições intelectuais não são totalmente distintas daquelas da própria realidade material vivida. Embora haja uma autonomia relativa do intelectual em face do contexto social, há uma determinação histórica a partir da qual a manutenção, a reforma, a regressão ou a transformação se levantam no contexto teórico. Assim sendo, a chegada das sociedades de todo o mundo ao capitalismo nos últimos séculos, ainda que por distintas estradas, levanta o mesmo conjunto nuclear de problemas materiais que a intelectualidade usa para forjar suas interpretações e tomar partido. Pode-se estabelecer, nessa materialidade social que dá base ao intelecto – ainda que em variados graus de relativa autonomia –, uma tentativa de explicação da constância de suas linhas de interpretação que se una a uma sociologia da circulação das ideias, como a da penetração do liberalismo europeu ou estadunidense no Brasil. Mas também não se pode reduzir à história das ideias a história da compreensão sociológica. Se há efetivamente uma história social da circulação, da apropriação e da reelaboração das ideias, ela se faz com base em uma concretude social determinante: pensa-se a partir de posições e interesses de classe e grupo. Pelo fato de que as formas sociais do capitalismo se impõem coercitivamente pelas costas dos sujeitos historicamente dados – ainda que por meio deles –, as dinâmicas, as contradições, os antagonismos, as resistências, os levantes, os potenciais críticos tendem a ter similitudes. As sociedades contemporâneas, capitalistas, se defrontam, dadas as especificidades de suas formações sociais, com os mesmos contextos de posicionamento social concreto. Por isso, as linhas de força da explicação social são um entrecruzamento entre o específico de uma formação social – o Brasil, sua história, sua cultura – e o geral da coerção das formas sociais do capitalismo – a mercadoria e sua marcha, a acumulação, as instituições políticas e jurídicas garantidoras do capital etc.

Um vasto conjunto de chaves e problemas teóricos da sociologia é, ao cabo, exemplar dessa constância de linhas de interpretação de cada formação social a partir de movimentos gerais do capitalismo. Centro e periferia, desenvolvimento e subdesenvolvimento, modernização, ideias fora do lugar, descolonização, todo esse conjunto exemplifica recorrências intelectuais que são devidas também aos pensadores que postulam seus termos, mas, em especial, advêm de concretudes sociais da dinâmica do capitalismo. Trata-se de ferramentas e horizontes sociológicos recorrentes em vários países do mundo.

É por essa razão, aliás, que a interpretação do Brasil não só não é, em questões materiais, radicalmente única ou distinta em face de demais explicações do mundo, mas pode-se tomar o caso brasileiro como um padrão valioso – e mesmo um possível modelo – das interpretações sociais pelo mundo. Uma vez que a história da sociologia se confunde com os tempos históricos do capitalismo, suas inclinações teóricas, seus assentos e acentos metodológicos e suas pretensões de cientificidade são, ao fim, imbricados com posições concretas de manutenção, reação ou transformação da realidade socialmente vivida. Daí, o que no Brasil se levanta como defesa de instituições liberais é, também ao seu modo, exemplar de um movimento geral de classes ou grupos do próprio capitalismo mundial: intelectuais que esperam imparcialidade ou meritocracia porque materialmente se pretendem mais bem assalariados nesse regime econômico. O particular da explicação sociológica brasileira atende às condições efetivamente singulares de sua formação social. No entanto, o movimento geral da sociologia é, de algum modo, determinado pela ideologia e pela dinâmica da própria reprodução geral do capitalismo. No decisivo, o pensamento contemporâneo é um posicionamento intelectual em face da sociabilidade capitalista.

Três caminhos do pensamento social contemporâneo

Proponho que o conjunto dos pensamentos contemporâneos a respeito da sociedade possa ser compreendido por meio de três grandes caminhos. Trata-se de uma proposição que aglutina, em eixos fundamentais, ideias e teorias variadas, mas que guardam, em cada um desses caminhos, algum traço teórico próximo. Seu caráter é didático, aproximando pensadores que não necessariamente partilham de mesmos pressupostos metodológicos nem mesmas implicações teóricas e práticas, mas que, se olhados de longe e em perspectiva, podem ser aproximados tanto por algumas bases compartilhadas como, em especial, pela distinção em face de outros caminhos cujos delineamentos se fazem de modo bastante contrastante. Desenvolvi tal modelo de sistematização a respeito do pensamento contemporâneo em *Filosofia do direito*[2], tratando de suas balizas filosóficas, e, ainda, em *Sociologia do direito*[3], no qual aplico tal perspectiva tanto aos sociólogos mundialmente referenciais quanto, também, aos teóricos sobre o Brasil.

Minha proposta é que o pensamento contemporâneo pode ser enfeixado em três caminhos, representando as grandes linhas de força da teoria social: ao primeiro deles, chamo-o juspositivista, ou liberal, ou institucionalista (tomando-se aqui as instituições políticas burguesas); ao segundo deles, chamo-o não juspositivista, ou não liberal, ou organicista, ou do poder; ao terceiro deles, chamo-o crítico, podendo ser também conhecido como marxista. Por juspositivismo utilizo uma nomenclatura originalmente advinda do campo do direito e que se refere ao direito posto pelo Estado, tratando, então, de uma perspectiva que reconhece no arcabouço jurídico e estatal burguês, de fundo liberal, um padrão marcante de sociabilidade, tipicamente contemporânea. Como boa parte da sociologia a respeito do Brasil

---

[2] Alysson Leandro Mascaro, *Filosofia do direito* (São Paulo, GEN-Atlas, 2023).
[3] Idem, *Sociologia do direito* (São Paulo, GEN-Atlas, 2023).

se fez e ainda se faz no louvor de um desejado império das leis em face do império dos homens – voltando-se a uma almejada impessoalidade contra o cordial, o arbítrio ou o poder –, o uso da terminologia jurídica nessa fração do campo sociológico ocorre de modo bastante eficaz.

Tais caminhos acabam por representar a condensação de grandes eixos interpretativos sobre a sociedade, suas características, suas determinações e as expectativas a seu respeito. Perspectivas juspositivistas, por mais distintas que sejam suas bases, tomam por métrica da sociabilidade as instituições políticas e jurídicas burguesas, capitalistas, frequentemente identificadas como aquelas de perfil liberal. Daí, estabelecem-se inferências sociológicas de debilidade, subdesenvolvimento ou necrose da sociedade por razão das características de suas instituições políticas e jurídicas. Por sua vez, perspectivas críticas, tomadas do marxismo, têm por ponto de partida a busca de uma cientificidade social que seja histórica e que alcance as constituintes basilares da sociabilidade, as formas sociais. O capitalismo se estrutura mediante a forma mercadoria e a forma valor, orientando-se materialmente à acumulação. Ainda que a sociedade seja um todo complexo estruturado, há determinação social pelo modo de produção. Por isso, do ponto de vista das filosofias e sociologias marxistas, trata-se de alcançar os movimentos concretos da realidade social capitalista para compreender a natureza das instituições e dos agentes sociais.

Já perspectivas não juspositivistas são aquelas que defino em uma nomeação pelo negativo: nem se limitam às métricas institucionais ou liberais, nem tampouco alcançam a determinação marxista das formas sociais e dos modos de produção. Via de regra, operam sob chaves de leitura das questões do poder ou, então, da coesão tomada em seu sentido orgânico – nação, família, raça, cultura, valores. Exatamente porque agrupados por um negativo de dois outros modelos, os pensadores de tal caminho não guardam especial afinidade de bases teóricas e implicações sociais; suas postulações operam mediante definidores potencialmente largos e relativamente indefinidos a respeito da sociabilidade; suas posições políticas também podem representar um arco de ampla envergadura. Se juspositivistas tendem a confluir para soluções sociais liberais e marxistas para encaminhamentos revolucionários, pensadores não juspositivistas tanto se encaminham para posições conservadoras, mesmo reacionárias, quanto podem propugnar progressismos. Os nacionalismos e suas variadas extrações à direita e à esquerda são, quase sempre, leituras sociais de perfil não juspositivista.

No plano filosófico, tais distintos caminhos do pensamento contemporâneo são, também, plataformas de construções metodológicas próprias. Leituras juspositivistas, que são liberais, fundam-se em procedimentos analíticos, estabelecendo separações, divisões, comparações e combinações a partir de fenômenos já dados e tomados *per se*. No plano sociológico e da ciência política, seus corolários tendem a ser individualistas. Remontam a teses de contrato social e de respeito à vontade individual e à propriedade privada. Leituras não juspositivistas lastreiam-se em perspectivas hermenêuticas, muitas de perfil existencial, outras de investigação direta dos fenômenos do poder – as relações sociais e suas assincronias aqui tomam vulto. Já as leituras críticas, marxistas, partem de uma cientificidade social que busca alcançar as determinações histórico-sociais dos modos de produção mediante categorias que são abstrações reais, como as formas sociais. Trata-se de um conjunto de ferramentais teóricos que se haurem da apreensão da realidade até alcançar sua natureza histórico-social, permitindo, a partir daí, seu manejo para a observação da totalidade das relações sociais.

São vastas as marcações teóricas que se agrupam internamente em cada um desses caminhos. Todas elas, no entanto, remontam a eixos bastante especificados no plano filosófico. Juspositivistas tendem a ser tributárias de leituras modernas, iluministas, liberais, como a de Kant. Não juspositivistas, exatamente porque agrupadas apenas pela não correlação com juspositivistas ou marxistas, partem de variadas bases filosóficas – Hegel, Nietzsche, Heidegger. Já as perspectivas críticas são aquelas que se lastreiam no pensamento de Marx. No campo da sociologia, tomando-se seus horizontes gerais, também é possível ver grandes escolas de filiação teórica. Quanto aos sociólogos clássicos, Weber é referencial das sociologias juspositivistas, Comte e Durkheim das sociologias não juspositivistas, tanto quanto Marx das sociologias críticas. Pensadores mais recentes, desde a segunda metade do século XX, também permitem um agrupamento a partir de tais três caminhos: Habermas e Luhmann são exemplos de juspositivistas, Gadamer é não juspositivista (Foucault e Bourdieu são também não juspositivistas, mas em sentido distinto, relativamente mais próximo do marxismo que, propriamente, das visões de coesão social), a Escola de Frankfurt e Althusser são críticos. Há distintos estabelecimentos de bases e proveitos políticos em tais caminhos do pensamento social contemporâneo. Juspositivistas procuram ter por métrica de sua análise a sociedade capitalista como naturalização social geral. Se se referem a sociedades ainda não capitalistas ou reputadas com debilidade burguesa, suas visões apontam para um progressismo via de regra reformista: o motor da história é a criação de instituições burguesas ou a sua melhoria. Se se trata de sociedades já capitalistas, sua posição política é conservadora: defender o liberalismo como aquilo que é dado e se apresenta como o melhor, o mais funcional, o mais livre ou o mais inclusivo na história das sociedades. Não juspositivistas, até mesmo pela natureza vasta desse agrupamento de leituras, têm bases e proveitos políticos bastante variados. Posições reacionárias aqui se apresentam – a sociedade perdeu ou pode perder seus valores, vínculos e coesões orgânicas com a impessoalidade liberal ou a revolução. Também posições conservadoras alinhadas às reacionárias podem aqui se fundar, caso se trate de manter padrões pretensamente ímpares da cultura que venham a ser dissolvidos por novos costumes, o estrangeiro, a globalização etc. Eventualmente, posições progressistas de cunho reformista também podem se apresentar nas visões não juspositivistas: incrementar e aperfeiçoar os bons vínculos sociais já dados. As bases e os proveitos das leituras críticas, de perfil marxista, não são nem mantenedores da sociabilidade liberal já dada, nem reativos. A transformação social, de perfil revolucionário, é seu horizonte. Dada a determinação da sociabilidade pelo modo de produção, o capitalismo é seu problema e o socialismo sua solução.

Pode-se vislumbrar, pelos três caminhos do pensamento social contemporâneo, um conjunto de três horizontes de proveito político – conservador ou progressista liberal nos juspositivismos; reacionário, conservador ou progressista nacionalista ou social nos não juspositivismos; revolucionário nos críticos. Correspondem tais horizontes a três sentidos filosóficos privilegiados sobre a história: aos juspositivismos, que louvam o capitalismo existente no mundo, o presente é seu tempo ideal; aos não juspositivismos, o passado aparece, a boa parcela deles, como elemento amalgamador da sociabilidade; aos críticos, o apontamento é ao futuro. Daqui, então, estabelecem-se também três linhas de força do *páthos* do pensamento social: a indiferença, como manutenção da reprodução social e das instituições ainda que às custas da miséria e da desigualdade, no caso dos juspositivistas; o ódio, como reação à mudança, no caso de muitos não juspositivistas; a esperança, como novo ainda não havido, no caso dos críticos.

Minha proposta de três caminhos do pensamento contemporâneo aglutina bases teóricas que, embora variadas, sustentam eixos relativamente coesos de compreensão social, englobando as grandes linhas interpretativas da sociedade mundial contemporânea. Excluo de tal propositura a gama de pensamentos sobre a sociedade que podem até mesmo ser recorrentes na contemporaneidade, mas que se sustentam em padrões pré-contemporâneos, como aqueles de matrizes teológicas. No campo das ciências sociais e da sociologia, tal proposição de três caminhos do pensamento social agrupa então leituras e eixos de análise e de interpretação advindos apenas da contemporaneidade, desde o século XIX até a atualidade, tempo histórico que corresponde ao nascimento e ao desenvolvimento da sociologia como pretensão de ciência.

Três caminhos da sociologia do Brasil

Minha proposta de três caminhos do pensamento contemporâneo – tomando-se aqui tanto os campos filosóficos quanto aqueles das humanidades e das ciências sociais – pode ser também compreendida no âmbito específico da sociologia do Brasil. Abordo, aqui, incidentalmente a sociologia *brasileira*, em especial, a sociologia *do Brasil*. No primeiro caso, tem-se por objeto os pensadores da sociologia atuantes no país (cujo conjunto se consideraria como o de uma sociologia feita aqui), que podem, a partir dele, repercutir debates, métodos e problemas externos e mundiais. No segundo caso, a sociologia do Brasil é aquela que se volta à temática da realidade nacional e que, via de regra, é gestada por intelectuais brasileiros, embora possa até ser feita também por pensadores de outros países (tratando-se, então, de uma sociologia sobre o Brasil). Se, no que tange aos métodos sociológicos gerais, variadas consolidações foram gestadas em outros países e circunstâncias, há, no que diz respeito à reflexão sobre nossa própria formação social específica, o Brasil, uma sólida tradição interna de pensamento.

Pensar a sociologia sobre o Brasil é abeirar-se de uma história de reflexões e debates feita tanto por sociólogos quanto, também, por intelectuais de outras áreas afins – tomando-se aqui, então, as ciências sociais em sentido lato. E, além disso, é compreender processos sociais de luta que se espelham e também se perfazem especificamente no âmbito sociológico[4]. No século XIX, a própria sociologia enquanto disciplina científica era incipiente; no Brasil, os primeiros pensadores acerca da nação advêm das mais distintas formações, como o direito, e notabilizam-se por clamores políticos mais imediatos. A partir do século XX, com a profissionalização das ciências sociais e a consolidação das universidades, o pensamento a respeito do Brasil foi absorvido e gestado sob cânones mais acadêmicos. Desde o século XIX até o presente, surgida de variadas fontes e em razão de múltiplos interesses políticos e intelectuais, há uma história de leituras variadas, debates, contraposições, divergências e confluências teóricas. A investigação sociológica sobre o Brasil tem como seu eixo mais tradicional a formação histórica do país, perguntando sobre a natureza da economia, da sociedade e das instituições nos séculos coloniais e imperiais, em tempos nos quais desponta a escravidão como sua principal marca, e aquele da situação brasileira presente, a partir de seus quadrantes estruturais e institucionais atualmente dados, em suas contradições republicanas e capitalistas específicas.

Embora nos últimos tempos haja uma acentuada tendência a reduzir a sociologia a estudos de temas e de escopos limitados, profissionalizados e bastante calcados no ambiente acadêmico[5], deu-se anteriormente, em especial nos meados do século XX, uma mirada de ampla envergadura sobre a natureza da sociedade brasileira. Costuma-se chamar esse movimento de leitura sociológica de "interpretação sobre o Brasil". Seus intérpretes buscavam sentidos gerais – ou, ao menos, amplas determinações – do processo social do país. Desse movimento não participou somente a sociologia universitária. Ainda que muitos de seus mais importantes

---

[4] A exemplo das lutas feministas que repercutem na ampliação do rol, tradicionalmente masculino, de intérpretes do Brasil. Ver Lincoln Secco, Marcos Silva e Olga Brites, *Mulheres que interpretam o Brasil* (São Paulo, Contracorrente, 2023). E, ainda, Heloisa Buarque de Hollanda (org.), *Pensamento feminista brasileiro: formação e contexto* (Rio de Janeiro, Bazar do Tempo, 2019).

[5] "A partir de meados da década de 1970, a pós-graduação em sociologia se beneficiou da intensa arrancada de institucionalização, a qual veio se expandindo em ritmo veloz, em todas as regiões do país, tendo propiciado os alicerces de uma robusta comunidade de sociólogos profissionais." Sergio Miceli e Carlos Benedito Martins, "Por uma Sociologia da Sociologia brasileira", em Sergio Miceli e Carlos Benedito Martins (orgs.), *Sociologia brasileira hoje* (Cotia, Ateliê Editorial, 2017), p. 9.

intérpretes tenham sido baluartes do saber sociológico universitário – Gilberto Freyre, Sérgio Buarque de Holanda e Florestan Fernandes, por exemplo –, outros, parcialmente vinculados à universidade, buscaram fixar a interpretação sobre o Brasil para fins políticos e sociais práticos, reformistas ou revolucionários – Darcy Ribeiro, Caio Prado Júnior e Ruy Mauro Marini, por exemplo. A empreitada de interpretar os sentidos gerais da sociedade brasileira e debatê-la à larga se tornou bastante reclamada no momento em que, após a escravidão e com as novas demandas republicanas e capitalistas, o Brasil buscava projetar seus passos de desenvolvimento, conservação e/ou mudança social[6]. Fez-se necessário revisar os esquemas interpretativos tradicionais sobre o país e forjar parâmetros novos para a atuação social. Os grandes intérpretes do Brasil não eram uníssonos em suas análises sobre a história pretérita – que louvavam ou lastimavam – tampouco sobre os caminhos necessários ao futuro –; seus posicionamentos vão desde os reacionarismos até os progressismos revolucionários. A única confluência entre todos se deve ao fato de que buscaram compreender a natureza da sociedade brasileira a partir de grandes chaves de interpretação sociológica. Ao mesmo tempo, esse bloco de pensadores, por mais distintos que sejam seus propósitos e bases, até hoje tem servido como marco de disputas políticas, culturais e sociais sobre o Brasil[7].

Proponho que os grandes debates sobre interpretação sociológica a respeito do Brasil sejam agrupados a partir dos três caminhos gerais do pensamento contemporâneo, aos quais me referi acima, cuja didática permite articular três grandes horizontes metodológicos da sociologia. Isso também pode se dar para a sociologia acerca do Brasil. No primeiro eixo, *liberal*, mais próximo do que juridicamente se

---

[6] "As interpretações do Brasil estavam, de certa maneira, bloqueadas durante a maior parte do século XIX, já que a investigação mais totalizante a respeito do país era impedida pelas próprias condições da sociedade de então, na qual o fato dominante era o trabalho escravo. Assim, havia uma espécie de acordo tácito entre os participantes no debate político e cultural que excluía da discussão certos temas, principalmente os relacionados com a escravidão." Bernardo Ricupero, *Sete lições sobre as interpretações do Brasil* (São Paulo, Alameda, 2011), p. 22.

[7] "As interpretações do Brasil existem e são relidas no presente, não como supostas sobrevivências do passado, mas orientando as escolhas de pessoas e imprimindo sentido às suas experiências coletivas. Elas constituem um espaço social de comunicação entre diferentes momentos da sociedade, entre seu *passado* e *futuro*, e é por isso que sua pesquisa pode nos dar uma visão mais integrada e consistente da dimensão de processo que o nosso próprio *presente* ainda oculta. E porque representam um 'repertório interpretativo' a que podemos recorrer manifesta ou tacitamente para buscar motivação, perspectiva e argumentos em nossas contendas, bem como na mobilização de identidades coletivas e de culturas políticas, é preciso, então, começar por reconhecer que nem o 'ensaísmo', nem as 'interpretações do Brasil' neles esboçadas constituem realidades ontológicas estáveis. São antes objetos de disputas cognitivas e políticas e, nesse sentido, recursos abertos e contingentes, ainda que não aleatórios, no presente." André Botelho, *O retorno da sociedade: política e interpretações do Brasil* (Petrópolis, Vozes, 2019), p. 218.

chama de *juspositivismo*, estão leituras que compreendem a formação e os problemas do país mediante as chaves das instituições, das normas jurídicas, da legalidade, da formalização de regras políticas. No segundo eixo, *não liberal*, próximo do que se pode chamar no direito de *não juspositivismo*, a interpretação sobre o Brasil alcança fenômenos sociais variados – a raça, os valores e a cultura da colonização e dos povos, os costumes e os vínculos de coesão, o poder etc. No terceiro eixo, a que se pode denominar *crítico*, busca-se a determinação científica das relações sociais, dos modos de produção e das estruturas da sociedade brasileira. Tal leitura não se limita aos problemas institucionais nem àqueles dos grupos sociais e da cultura, e sim alcança eixos interpretativos decisivos: a escravidão, a colonização, o capitalismo etc.

Se na sociologia geral as leituras juspositivistas bebem de fontes como a de Max Weber, as não juspositivistas de outras como as de Auguste Comte e Émile Durkheim e as críticas de Karl Marx, isso se espelhará na sociologia do Brasil. Autores juspositivistas, como Sérgio Buarque de Holanda ou Raymundo Faoro, guardam grandes inspirações weberianas. Não juspositivistas, como Gilberto Freyre, Darcy Ribeiro e Guerreiro Ramos, partem de fontes sociológicas variadas, muitas delas do século XIX, outras dos Estados Unidos do século XX. Sociólogos críticos, como Caio Prado Júnior, Ruy Mauro Marini e Florestan Fernandes (em sua fase final), fundam-se no pensamento de Marx. A variabilidade de suas posições, pontos de partida, ênfases e proveitos pode ser mais bem fixada quando pensada a partir dos três caminhos do pensamento sociológico contemporâneo. É possível verificar, nas sociologias sobre o Brasil juspositivistas, vieses críticos à ausência de legalidade e impessoalidade e, daí, clamores pela presença do direito ou pela sua melhoria. Nas sociologias acerca do Brasil não juspositivistas, os acentos não recaem nas leis e nas instituições estatais, mas, sim, nas articulações sociais – mistura de raças, modos de convivência entre classes, coesão e harmonia. Costuma-se ressaltar, aqui, as originalidades dos vínculos sociais brasileiros, estabelecendo daí louvores e oposições. Nas sociologias sobre o Brasil críticas, buscam-se as determinações estruturais da sociedade: os modos de produção brasileiros havidos e existentes, suas transições, a escravidão, as classes e os grupos sociais, exploração e dominações. Três caminhos da sociologia sobre o Brasil revelam três pontos de partida distintos e respostas à sociedade também distintas.

Gildo Marçal Brandão, ao traçar uma linhagem do pensamento político brasileiro, identifica dois eixos genealógicos bastante marcados. Valendo-se de um esquema classificativo utilizado pela primeira vez por Oliveira Vianna, Brandão distingue os pensadores de uma linha de "idealismo constitucional" de outros de visões de "idealismo orgânico"[8]. Os primeiros se fundam numa interpretação do

---

[8] Oliveira Vianna, tomando partido do idealismo orgânico, acusa o idealismo constitucional de utópico, delineando, com isso, dois polos opostos da explicação sobre o Brasil: "Há, então, duas espécies de idealismo: a) o idealismo utópico, que não leva em conta os dados da experiência; b) o

país a partir dos prismas liberais burgueses, vislumbrando projetos de afirmação, melhoria ou reforma do liberalismo e das instituições jurídicas constitucionais como seus marcos desejados. Os segundos se pautam numa interpretação do país que reconhece sua natureza distinta de um padrão liberal. A sociedade, organicamente, se funda em amálgamas e coesões de poder, autoridade, tradição, cultura já dadas ou que, a partir delas mesmas, mereceriam incrementos ou reformas. Conforme Brandão:

> O que me interessa, pois, é investigar a existência dessas "famílias intelectuais" no Brasil, reconhecer suas principais características formais e escavar sua genealogia. Verificar em que medida os conceitos de "idealismo orgânico" e "idealismo constitucional", formulados originariamente por Oliveira Vianna, são capazes – desde, é claro, que trabalhados de modo que neutralize suas petições de princípio e a esvaziar o que contém de justificação ideológica de um projeto de monopólio de poder e de saber – de descrever e analisar as principais "formas de pensamento" que do último quartel do século XIX para cá dominaram o pensamento social e político brasileiro.[9]

Se já há desde Oliveira Vianna, conforme reforçado por Gildo Marçal Brandão, um reconhecimento de dois padrões de explicação sobre a sociedade brasileira, bastante reiterados ao longo da história do pensamento social brasileiro[10], apresenta-se, além deles, um terceiro padrão, aquele do conjunto dos pensadores marxistas. Minha proposição de três caminhos da sociologia contemporânea aplicada ao caso brasileiro, não desconhecendo, mas na verdade ampliando essa divisão dúplice básica já apontada por Brandão, organiza e dá eixo de compreensão mais completo a tais distribuições de linhagens sobre a sociologia do Brasil. E, adotando-se a terminologia por seus prismas especificamente jurídicos, políticos e institucionais, proponho identificar tais padrões como liberais (juspositivistas), não liberais (não juspositivistas) e críticos.

Ao estabelecer uma leitura da sociologia sobre o Brasil em três caminhos, não se trata de dizer que, dentro de cada eixo, seus pensadores tenham plenas homogeneidades. Muitas vezes, há posições à direita e à esquerda a partir da mesma base sociológica. Dos grandes intérpretes do Brasil, se Sérgio Buarque de Holanda e Raymundo Faoro apontam para um liberalismo de expansão da cidadania (numa

---

idealismo orgânico, que só se forma de realidade, que só se apoia na experiência, que só se orienta pela observação do povo e do meio". Oliveira Vianna, *O idealismo da Constituição* (2. ed., São Paulo, Companhia Editora Nacional, 1939), p. 12.

[9] Gildo Marçal Brandão, *Linhagens do pensamento político brasileiro* (São Paulo, Hucitec, 2010), p. 29.

[10] "Assim, ora liberal, ora conservadora, ora outra vez liberal, a mesma concepção *de* política repete-se em diversos momentos da história nacional e assegura a identidade de figuras e grupos que inclusive se supõem distintos." Wanderley Guilherme dos Santos, "Paradigma e história: a ordem burguesa na imaginação social brasileira", em *Roteiro bibliográfico do pensamento político-social brasileiro (1870-1965)* (Belo Horizonte, Editora UFMG, 2002), p. 57.

posição liberal de esquerda), muitos dos sociólogos neoliberais atuais perfilham bases similares para louvar uma pretensa limitação do Estado e do direito em favor da eficiência dos negócios e dos mercados (posicionando-se daí, politicamente, à direita). Gilberto Freyre, com o louvor à mestiçagem, prestou-se a agudizar mitos de uma escravidão menos opressiva e de uma colonização portuguesa mais virtuosa. Mas Darcy Ribeiro, por sua vez, denunciando as mazelas da escravidão e da colonização, encontra na própria mestiçagem uma alavanca para um projeto nacional-popular de coesão social. Mesmo entre os sociólogos marxistas, alguns levantam acentos mais gradualistas e reformistas na transformação social (como fizeram, no século XX, Caio Prado Júnior e intelectuais mais vinculados ao Partido Comunista). Outros, como Florestan Fernandes em sua fase marxista e Ruy Mauro Marini, apontam a premência da revolução socialista como etapa de superação das mazelas estruturais do país.

Desses três grandes caminhos de explicação e interpretação sociológica sobre o Brasil, dois já são tão antigos quanto a constituição da nação independente. Posições liberais e organicistas – juspositivistas e não juspositivistas – estão em debate desde o século XIX, embora apresentem variados matizes e alterações conforme a mudança da estrutura social brasileira. Os caminhos de explicação e interpretação sociológica críticos, no entanto, surgem apenas no século XX. Seu caráter recente se deve ao fato de nascerem a partir do marxismo, a ciência sobre o capitalismo, tratando, ainda, de um modo de produção que só grassou em definitivo no país exatamente com a suplantação do escravismo. A respeito da novidade e da importância do pensamento marxista no Brasil do século XX, diz Gildo Marçal Brandão:

> Quem adensa a vida intelectual brasileira no século XX é o marxismo. Entre os anos 1930 e 1980, os mais importantes do século, nenhuma outra corrente conseguiu criar uma "cultura" em sentido sartriano, isto é, uma constelação intelectual que se torna capaz de "destilar uma série de problemas, hipóteses, formas de abordagens, controvérsias, resultados ou fracassos analíticos que vão constituir um fundo comum ao qual a comunidade científica é obrigada a se referir no enfrentamento das questões postas pelas circunstâncias históricas".[11]

O marxismo representa, enfim, a possibilidade de alcançar a determinação das sociedades mundiais pelo modo de produção capitalista. No caso da análise do Brasil, rompe com as duas tradicionais e limitadas vertentes de interpretação, liberais e organicistas. Não aponta um novo ou melhor direito nem reformas ou incrementos das instituições já dadas: a revolução é seu norte. Ao tomar um caso

---

[11] Gildo Marçal Brandão, "Ideias e argumentos para o estudo da história das ideias políticas no Brasil", em Simone de Castro Tavares Coelho (org.), *Gildo Marçal Brandão: itinerários intelectuais* (São Paulo, Hucitec, 2010), p. 309.

exemplar que propugna a mudança estrutural do modo de produção, as reflexões de Carlos Marighella sobre a necessidade da revolução socialista, para além da luta institucional e jurídica – ele que inclusive fora deputado constituinte quando da Constituição de 1946 –, reconhecendo a natureza de dominação da ordem jurídica tanto democrática quanto ditatorial do capitalismo[12], expressam posições de um caminho mais alto e rigoroso de compreensão social sobre o país, o crítico:

> Nos dias de hoje – por isso mesmo –, o poder econômico prossegue mantendo e reforçando sua supremacia, em prejuízo das classes exploradas, como é evidente. As classes dirigentes não vacilaram em empregar a violência e subverter a ordem constitucional, para liquidar com as liberdades, evitando que delas se favorecessem as massas e opondo uma barreira à participação do povo no poder. [...]
> Alguns dos instrumentos jurídicos dessa prevalência das elites se mantêm de pé ao longo de nossa história. A cadeia, a polícia, os tribunais – sem falar nas leis de defesa do Estado, como é o caso da Lei de Segurança Nacional – são e sempre foram (até que sejam derrogadas dessa investidura) os principais meios jurídicos da afirmação do poderio e da supremacia das classes que dominam o Brasil. As grandes massas têm que se curvar a esse poderio; passar sob essas forças caudinas.
> Da ordem instituída pelas elites brasileiras resultou a tradição do "teje preso por ordem do delegado", lema que traduz o instituto da submissão à prepotência dos senhores da democracia convencional. [...]
> Estabelecida a ditadura policial-militar fascista de 1º de abril, a polícia sublevou-se à justiça (mesmo a justiça das classes dominantes), o que põe em relevo a enormidade do arbítrio. [...]
> A resistência à prisão em plena ditadura, mesmo correndo o risco de ser baleado como fui, é um modo de exprimir confiança na capacidade e receptividade do povo para a compreensão de um ato de protesto (mesmo individual), a prova de fidelidade aos compromissos com a luta pela liberdade.
> Uma atitude de resistência e de não conformismo ajuda a desmascarar a farsa e é o prenúncio da vitória.[13]

---

[12] "O mais importante líder guerrilheiro do Brasil veio de dentro do campo da política institucional. Sua decisão pela luta armada é tardia, ocorrendo aos 55 anos, quando já tinha atrás de si uma longa trajetória política. [...] Marighella fora deputado constituinte em 1946, tendo sido cassado no interior de uma política de consolidação dos dispositivos da Guerra Fria. Mesmo após perder o mandato e ver seu partido proscrito, ele continuou, durante todo o período pré-ditadura, fiel à linha conciliatória e legalista do PCB. [...] O golpe de 1964 demonstrou, no entanto, a inanidade de tal avaliação e linha de ação. [...] É sintomática para Marighella a inexistência de qualquer forma de resistência efetiva ao golpe. Ela indicava uma ilusão maior da esquerda brasileira, que confiava na adesão de todos aos ditames da 'democracia parlamentar'. [...] É essa decepção histórica que leva Marighella à luta armada." Vladimir Safatle, "Luta armada por subtração", em Carlos Marighella, *Chamamento ao povo brasileiro e outros escritos* (São Paulo, Ubu, 2019), p. 14-5.

[13] Carlos Marighella, "Por que resisti à prisão (1965)", em *Chamamento ao povo brasileiro e outros escritos*, cit., p. 115-7.

Ao estabelecer o sistema teórico a respeito da sociologia do Brasil em três caminhos, proponho um alcance da teoria social que se levante para além das dicotomias persistentes nas interpretações sobre o Brasil desde antanho. No século XIX, pré-sociológico, as explicações acerca da política brasileira quase sempre se dividiam entre federalistas (juspositivistas, liberais) e unitaristas (conservadores). A partir do século XX, sob o manto da sociologia como ciência, exsurge a dicotomia entre o Estado dominante e a sociedade fraca (leituras juspositivistas, liberais, levantadas contra reputados patrimonialismos, autoritarismos e populismos) e a demanda por um Estado forte (leituras não juspositivistas). Para além de tais divisões dicotômicas que ou são fracas e limitadas em termos de implicações ou são efetivamente erradas teoricamente, trata-se de levantar uma leitura sociológica mais alta e que alcance as determinações sociais pelo modo de produção, tomando o problema social brasileiro até o século XIX a partir da escravidão e, a partir do século XX, pelo capitalismo e pela natureza específica do Estado e do direito na exploração e na dominação burguesas.

Em termos marxistas, permitindo já vislumbrar um horizonte de três caminhos teóricos, pronuncia-se Décio Saes a respeito das interpretações sobre o Brasil:

> Com o que se deve contrastar a interpretação marxista da evolução do Estado no Brasil? Simplificando um pouco o quadro de interpretações disponíveis, pode-se dizer que, no século XX, se estabeleceram *pelo menos* duas grandes concepções de caráter não marxista sobre a evolução do Estado no Brasil. A primeira delas se caracteriza pela defesa da tese segundo a qual tem ocorrido, ao longo da evolução histórica do Brasil, "a preponderância do poder privado sobre o Estado". Essa tese, como se sabe, é defendida por Nestor Duarte no seu magnífico ensaio de 1939, *A ordem privada e a organização política nacional*. [...]
>
> A segunda grande concepção não marxista sobre a evolução do Estado no Brasil se caracteriza pela defesa da tese de que um Estado patrimonial teria estado presente ao longo de toda a evolução histórica do Brasil. Esse tipo de Estado se caracterizaria pela "privatização" dos cargos públicos; isto é, pela redução desses cargos à condição de instrumentos de um grupo de homens na busca de vantagens materiais ou políticas (como o exercício do próprio poder). [...]
>
> As análises marxistas dos Estados concretos têm um outro fundamento teórico: a hipótese de que, nas sociedades de classes, o Estado tem sempre uma função social precisa a cumprir. Qual é essa função social? É a função de assegurar a coesão da sociedade de classes vigente, mantendo sob controle o conflito entre as classes sociais antagônicas e impedindo dessa forma que tal conflito deságue na destruição desse modelo de sociedade. [...]
>
> O pesquisador orientado por uma teoria política marxista de corte althusseriano seguiria um outro rumo. A saber: ele não conferiria um peso decisivo ao compromisso do aparelho de Estado na Colônia e no Império com as atividades mercantis, na investigação sobre a sua filiação a um tipo histórico determinado de Estado. Em vez disso, ele

procuraria descobrir a natureza da estrutura subjacente ao aparelho estatal da Colônia e do Império, bem como caracterizar os efeitos ideológicos produzidos por essa estrutura sobre os agentes econômicos e os agentes estatais. Adotando esse procedimento, ele poderia chegar à seguinte visão geral da evolução do Estado no Brasil: a) presença de um Estado escravista moderno, desde a implantação de uma economia de plantação (em meados do século XVI) até a abolição da escravidão e a desagregação da ordem monárquica (entre 1888 e 1891); b) presença de um Estado burguês ou capitalista, desde esse momento histórico até os nossos dias.[14]

Se é o século XX que decanta uma leitura sociológica a respeito do Brasil em três caminhos, então, do século XIX até os inícios do século XX, o que se pode chamar de interpretação sobre o Brasil tem um caráter pioneiro: seus fins são bastante práticos, constituindo linhagens ideológicas de sustentação de variados movimentos e interesses políticos nacionais. Espelham parcialmente outros debates teóricos que se davam no mundo; no entanto olham, no fundamental, para as posições econômicas, políticas e sociais de uma sociedade que sai da condição colonial e que somente ao cabo de um longo processo suplantará a escravidão. Tal interpretação pioneira sobre o Brasil, embora em alguns aspectos até sofisticada, não é propriamente uma sociologia, dado que tal ciência ou o aporte de ferramentais teóricos das ciências sociais contemporâneas ainda não havia. Trata-se de um conjunto de construções ideológicas a quente, no calor dos interesses muitas vezes imediatos, embora se perpetuem em certo sentido pelo século XX, desdobrando-se em linhas de compreensão básicas a respeito da formação social brasileira. De Paulino José Soares de Sousa, o Visconde do Uruguai, a Tavares Bastos e Ruy Barbosa, não há propriamente uma sociologia do Brasil, mas um conjunto de trilhas esboçadas que serão depois, no século XX, repisadas, retificadas e reforçadas pelos variados caminhos sociológicos a respeito do país.

Conhecer a sociologia sobre o Brasil é, daí, conhecer seus debates pioneiros para somente depois, então, sistematizar as linhas de compreensão consolidadas no século XX, quando os três caminhos da interpretação social acerca do país se tornam presentes e mais nítidos.

---

[14] Décio Saes, *República do capital: capitalismo e processo político no Brasil* (São Paulo, Boitempo, 2024), p. 51-2, 54 e 56.

2
As interpretações do Brasil pioneiras

Formas das interpretações do Brasil

Dão-se, desde os primórdios da colonização portuguesa, explicações e sentidos à empreitada de domínio e às novas socializações que vão se instalando em solo brasileiro. A maior parte dessas postulações interpretativas atende a objetivos práticos: a promoção ideológica portuguesa, voltada a fins internos e internacionais, a respeito de sua dinâmica econômica, comercial, extrativista, marítima, territorial; a legitimação política desse movimento; a sagração religiosa da chamada descoberta do Novo Mundo; a constituição de padrões de tratamento e justificações acerca dos povos originários da terra e dos trazidos a força de escravização de outras terras; a forja de práticas e saberes distintos, retificados ou expandidos a partir das relações sociais que se vão constituindo. Assim, desde os relatos como o de Pero Vaz de Caminha até os escritos de José de Anchieta, o início da colonização já é a tessitura de uma inteligibilidade ideológica sobre o que se chamará posteriormente por Brasil[1].

A própria materialidade da afirmação e do reclame ideológico faz, historicamente, as interpretações sobre o Brasil tomarem uma forma específica – próxima do que

---

[1] "Parece-me gente de tal inocência que, se nós os entendêssemos e eles a nós, seriam logo cristãos porque eles não têm nem conhecem nenhuma crença, segundo parece. E, portanto, se os degredados que aqui hão de ficar aprenderem bem a sua fala e os entenderem, não duvido que eles, segundo a santa intenção de Vossa Alteza, se tornem cristãos e passem a crer em nossa santa fé, à qual praza a Nosso Senhor que os traga. Porque certamente esta gente é boa e de boa simplicidade, e imprimir-se-á rapidamente neles qualquer cunho que lhes quiserem dar. E, pois, Nosso Senhor, que lhes deu bons corpos e bons rostos como a bons homens, se aqui nos trouxe creio que não foi sem um motivo pois tanto Vossa Alteza deseja acrescentar a santa fé católica que deve pensar na salvação dessa gente, e prazerá a Deus que com pouco trabalho assim seja. […] Esta terra é de tal maneira graciosa que, querendo-a explorar, dar-se-á nela tudo em virtude das águas que tem." Pero Vaz de Caminha, *Carta de achamento do Brasil* (Campinas, Editora da Unicamp, 2021), p. 107 e 115.

se possa chamar de linhagens teóricas – apenas no século XIX. Dos séculos XVI ao XVIII, a sociedade escravista colonial, em seus distintos ciclos econômicos e seus diversos assentamentos geográficos, tem por marca estrutural a dependência dos desígnios, das demandas e das investidas metropolitanas, que também dão a interpretação oficial e o arcabouço ideológico prático a respeito da colônia[2]. Mas, num diapasão relativamente distinto, são as décadas prévias à Independência que aceleram contradições entre classes e suas frações e entre grupos políticos variados em solo brasileiro. Das lutas havidas do final do século XVIII até aquelas do início do século XIX, da transferência do Reino ao Brasil até a Independência em 1822, dá-se um tempo no qual a interpretação a respeito do país espelha, materialmente, forças antagônicas cujas expressões ideológicas não mais se apagam em face de uma decisão maiúscula da metrópole ou de um movimento ideológico uníssono da corte ou da religião; explodem contradições[3].

Até o século XVIII, embora as leituras sobre o Brasil sejam eivadas das vicissitudes coloniais, elas já permitem vislumbrar o embrião de alguns dos eixos interpretativos que depois, por outras maneiras e ganhando outras formas, serão

---

[2] Ainda ao final do século XVIII, Luís dos Santos Vilhena, em *Recopilação de notícias soteropolitanas e brasílicas*, por meio de textos intitulados cartas ou notícias, descreve um panorama tanto social quanto geográfico e natural da Bahia e do Brasil. Em texto que já apresenta críticas sociais, segue, no entanto, uma tradição de trabalhos sobre a colônia de caráter mais descritivo e informativo que propriamente interpretativo dos sentidos gerais da sociedade. Sobre Vilhena: "Através das Cartas de Luís dos Santos Vilhena (baiano, professor de Grego, formado na metrópole), tem-se uma visão da cena social e do ambiente geral do fim do século XVIII, na Bahia em particular e na colônia em geral. Suas *Cartas*, ou 'notícias', são um levantamento exaustivo dos elementos naturais da região – vegetais e animais –, em descrição minudente. Na *Carta* vigésima quarta, Vilhena faz a crítica da situação socioeconômica, particularmente da agricultura, que lhe parecia necessitada de um 'verdadeiro sistema' para promover a prosperidade de todos". Nelson Saldanha, *O pensamento político brasileiro* (Rio de Janeiro, Forense, 1978), p. 29.

[3] "*A contradição surge, pois, num elemento que é ao mesmo tempo o requisito e o desintegrador do sistema.* Parece desnecessário recordar que aos comportamentos que brotam em tais transformações se associam formas de pensamento, estilos de pensamento que só poderão ser bem avaliados se vistos no contexto em que se geram. [...] No ângulo que importa a esta discussão, vale notar que, no Brasil dos fins do século XVIII, em Minas especialmente, é a propriedade que serve de apoio para manifestações anticolonialistas, funcionando como elemento propulsor da ação revolucionária. [...] A Revolução implica na procura de saídas, implica numa reorganização de fatores que venham a provocar ruptura – ou pelo menos 'reforma', como diria Vilhena – nas ligações entre Metrópole e Colônia. Tais ligações não seriam reformuladas apenas ao nível da economia e das relações internacionais; também ao nível da vida mental as ligações seriam reorientadas e, para isso, uma revolução na bibliografia já se processava. É na atmosfera revolucionária do final do século XVIII que se surpreende a crise do sistema colonial português. Na crise, *as soluções são procuradas e referidas às possibilidades estruturais oferecidas pelo sistema de colonização e pelas bases em que estava organizada a sociedade colonial.*" Carlos Guilherme Mota, *Ideia de Revolução no Brasil (1789-1801)* (São Paulo, Cortez, 1989), p. 97 e 104.

consolidados em caminhos de compreensão ideológica acerca da sociedade brasileira. Alfredo Bosi destaca linhagens de reflexões coloniais a respeito da empreitada econômica e política que atendem a fins práticos (orgânicos) e, também, a interpretações gerais não só confirmadoras, mas até mesmo críticas (ainda que sob tradicionais críticas morais, que depois da colônia poderão se desdobrar em caminhos críticos reformistas ou liberais) dessa realidade, ambos não totalmente distintos entre si, dado que feitos pelas "dobras do mesmo sistema mercantil":

> A luta é material e cultural ao mesmo tempo: logo, é política. Se o que nos interessa é perseguir o movimento das ideias, não em si mesmas, mas na sua conexão com os horizontes de vida de seus emissores, então podemos reconhecer, na escrita dos tempos coloniais, um discurso orgânico e um discurso eclesiástico ou tradicional, para adotar a feliz distinção de Antonio Gramsci.
>
> O discurso orgânico se produz rente às ações da empresa colonizadora, sendo, muitas vezes, proferido pelos seus próprios agentes. É o escrivão da armada que descobriu o Brasil, Pero Vaz de Caminha. É o senhor de engenho e cristão-novo Gabriel Soares de Sousa, informante preciso e precioso ("étonnant", no juízo de Alfred Métraux), que escreve com a mão na massa. É o cronista minudente e empenhado dos *Diálogos das grandezas do Brasil*. É Antonil, que, oculto sob este anagrama, e a si mesmo chamando-se discretamente Anônimo Toscano, acabou contando indiscreto onde se achavam e quanto valiam os nossos recursos em *Cultura e opulência do Brasil*, exemplo de mente pragmática e moderna a quem a roupeta de inaciano não impediu de entrar fundo nos meandros contábeis da produção colonial. É, enfim, o bispo maçom Azeredo Coutinho, que defende, em pleno limiar do século XIX, a manutenção do regime escravista para maior segurança do açúcar pernambucano e da Coroa lusa. Em todos manifesta-se cândida e lisamente o propósito de explorar, organizar e mandar, não sendo critério pertinente para uma divisão de águas a condição de leigo ou religioso de quem escreve.
>
> O outro discurso, de fundo ético pré-capitalista, resiste nas dobras do mesmo sistema mercantil e, embora viva dos seus excedentes na pena de altos burocratas, nobres e religiosos, não se mostra muito grato à fonte que lhe paga o ócio e lhe poupa os cuidados do negócio, preferindo verberar nos colonos a sede de lucro e a falta de desapego cristão. É a mensagem que se depreende das sátiras morais de Gregório de Matos e Guerra contra o mercador estrangeiro, o *sagaz Brichote*, e contra o usurário novo-rico que alardeia avós aristocráticos, o *fidalgo caramuru*. É a advertência sombria que sai das homilias de Antônio Vieira barrocamente cindidas entre a defesa dos bons negócios e a condenação dos abusos escravistas que eram a alma desses mesmos negócios. É o sentimento que oscila, no *Uraguai* de Basílio da Gama, entre a glorificação das armas coloniais, com Gomes Freire de Andrade à testa, instaurador do novo pacto entre as potências de além-mar, e a poetização dos selvagens rebeldes, afinal os únicos seres dignos de entoar o canto da liberdade. A escrita colonial não é um todo uniforme: realiza não só um gesto de saber prático, afim às duras exigências do mercado ocidental, como também o seu contraponto onde se fundem obscuros sonhos de uma humanidade *naturaliter christiana* e valores de liberdade e equidade que a mesma ascensão burguesa estava lentissimamente gestando. Onde vis-

lumbramos acenos contraideológicos descobrimos que o presente está ou sob o olhar do passado ou voltado para um futuro ideal, um olhar que se irradia do culto ou da cultura.[4]

Embora já houvesse linhas de compreensão em torno da sociedade brasileira desde seu afazer colonial, é possível verificar, no século XIX, uma especificidade no conjunto de explicações a respeito do Brasil. No transcorrer do oitocentos, avulta o emparelhamento entre as razões intelectuais e o controle e o manejo do país. Com a independência, a interpretação sobre o Brasil não se faz apenas necessariamente em oposição aos esquemas ideológicos prévios, mas tampouco é mera repetição dos padrões anteriores. Há, em boa parte, horizontes novidadeiros como o foram os dos dissonantes ecos do liberalismo em solo pátrio. Mesmo grupos que repercutem uma tradição já dada a reelaboram em termos de interesses materiais que podem ser mais diretamente manietados e controlados conforme as contradições, lutas e disputas nacionais. Daí o século XIX apresentar um modo de afirmação de variadas ideias antagônicas entre si e em concorrência, sobre as quais se avistam, também, implicações imediatas no campo político, econômico e social. Tal conjunto de interpretações tem por especificidade mais relevante sua orientação prática, jungida aos interesses em disputa nesses tempos que gestam a Independência e que, depois, formam o Estado brasileiro monárquico. Seus intelectuais são homens públicos, costumeiramente chamados de publicistas, em razão de seus encargos na condução estatal, alguns deles publicistas até mesmo na estrita acepção jurídica de juristas cultores do direito público[5]. Se até o século XVIII as explicações a respeito do

---

[4] Alfredo Bosi, *Dialética da colonização* (São Paulo, Companhia das Letras, 1992), p. 33.
[5] Tratando dos publicistas conservadores, saquaremas, mas num padrão extensível a alguns luzias, liberais, Ilmar Rohloff de Mattos: "Chamavam-se a si mesmos de 'escritores públicos', caracterizando a utilização dos jornais, panfletos, pasquins, folhetos e livros que redigiam para unir a seus ideais e proposições os demais componentes da 'boa sociedade'. [...] Não se dirigiam, contudo, apenas aos que se encontravam fora do segmento dos 'mais próximos'. Dirigiam-se também a seus iguais, objetivando uma unidade de propósitos e de comportamentos, que se construía pelo confronto com os princípios e atitudes dos adversários. E o faziam por meio de obras que ou abordavam as questões públicas candentes ou tomavam como referência os pressupostos jurídicos da ordem imperial. Se no primeiro conjunto de obras podemos colocar os textos de J. J. da Rocha. *Ação, Reação, Transação; Duas Palavras acerca da Atualidade Política do Brasil* (1856) e *Monarquia-Democracia* (1860), do último fazem parte, sem dúvida, a obra de José Antônio Pimenta Bueno (Marquês de São Vicente), *Direito Público Brasileiro e Análise da Constituição do Império* (1864), e sobretudo as de Paulino José Soares de Sousa (Visconde do Uruguai), *Ensaio sobre o Direito Administrativo* (1862) e *Estudos Práticos sobre a Administração das Províncias do Brasil* (1865). [...] São governantes, e por isso se apresentam diferentes dos elementos que constituem os demais 'mundos' da sociedade imperial. Não deixam de insistir em se apresentar diferentes também dos governantes dos países latino-americanos que, por essa mesma época, também se empenham no processo de organização de seus Estados. São dirigentes, e por isso também marcam sua diferença no interior do mundo do qual procedem: *o mundo do governo*". Ilmar Rohloff de Mattos, *O tempo saquarema* (São Paulo, Hucitec, 2017), p. 195-7.

Brasil têm uma marca mais exortativa, no século XIX ganham uma inclinação mais decisória, trazida ao centro da política: a disputa pelo entendimento do passado e do presente é um reclame de futuros.

As interpretações sobre o Brasil independente, do século XIX, pioneiras na sociedade que ganhava autonomia política, voltam-se aos interesses das classes e frações que disputam o poder e o controle da sociabilidade local. No entanto, não se ocupam do nacional apenas a partir de referências internas. As revoluções liberais europeias e os exemplos dos Estados Unidos, do Haiti ou das colônias espanholas na América representam, por reforço ou por rechaço, um importante pano de fundo das orientações sociais pleiteadas ou reclamadas no Brasil. E, além disso, embora se trate de um conjunto de interpretações orientadas à prática, não desconhece as movimentações teóricas havidas internacionalmente. Constitucionalismo, liberalismo, republicanismo, monarquia, centralização, federalismo, laicismo, todos esses são quadrantes teóricos que alcançam os debates brasileiros no século XIX, ainda que de modo atravessado, fragmentado ou sob múltiplas reelaborações e retificações.

Entre tais interpretações do Brasil do século XIX e aquelas que surgirão no século XX, dar-se-á, também, outra diferença de forma. Embora ambas acabem por intervir na prática social – as ideias têm força material –, a causa concreta dos debates do século XIX era efetivamente a de concretizar, com as explicações sociais, interesses específicos em disputa. Seus pensadores, via de regra, eram homens públicos, circulando diretamente na esfera do poder e das lutas políticas. Já no século XX, as interpretações sobre o Brasil são empreendidas por intelectuais, quase sempre afastados do poder, ainda que em alguns casos com projeção pública. A universidade já estava estabelecida ou em processo de estabelecimento, de tal sorte que há uma interface da compreensão social a respeito da situação brasileira com as marcações dos saberes acadêmicos. Num polo, o do século XIX, há mais força de intervenção e menos de autorreferência intelectual; no outro, o do século XX, exatamente seu oposto.

A diferença de forma de interpretação deve-se, fundamentalmente, às condições materiais da sociedade brasileira. No século XIX, o círculo intelectual é bastante contíguo ao do político, que, por sua vez, é um espelho das classes latifundiárias e exportadoras. O escravismo é a estrutura material decisiva das interpretações pioneiras do Brasil – tanto conservadores quanto liberais o sustentam. A manutenção do modo de produção escravista é sua base comum. No século XX, com a plena chegada ao capitalismo, então a compreensão social do país emparelha interesses das classes burguesas e de intelectuais de classe média em uma sociedade concorrencial. A dinamização do modo de produção capitalista é seu eixo mais reiterado; mas, justamente por ser um projeto, é um horizonte aberto, mais amplo nos termos de sua interpretação.

Quando o capitalismo se torna plenamente arraigado no Brasil, no século XX, é possível então ver surgir uma nova vertente para a explicação acerca do país, a dos pensamentos marxistas, permitindo à forma de interpretação sobre o Brasil alcançar a plenitude da crítica à própria materialidade social. No século anterior, apenas dois polos disputam tal interpretação: um liberal e o outro conservador, organicista. Suas críticas não punham na berlinda o modo de produção; a manutenção da escravidão ou o retardo de sua extinção foram suas plataformas. No século XX, o capitalismo – seja apontando-se à sua ampliação mediante o desenvolvimento e o arrojo industrial, seja lastreado na manutenção do latifúndio exportador – foi base comum a liberais e não liberais. No entanto, com os caminhos interpretativos marxistas, aparece aqui pela primeira vez a possibilidade de uma crítica à própria determinante social, o modo de produção.

O século XIX se defronta com uma sociedade sob o escravismo, ainda sem circuitos plenos de produção assalariada capitalista, mas cabem aqui já as alcunhas de liberal/juspositivista e de não liberal/não juspositivista a seus dois caminhos de interpretação da realidade nacional. A cultura brasileira, ao tempo, se referenciou em intelectuais simbólicos desses caminhos distintos. A velha tradição liberal tem em nomes como Diogo Feijó e Tavares Bastos seu primeiro grande eixo, alcançando em Ruy Barbosa seu máximo expoente simbólico. Tais pensadores se orientam por uma ampliação do capitalismo já presente no Brasil, que deveria a todas as relações recobrir. Por sua vez, tradições conservadoras, que remontam no século XIX a Paulino José Soares de Sousa, no século XX são encampadas especialmente por juristas, como o próprio Oliveira Vianna e Francisco Campos. Dão mais ênfase ao poder, à força estatal impositiva, à nacionalidade, à coesão social que, propriamente, às leis e ao cumprimento de suas tecnicidades. Seu caráter não juspositivista é patente: acima da lei, a organicidade do poder ou da sociedade. Orientam-se, muitas vezes, por uma valorização do passado como maneira de agir socialmente de modo estável.

Os caminhos juspositivistas/liberais e não juspositivistas/não liberais/organicistas do século XIX guardam, ambos, fragilidades políticas e teóricas e limites quase similares. A leitura liberal, calcada em tênues horizontes de compreensão sociológica – o louvor da lei, das relações contratuais, da segurança jurídica –, não consegue ser totalmente superada apenas com leituras não juspositivistas – o louvor da coesão social é também um idealismo às avessas, desejando forjar um realismo fantasioso, projetando características de uma nacionalidade imaginada[6]. Acima

---

[6] Oliveira Vianna, no início do século XX, apontava para os dois níveis de idealismos que se apresentavam entre liberais e organicistas. A respeito de tal classificação: "Para o jurista fluminense há, sobretudo, entre os idealismos orgânicos e utópicos, uma diferença de fundo – digamos – metodológico. Ao contrário dos idealistas orgânicos, os utópicos acreditariam profundamente no

de tudo, juspositivismos e não juspositivismos se assentam sobre uma base social com a qual não querem romper, o escravismo: exatamente sua manutenção torna próximos os dois caminhos interpretativos do Brasil do século XIX. As propugnas de liberalismos ou de coesões sociais estão lastreadas na escravidão.

As interpretações sobre o Brasil oitocentistas, além dos limites materiais advindos da manutenção da escravidão, também padecem das características da indefinição de contornos, marcando-se, então, por ecletismos. Em uma formação social que não se distinguiu nem se notabilizou por uma revolução liberal ou mesmo por uma guerra de independência que contrastasse fortemente classes e grupos nativos e metropolitanos, deram-se parciais intercâmbios – ou mesmo amálgamas – de variados interesses, posições políticas e bases teóricas. A expressão, recorrente no século XIX, de que "não há nada tão parecido com um saquarema como um luzia no poder"[7], revela algo da distinção frágil entre posições liberais e conservadoras. Constitucionalismo e monarquia, liberalismo e Poder Moderador, centralização e federalismo, todas essas bandeiras empunharam-se, muitas vezes, em misturas variadas de interesses e dosagens práticas e teóricas. A escravidão manteve-se como estrutura não narrada; quando explicitada, buscava-se sustentá-la alegando-se suas circunstâncias peculiares ou excepcionais ou as graves rupturas que sua abolição causaria. Daí, ressalvado o fundamental da escravidão, que uniu a maioria dos intérpretes do Brasil do século XIX, os demais debates, menos importantes, dividiram-se em dois caminhos que, exatamente pela sua relativa condição perfunctória, puderam ser frequentemente combinados em ecletismo.

---

poder transformador, quase mágico, das leis e instituições sobre a realidade. Em outras palavras, para o idealismo orgânico, o 'país real' teria precedência sobre o 'país legal', enquanto para o idealismo utópico a relação seria inversa". Diego Rafael Ambrosini e Gabriela Nunes Ferreira, "Os juristas e o debate sobre 'país legal' e 'país real' na República Velha", em Carlos Guilherme Mota e Gabriela Nunes Ferreira (orgs.), *Os juristas na formação do Estado-Nação brasileiro (de 1850 a 1930)* (São Paulo, Saraiva, 2010), p. 275.

7 "Era comum ouvir-se dizer, em meados do século passado [XIX], não haver *nada tão parecido com um saquarema como um luzia no poder*. O provérbio imperial chegou até nós. Não raro, políticos, homens de Estado, historiadores e demais cientistas sociais evocam-no para caracterizar, em uma ótica negativa, os partidos políticos no Brasil, quer estejam falando dos do Segundo Reinado, quer estejam se referindo aos de época mais recente. [...] Derrotados pelas forças do Barão de Caxias no combate de Santa Luzia, os liberais mineiros passaram a ser chamados pelos adversários políticos pelo nome do local onde ocorreu o seu maior revés: *santas-luzias* ou simplesmente *luzias*. [...] O apelido *saquarema* não deixou de guardar para sempre um traço marcadamente particular. Por *saquaremas* se denominariam sempre e antes de tudo os conservadores fluminenses, e se assim ocorria era porque eles tendiam a se apresentar organizados e a ser dirigidos pela 'trindade saquarema': Rodrigues Torres, futuro Visconde de Itaboraí, Paulino José Soares de Sousa, futuro Visconde do Uruguai, e Eusébio de Queirós." Ilmar Rohloff de Matos, *O tempo saquarema*, cit., p. 115-6 e 120.

O final do século XIX e o início do século XX continuam a representar ainda um tempo de reiteração dos mesmos padrões interpretativos que começaram a se consolidar com a independência e o Império. Já não mais atravessados pela escravidão, mas ainda em tempos de emersão do modo de produção capitalista, com a expansão da exploração assalariada, veem-se postulações ainda cabais de perfil idealista liberal ou de organicismo estatalista. Os juristas Ruy Barbosa e Oliveira Vianna são, respectivamente, os dois maiores exemplos de visões juspositivistas e não juspositivistas pioneiras já na entrada do século XX. Tal modelo de consideração primeva sobre o país será, por fim, suplantado por leituras feitas a partir de chaves teóricas consideradas mais modernas – ou mesmo mais calcadas em métodos científicos e/ou ambiências acadêmicas –, quando então, pelo segundo quartel do século XX, abrem-se os caminhos das interpretações do Brasil mais conhecidas, como as de Sérgio Buarque de Holanda, Gilberto Freyre ou Caio Prado Júnior.

Os liberalismos pioneiros

Posições liberais no Brasil remontam já ao movimento de independência, na virada do século XVIII para o XIX. Com as disputas entre as frações dominantes nacionais e metropolitanas, o liberalismo é um horizonte de articulação de variados setores e figuras da vida econômica e política do país. Mesmo intelectuais atravessados por fases de grande proximidade com os interesses da coroa, como José Bonifácio de Andrada e Silva, resvalam por algumas posições e discursos de cunho liberal. Desde Tomás António Gonzaga a Hipólito José da Costa, há uma série de pensadores cujo horizonte teórico desponta como iluminista ou liberal[8]. Costa, que de Londres publica o *Correio Braziliense*, é um dos intelectuais que, no período, dá lume a reclames liberais a partir de demandas políticas especificamente brasileiras[9].

---

[8] Na interpretação de Vicente Barretto: "A discussão da ideia liberal no Brasil seria fenômeno tardio, posterior à mudança da Corte para o Rio de Janeiro. Sobressaem neste momento as personalidades de Hipólito da Costa (1774/1823) e Silvestre Pinheiro Ferreira (1769/1846). Hipólito da Costa redigiu em Londres, de 1808 a 1822, o *Correio Braziliense*, que se tornaria o principal porta-voz das ideias liberais no período anterior à Independência. Silvestre Pinheiro Ferreira viveu no Rio de Janeiro de 1808 a 1821, quando regressou a Portugal na condição de chefe do governo de D. João VI, posto a que chegou graças à Revolução Constitucionalista do Porto de agosto de 1820". Vicente Barretto, "Primórdios e ciclo imperial do liberalismo", em Vicente Barretto e Antonio Paim (orgs.), *Evolução do pensamento político brasileiro* (Belo Horizonte, Itatiaia, 1989), p. 19.

[9] "Deixando esse depravado e corrompido sistema, voltemos ao constitucional. [...] Tivemos já o cuidado de definir o que era o sistema constitucional, para expor o prejuízo vulgar que lhe não dá um sentido exato. Depois disso, é claro que um sistema de governo constitucional, ainda quando mau, é preferível a um sistema despótico, onde não há outra regra senão a vontade sempre variável do déspota ou déspotas que governam." Hipólito José da Costa, "Sistema Constitucional", em Sergio Goes de Paula (org.), *Hipólito José da Costa* (São Paulo, Editora 34, 2001), p. 354.

No entanto, ao tempo, é Frei Caneca quem encarna a junção mais vigorosa entre pensamento e liderança política liberal.

Joaquim da Silva Rabelo, o Frei Joaquim do Amor Divino Caneca (1779--1825), religioso e erudito pernambucano, participou dos movimentos de 1817 que se denominaram Revolução Pernambucana. Preso por conta de sua liderança, após sua liberdade torna a se destacar nas lutas pernambucanas de independência que se verificaram nos primeiros anos da década de 1820, de perfil republicano e federalista[10]. A mais importante dessas movimentações, que resultará na Confederação do Equador, teve Frei Caneca como sua figura mais proeminente. Em 1824, em reação à dissolução da Assembleia Constituinte por D. Pedro I, lideranças pernambucanas, como Manoel de Carvalho Paes de Andrade e Cipriano Barata, rompem com o domínio imperial advindo do Rio de Janeiro e se põem a organizar uma unidade política de perfil republicano. A repressão imperial que se seguiu e a falta de adesão efetiva de outras unidades federativas a tal projeto fez a Confederação do Equador não lograr concretude política. Frei Caneca foi condenado pelo Império à morte. Os carrascos se recusaram a enforcá-lo; foi então morto a tiros no início de 1825.

Ao tempo da Confederação do Equador, Frei Caneca fez publicar suas ideias no jornal *Typhis Pernambucano*, conclamando a população às bandeiras republicanas, liberais e antiescravistas. Seu clamor é tanto contra o despotismo de D. Pedro I ao ter dissolvido a Assembleia Constituinte, outorgando sua própria Carta, quanto ainda em favor de um federalismo que pudesse congregar províncias fundadas no liberalismo:

> Nós, fiados na boa-fé que em 1822 inculcava o Rio de Janeiro, nos unimos com ele e demais províncias para formarmos um império, e termos uma Constituição formada em nossas Cortes soberanas. Mas sendo nós enganados do modo mais indigno, nos vimos sem representação nacional; e agora aparece este despotismo de se querer que juremos um projeto que não foi feito nem aceito pela nação soberana em suas Cortes Constitucionais, e isto fechando-se-nos a barra com um bloqueio, e estragando-se-nos com a fome! [...]

---

[10] "Graças à teoria segundo a qual a soberania residia nas províncias, os doutrinários como Frei Caneca, Cipriano Barata ou Natividade Saldanha tinham-se na conta de federalistas, embora seja excepcional encontrar-se em seus textos uma afirmação enfática do tipo da que o frade fez certa vez, ao afirmar que 'o Brasil tinha e tem todas as proporções para formar um *Estado federativo*'. [...] Tendo a Independência sob a forma unitária levado sete anos para consumar-se em Pernambuco (1817-24), ela só é inteligível quando narrada em conjunto, não isoladamente em seus subperíodos, como habitualmente se faz: a Revolução de 1817, o movimento de Goiana (1821), a junta de Gervásio Pires Ferreira (1821-2), o governo dos matutos (1822-3) e a Confederação do Equador (1824)." Evaldo Cabral de Mello, *A outra independência: Pernambuco, 1817-1824* (São Paulo, Todavia, 2022), p. 23 e 26.

O Brasil tinha e tem todas as proporções para formar um *estado federativo*. A grandeza de seu território, as diversíssimas riquezas do seu solo, os diversos caracteres dos povos que o habitam, que formam outras tantas nações diferentes quantas as suas províncias, a simplicidade de seus costumes, que os habilitam para a prática das virtudes republicanas, a falta das classes salientes da nobreza europeia, a impotência do seu clero, o gênio da liberdade, que presidiu na formação desses povos pelos seus antepassados europeus e indígenas, a sua localidade entre governos republicanos, e demais a mais a desoladora e vergonhosa escravidão, em que se acham por três séculos, tudo isso cooperava para que lançando fora o jugo português, aborrecessem os brasileiros para sempre *testas coroadas* e procurassem um governo o mais livre possível, pois é do coração do homem lançar mão de um extremo, quando se desonera de outro. [...] Moderando, porém, os brasileiros estes impulsos para uma pura democracia, e esperando serem felizes em um império constitucional, proclamaram esta forma de governo, e entregaram-se todos às intenções que o imperador fingia ter para com o Brasil; conhecem afinal que estavam iludidos, e que s. m. por fatos que têm chegado ainda além da Taprobana pretende lançar-lhes novos e mais vergonhosos grilhões.[11]

Quando já independente, o Brasil conheceu em Diogo Antônio Feijó (1784-1843) um expressivo líder político e intelectual de visão liberal. Feijó, paulista de origem pobre e rejeitado pela família, sacerdote, mas figura não totalmente albergada pela Igreja em razão de sua luta pelo fim do celibato clerical, foi deputado junto às Cortes de Lisboa, às vésperas da Independência e, posteriormente, deputado no parlamento brasileiro, além de ter sido, em sequência, já aos tempos das regências, ministro da Justiça e senador. Enquanto ministro, promulga a Lei Feijó, a primeira a proibir a importação de escravizados. Foi responsável pela organização de uma guarda nacional a partir de elementos populares e ao largo do exército[12]. Antagonizou historicamente com José Bonifácio pelo caráter conservador deste, que transigia com muitas das rupturas de Pedro I aos princípios liberais. Os movimentos políticos do Primeiro Império se dividiam entre liberais moderados

---

[11] Frei Joaquim do Amor Divino Caneca, "O *Typhis Pernambucano*", em Evaldo Cabral de Mello (org.), *Frei Joaquim do Amor Divino Caneca* (São Paulo, Editora 34, 2001), p. 455 e 502.

[12] Na conhecida leitura de Oliveira Lima: "A indisciplina, que não era somente do povo, porém do exército [...] acentuou-se de tal modo após a abdicação, que se pode dizer, sem abuso de retórica, que a ordem por toda a parte se achava subvertida. Os piores excessos foram cometidos em nome da liberdade e do patriotismo, e foi preciso que, na capital, um homem de uma energia excepcional, o ministro da justiça, Feijó, um eclesiástico – aliás tão pouco ultramontano que defendia a abolição do celibato –, chegasse a ponto de dissolver os regimentos de linha e organizar em lugar deles a guarda nacional, armando cidadãos contra soldados para a defesa da lei. [...] O Padre Feijó lembra, na verdade, no dizer de Euclides da Cunha, o herói providencial de Carlyle. E seu feito não se limitou à repressão da desordem geral – estendeu-se igualmente à organização administrativa, escolar, financeira, de todos os gêneros". Oliveira Lima, *Formação histórica da nacionalidade brasileira* (São Paulo, Publifolha, 2000), p. 195 e 197.

(chimangos) e exaltados (farroupilhas) e, com a abdicação, também com os restauradores que propugnavam a volta do primeiro imperador (caramurus), embrião do futuro Partido Conservador (dos chamados saquaremas), que antagonizará com os liberais (luzias). Feijó partilhava as posições dos liberais moderados[13]. Por meio do Ato Adicional de 1834, as regências trinas foram transformadas em regência una. A condição pessoal bastante próxima às camadas populares e as posições políticas liberais de Feijó levam-no a ser eleito regente, em 1835. Foi o primeiro brasileiro a ser escolhido nacionalmente para governar o país. Governa de modo reformista, buscando consolidar um quadro de legalidade, enfrentando oposições de variados grupos conservadores e mesmo dos liberais à direita[14]. Renuncia em 1837, indicando um antagonista, o conservador moderado Pedro de Araújo Lima, como seu sucessor na Regência. Posteriormente, participa das revoltas liberais na província de São Paulo em 1842 e passa a ser ainda mais perseguido pelos conservadores por tal razão. Sob condições cada vez piores de saúde, é preso e desterrado. Depois disso, vem a morrer, em 1843, ainda num quadro de perseguição.

Feijó se destaca, em textos e pronunciamentos, por uma leitura política de afirmação das instituições e das condições liberais. O juspositivismo, como respeito à Constituição, às leis postas e aos direitos daí advindos, é seu reclame. Seu discurso de Regente eleito assim expõe:

> Brasileiros. Colocado no governo pelo voto nacional, é meu dever expor-vos com franqueza os princípios que dirigem a atual administração, e manifestar-vos os sentimentos de que ela se acha possuída com relação à causa pública.

---

[13] "Logo após a renúncia de D. Pedro I, o quadro político se altera, com a cisão do campo liberal. O poder será empalmado pelos moderados, definindo-se nessa categoria aqueles para os quais os objetivos da revolução já haviam sido alcançados a 7 de abril. Contra esse ponto de vista se levantam os exaltados, exigindo, por exemplo, sanções especiais contra o Senado, fiel a D. Pedro I. Assim, pois, a agitação desencadeada anteriormente encontra condições para prosseguir, agora voltada contra os moderados no poder. Por sua vez, tal conjuntura, que obrigava o governo moderado a permanecer na defensiva ante os exaltados, estimulava a emergência de um movimento restaurador, liderado pelos Andradas, e que defendia a opção (inaceitável) do regresso de D. Pedro I, como recurso para o restabelecimento da ordem pública. Em seguida a uma sedição restauradora, o ministro da Justiça, Feijó, empenha-se por destituir José Bonifácio do cargo de tutor imperial em que o deixara investido D. Pedro I, ao abdicar." Paula Beiguelman, *Formação política do Brasil* (2. ed., São Paulo, Pioneira, 1976), p. 237.

[14] "A cisão partidária se acentuou com a eleição, para regente do Império, do chefe da ala esquerda dos moderados, o senador paulista Diogo Feijó, 'homem de caráter austero e virtudes antigas, que unia em boa-fé a teorias anárquicas instintos de ordem'. Ao mesmo tempo que se dizia disposto a debelar 'o vulcão da anarquia', Feijó se recusava a atender à demanda recentralizadora da ala direita." Christian Edward Cyril Lynch, "Quando o regresso é progresso: a formação do pensamento conservador saquarema e de seu modelo político", em Gabriela Nunes Ferreira e André Botelho (orgs.), *Revisão do pensamento conservador: ideias e política no Brasil* (São Paulo, Hucitec, 2010), p. 33.

A constituição do Brasil é a lei suprema a que, tanto os cidadãos, como o mesmo governo, devem prestar culto e homenagem por ser expressão da vontade geral: ela, e o Ato Adicional, serão religiosa e muito lealmente observados. [...]
Brasileiros! Os poderes políticos do Estado são delegações vossas: cumpre respeitar a vossa mesma obra. Sem veneração às leis, sem respeito e obediência às autoridades públicas, não pode subsistir a sociedade; a feroz anarquia, abandonando o fraco ao forte, o pequeno ao grande, o desvalido ao poderoso, devora em poucos dias o povo que sacode o suave peso das leis e desconhece as autoridades. Reuni-vos, portanto, em torno do governo, e coadjuvai-o nos esforços que há de empregar para consolidar a vossa felicidade e a glória da pátria.[15]

Ao lado e em face das leituras conservadoras organicistas, o liberalismo será, no século XIX, uma das duas constantes chaves interpretativas a respeito do Brasil. Tomado via de regra de modo prospectivo, acusa a inexistência de condições liberais ideais. No tempo do Segundo Império, destaca-se como uma figura proeminente da política liberal o alagoano Aureliano Cândido Tavares Bastos (1839-1875). Formado pela Faculdade de Direito do Largo São Francisco, em São Paulo, sua posição política, como deputado, e intelectual, em livros como *Os males do presente e as esperanças do futuro*, *Cartas do solitário* e *A província: estudos sobre a descentralização do Brasil*, exprime um ímpeto reformista à sociedade brasileira, atravessado, no entanto, por contradições[16]. Monarquista, busca, em seus textos jurídicos, limitar o Poder Moderador, pelo que debaterá e contrastará com as ideias e posições do conservador Visconde do Uruguai. O federalismo e a descentralização são as formas de fincar lutas liberais contra o Estado[17]. Embora abolicionista, Tavares Bastos não avança com fôlego no

---

[15] Diogo Antônio Feijó, "Discurso de Regente eleito", em Jorge Caldeira (org.), *Diogo Antônio Feijó* (São Paulo, Editora 34, 1999), p. 172 e 174.
[16] "Para Tavares Bastos a reforma das instituições políticas constituía-se em condição indispensável a qualquer programa de modernização econômica, ou mesmo de reordenação mais geral do conjunto da sociedade brasileira. A forma de governo era secundária, ou seja, o que realmente importava era como se organizaria o sistema de poder. Neste sentido, monarquia ou república não se apresentavam como questões decisivas. O que se patenteava como problema decisivo era a questão da centralização/descentralização. O federalismo configurava o eixo que articulava a proposta reformista mais abrangente. Por isso, a monarquia federativa constituía o horizonte possível, talvez a forma preferencial de regime político." Walquíria G. Domingues Leão Rêgo, *A utopia federalista: estudo sobre o pensamento político de Tavares Bastos* (Maceió, Edufal, 2002), p. 25.
[17] "Ora, a grande questão que no Brasil se agita, resume-se na eterna luta da liberdade contra a força, do indivíduo contra o Estado. Reduzir o poder ao seu legítimo papel, emancipar as nações da tutela dos governos, obra duradoura do século presente, é o que se chama descentralizar. A descentralização, que não é, pois, uma questão administrativa somente, parece o fundamento e a condição de êxito de quaisquer reformas políticas. É o sistema federal a base sólida de instituições democráticas. Limitar o poder, corrigi-lo desarmando-o das faculdades hostis à liberdade, eis a ideia donde este livro nasceu." Aureliano Cândido Tavares Bastos, *A província: estudo sobre a descentralização no Brasil* (Maceió, Assembleia Legislativa de Alagoas, 2012), p. 18.

tema da extinção da escravidão em seus projetos e escritos; propugnava uma abolição lenta[18]. Ao mesmo tempo, é já um pioneiro das visões de livre-mercado e de abertura comercial ao estrangeiro, em especial em atenção ao interesse dos Estados Unidos na navegação amazônica[19]. Ele crê não ter o país vocação à industrialização nem condições de propugná-la rapidamente, de tal sorte que ao Brasil incumbiria exportar produtos agrícolas e tirar, daí, sua melhor inserção no comércio internacional.

Em *Os males do presente e as esperanças do futuro*, Tavares Bastos estabelece uma leitura sobre o Brasil de caráter patentemente liberal, que persistirá pelos séculos XX e XXI, resgatada no fundamental pelo neoliberalismo presente. Aponta para um governo ideal neste sentido:

> Esse governo equilibraria a despesa com a receita; desarmaria a parte supérflua da marinha e do exército; e reservaria os excessos de renda para subvencionar o serviço de polícia provincial e municipal, reduzida, ou até extinta, a Guarda Nacional.
> Esse governo levantaria o peso de impostos sobre a exportação oprimida; desenvolveria, com sistema, os trabalhos públicos; fomentaria o espírito livre da empresa particular; mas não se faria fiador e banqueiro de empresas impraticáveis, cujo único e perigoso fim é imobilizar capitais e desviá-los da agricultura necessitada.
> Esse governo, guardada uma economia severa, solveria a enorme dívida dos empréstimos levantados em Londres, e a do papel-moeda, consolidando assim o meio circulante. Esse governo obteria a lei da livre cabotagem, para que os braços nacionais nela distraídos cultivem a terra, tornando à concorrência do estrangeiro muito mais barato o serviço de navegação. [...]
> Esse governo, prosseguindo nas ideias do tempo da independência, reatando o fio dos projetos do venerável José Bonifácio, e de todos os corações generosos, estudaria os meios práticos de emancipar-se lentamente a escravatura, reconstituindo-se sobre bases naturais a organização do trabalho.[20]

---

[18] Sobre o projeto de abolição de Tavares Bastos: "Era uma fórmula de aos poucos se evitar um conflito no campo e nas indústrias. [...] Não se tratava de uma resolução a expedir que afetasse violentamente e de surpresa a economia nacional. Todavia, tratava-se de um projeto que, se transformado em lei, poria fim à escravidão sem provocar um enfraquecimento no sistema agrícola e industrial então vigente. Era uma libertação por etapas". Paulo de Castro Silveira, *Tavares Bastos: um titã das Alagoas* (Maceió, Assembleia Legislativa de Alagoas, 2019), p. 116-7.

[19] "Uma das culpas de que é acusado Aureliano Cândido Tavares Bastos é de haver sido um jacobino americanista do Norte. A análise da obra desse ilustre alagoano afasta definitivamente essa acusação. [...] Tavares Bastos era um internacionalista no bom sentido, no sentido certo. Não era ortodoxo, não se plantava apenas num ângulo a ver o mundo através de um prisma errado, um unilateral. Autodidata, as suas ideias são panorâmicas. E se os Estados Unidos são trazidos à baila, nas suas páginas, da mesma maneira o são a Inglaterra e a França." Luiz Pinto, *Tavares Bastos* (Rio de Janeiro, Dasp, 1955), p. 86-7.

[20] Aureliano Cândido Tavares Bastos, *Os males do presente e as esperanças do futuro* (2. ed., São Paulo, Companhia Editora Nacional, 1976), p. 46-7.

Tal como propugnado por Tavares Bastos, o liberalismo brasileiro, no plano político, empunha a defesa do regime da legalidade em face daquele do personalismo ou do tradicionalismo, uma pauta basilar de juspositivismo[21]. E, além disso, o liberalismo brasileiro já apresenta, no século XIX, a conjugação da legalidade e da institucionalidade política com sua contrafação econômica: o livre-comércio. No início desse século, o Visconde de Cairu, José da Silva Lisboa, de modo bastante pioneiro, já forjara importantes posições teóricas na defesa do liberalismo econômico, em especial na abertura comercial ao estrangeiro. Tanto quanto se dará no plano prático posteriormente, nos meados dos oitocentos, com o próprio Barão de Mauá, Cairu exemplifica pioneiramente, no campo teórico, o elogio aos arrojos empresariais privados, embora estivesse bastante próximo do apoio estatal e das dinâmicas políticas de seu tempo e sem grande preocupação com o fim da escravidão, que sustentava economicamente a produção brasileira[22].

A face mais progressista do pensamento liberal do século XIX é a abolicionista. Luiz Gama (1830-1882) é sua figura de maior destaque. Suas posições tocam diretamente na questão determinante e mais candente da estrutura social brasileira, a escravidão. A estratégia abolicionista de Luiz Gama teve como tônica o recurso ao direito positivo e às ambiguidades normativas como meios de promover a libertação de escravizados[23]. Valendo-se de dispositivos como o tratado de 1831 com

---

[21] "Em *A Província* aparece com clareza a ideia de que um bom ordenamento político-institucional é capaz de gerar uma boa sociedade. Da mesma forma que na consideração dos nossos males, também na da possibilidade de sua superação o político-institucional tem predomínio sobre o social como fator explicativo central: eletividade dos presidentes de província, Assembleias Provinciais bicamerais, extinção do Conselho de Estado, escolha dos senadores do Império pelas Assembleias Provinciais (dois por província), fontes de renda provincial alargadas – são itens que compõem a agenda de reformas proposta por Tavares Bastos, conformando um novo modelo de organização do poder público. Assim, a maior contribuição do *bom governo* é criar o *bom ordenamento político-institucional*, baseado na instituição do federalismo monárquico, dando com isto à sociedade as condições de se autogovernar e, através do autogoverno, civilizar-se." Gabriela Nunes Ferreira, *Centralização e descentralização: o debate entre Tavares Bastos e o visconde de Uruguai* (São Paulo, Editora 34, 1999), p. 84.

[22] "A escravidão ocupou um espaço discreto nos livros de Cairu, comparado com aquele que ele utilizou para discorrer sobre ordem natural, papel da Economia Política, livre-comércio, governo liberal, mudanças que ocorreram no Brasil durante o governo de D. João VI e o combate às ideias da Revolução Francesa." Antonio Penalves Rocha, *A economia política na sociedade escravista: um estudo dos textos econômicos de Cairu* (São Paulo, Hucitec, 1996), p. 120.

[23] "O estilo Gama de ativismo consistiu em explorar ambiguidades e lacunas da legislação acerca da escravidão. Não era uma novidade. A tática compunha o repertório abolicionista internacional: os ativistas espanhóis, com iguais tratados de letra morta com a Inglaterra, já o praticavam; no Brasil, ao menos 26 advogados, incluído o pai de Rebouças, tinham usado a legislação escravista contra si mesma, entre 1847 e 1867. Gama extrapolou essa contestação jurídica às bases legais do escravismo, levando a interpretação da lei ao limite. [...] Gama disseminou um estilo de ativismo no meio-fio, às vezes lendo a lei ao pé da letra, às vezes em interpretação arrevesada dela e mesmo

a Inglaterra, que impedia o tráfico de escravizados, bem como de leis mais novas, como a do Ventre Livre, Gama patrocinou centenas de ações de liberdade, processos judiciais com os quais fazia impor a extinção de vínculos de escravização mediante decisão dos tribunais[24]. Junto de sua estratégia eminentemente jurídica, Gama também se destacava pelo uso de mecanismos de luta como o da atuação na imprensa[25].

A própria relação de Gama com o liberalismo é atravessada por acolhidas e afastamentos: a legislação que legitimava a escravidão é-lhe tomada como aviltante, reclamando então uma posição contra as instituições. Ao mesmo tempo, embebido do espírito liberal e republicano, Gama aponta para uma institucionalidade que garantisse a liberdade aos moldes que são, ao cabo, burgueses. Proclamando sua luta de resistência e não de insurreição, um horizonte jurídico e de defesa da ordem perpassa suas intervenções:

> Não sou nem serei jamais agente ou promotor de insurreições, porque de tais desordens ou conturbações sociais não poderá provir o menor benefício à mísera escravatura, e muito menos ao partido republicano, a que pertenço, cuja missão consiste, entre nós, em esclarecer o país.
> Se algum dia, porém, os respeitáveis juízes do Brasil esquecidos do respeito que devem à lei, e dos imprescindíveis deveres, que contraíram perante a moral e a nação, corrompidas pela venalidade ou pela ação deletéria do poder, abandonando a causa sacrossanta do direito, e, por uma inexplicável aberração, faltarem com a devida justiça aos infelizes que sofrem escravidão indébita, eu, por minha própria conta, sem impetrar o auxílio de pessoa alguma, e sob minha única responsabilidade, aconselharei e promoverei, não a insurreição, que é um crime, mas a "resistência", que é uma virtude cívica, como a sanção necessária para pôr preceito aos salteadores fidalgos, aos contrabandistas impuros, aos juízes prevaricadores e aos falsos impudicos detentores.[26]

No entanto, junto a Américo de Campos e outros, Luiz Gama pertence à ala radical do Partido Liberal e seu pensamento se destaca pela contundência de uma luta que anelava mudanças políticas republicanas àquelas sociais abolicionistas:

> Enquanto os sábios e os aristocratas zombam prazenteiros das misérias do povo; enquanto os ricos banqueiros capitalizam o sangue e o suor do escravo; enquanto os sacerdotes do Cristo santificam o roubo em nome do Calvário; enquanto a venalidade togada mercadeja impune sobre as aras da justiça, este filho dileto da desgraça escreve

---

contra a lei." Angela Alonso, *Flores, votos e balas: o movimento abolicionista brasileiro (1868-88)* (São Paulo, Companhia das Letras, 2015), p. 103 e 108.

[24] Ver Luiz Gama, *Liberdade* (São Paulo, Hedra, 2021) e idem, *Direito* (São Paulo, Hedra, 2023).
[25] Ver idem, *Democracia* (São Paulo, Hedra, 2021).
[26] Luiz Gama, "Luiz G. P. Gama – Correio Paulistano – 1871", em Ligia Fonseca Ferreira (org.), *Com a palavra Luiz Gama: poemas, artigos, cartas, máximas* (São Paulo, Imprensa Oficial, 2011), p. 143.

o magnífico poema da agonia imperial. Aguarda o dia solene da regeneração nacional, que há de vir.[27]

Se Luiz Gama é o modelo mais radical do liberalismo brasileiro do século XIX, dando à abolição o peso decisivo na transformação social do país, já desde o Império, mas em especial na República, Ruy Barbosa (1849-1923) é quem encarna o modelo mais típico da defesa do juspositivismo e do liberalismo. Ele conjuga posições progressistas em favor da abolição ao lado daquelas reiteradamente liberais – defesa das instituições, da legalidade, da moralidade pública. Além disso, suas ações espraiaram-se por um arraigado liberalismo econômico quando ministro da Fazenda no regime republicano que se iniciava sob a presidência de Deodoro da Fonseca, tendo sido responsável pela crise econômica chamada de encilhamento – vultosa emissão de moedas e títulos que gerou grande inflação e especulação financeira.

Figura pública de imensa visibilidade ao seu tempo, Ruy representa, nos tempos imperiais e na República Velha, a posição mais estritamente legalista e liberal da interpretação sobre o Brasil; o juspositivismo e o liberalismo encontram em Ruy seu eixo exemplar de prédica[28]. Tratando de seus projetos políticos ao país, assim se refere:

> Somos legalistas acima de tudo e a despeito de tudo. O Governo, ou a oposição, não têm para nós senão a cor da lei, que envolve o procedimento de um, ou as pretensões da outra. Fora do terreno jurídico nossa inspiração procurará beber sempre na ciência, nos exemplos liberais, no respeito às boas praxes antigas, na simpatia pelas inovações benfazejas, conciliando, quando possível, o gênio da tradição inteligente com a prática do progresso cauteloso.[29]

Ainda Ruy no louvor à legalidade contra as mazelas nacionais:

> Só o Brasil se acastela na mentira de uma rotina conservadora, com que a indústria política mascara os interesses da sua estabilidade. Só o Brasil renuncia a ter um governo de legalidade, honestidade e liberdade, para se oferecer ao mundo no espetáculo de uma nação de vinte e cinco milhões de almas debaixo dos pés de sete acrobatas da feira política.[30]

---

[27] Idem, "Pela última vez – Correio Paulistano – 1869", em Ligia Fonseca Ferreira (org.), *Com a palavra Luiz Gama*, cit., p. 137.
[28] "A figura de Ruy Barbosa, discutível e discutida desde seus dias, ficou como um arquétipo para os modelos intelectuais brasileiros, pela verbosidade e pela erudição humanística, mas também pela combatividade permanente. [...] Encarnou também o legalismo coerente, alimentado por um liberalismo incansável, corajoso, oportuno e tremendamente bem informado, que desempenhou em horas difíceis, na defesa dos direitos humanos e do poder civil, um papel realmente ineligenciável." Nelson Saldanha, *O pensamento político brasileiro*, cit., p. 111.
[29] Rui Barbosa, *Escritos e discursos seletos* (Rio de Janeiro, Nova Aguilar, 1997), p. 760.
[30] Ibidem, p. 420.

Formado por um liberalismo típico do ambiente do capitalismo mercantil do século XIX[31], atravessando a segunda metade do século XIX e alcançando as primeiras décadas do século XX, Ruy Barbosa simboliza e encerra um ciclo de expoentes das interpretações juspositivistas a respeito do país. Quando, no século XX, estabelecerem-se leituras especificamente sociológicas, o mesmo horizonte liberal será retomado sob novos influxos – a defesa da dinâmica concorrencial contra o Estado e os privilégios historicamente assentados. Num campo liberal de esquerda, isso será visto tanto em Sérgio Buarque de Holanda quanto em Raymundo Faoro e nos reformismos democráticos. Num campo liberal de direita, tais horizontes serão o substrato de muitas das posições anticomunistas, antivarguistas e antitrabalhistas e, posteriormente, do neoliberalismo.

Os não liberalismos pioneiros

Se os liberalismos/juspositivismos pioneiros brasileiros se apresentam como projetos reformistas, os não liberalismos/não juspositivismos pioneiros se apresentam como conservação de uma realidade já dada ou como estancamento de mudanças nocivas. Suas cores são, via de regra, menos idealistas e mais realistas que aquelas dos liberais: há um organismo social cuja coesão deve ser mantida. Ainda que várias leituras não juspositivistas pioneiras adotem reclames por pontuais reformas, seu movimento histórico é o de estruturar a sociedade a partir dos elementos de força existentes.

O movimento de mudança para a manutenção mostra-se bastante patente naquele que é o personagem político e intelectual referencial do processo de independência, José Bonifácio de Andrada e Silva (1763-1838). Figura expressiva da intelectualidade ilustrada brasileira e cultor privilegiado das ciências, de família rica e tradicional de Santos, teve erudita formação na Europa, onde passou a maior parte da vida. É responsável por horizontes reformistas que, ao mesmo tempo, se

---

[31] A leitura de Miguel Reale a respeito de Ruy Barbosa: "A concepção ruista do Estado liberal é a do *Estado neutro*, sem fins próprios; do Estado, em suma, que promove desenvolvimento da ciência, mas não se converte em servo de qualquer de suas diretrizes. Seu dever é conservar-se sempre equidistante das teorias científicas, visto como optar por uma delas seria conferir-lhe um *valor absoluto*, quando nós sabemos que o absoluto é inverificável. O Estado liberal é, por conseguinte, *relativista em sua essência*, o que torna a posição de Rui precursora, nesse ponto, da tese de Hans Kelsen, o qual estabelece uma correlação essencial entre relativismo e democracia. No fundo, quem é democrata não pode ser dogmático. Toda atitude dogmática tem como consequência a intolerância. 'O Estado não tem fé, nem escola', reitera ele, sendo inerente ao Estado a neutralidade perante todas as religiões e opiniões. Não lhe é dado, pois, colocar a sua força a favor ou contra uma ideia". Miguel Reale, *Figuras da inteligência brasileira* (Rio de Janeiro, Tempo Brasileiro, 1984), p. 25.

mesclam com a manutenção do poder monárquico em solo brasileiro[32]. Em contraste com posições como as de Frei Caneca ou mesmo as de Diogo Feijó, o projeto nacional de José Bonifácio, embora apresentando algumas colorações progressistas, tem também e fundamentalmente a marca do conservadorismo político e da transição por alto.

Alcunhado Patriarca da Independência, José Bonifácio perfilhava, quando em Portugal, posições derivadas daquelas do despotismo esclarecido do Marquês de Pombal. Era um quadro dirigente da elite portuguesa de alta qualificação que, às vésperas da Independência, volta ao Brasil e exerce importante papel junto ao futuro primeiro imperador, Pedro I. Se por muito tempo o projeto de José Bonifácio era o de incrementar um reino ultramarino português que tivesse por âncora econômica o Brasil, tal propósito se altera a partir do retorno de João VI à metrópole e com as subsequentes tentativas das cortes portuguesas de rebaixar a condição política brasileira, voltando aos estatutos coloniais. Ao pensar a independência, José Bonifácio intentou organizar uma sociedade e correspondentes instituições a partir de prismas não mais clericais ou monárquicos retrógrados: seu projeto foi o de destravar as amarras do modelo de sociabilidade até então havido e permitir, mediante uma monarquia nos trópicos, uma coesão social que evitasse tanto o esfacelamento da unidade

---

[32] "Nos últimos anos, a historiografia vem precisando os contornos da luta e dos debates que marcaram esses eventos que desde cedo opuseram dois partidos, portadores de distintos projetos de nação e aspirando à direção do país: a 'elite coimbrã' e a 'elite brasileira'. [...] O eixo do debate político entre os dois partidos se desenvolveu basicamente em torno da natureza do governo representativo estabelecido na Constituição de 1824: à direita, os coimbrãos, agora *realistas*, estendiam-no como um governo misto garantido pela separação de poderes e pela autonomia de uma Corte atuante, ao passo que, a parte *whig* do período, os brasilienses, agora *liberais*, entendiam-no como sinônimo de governo parlamentar, ou seja, de predomínio da Câmara dos Deputados. Os realistas eram chefiados basicamente pela antiga burocracia luso-brasileira, cujos expoentes haviam pertencido ao segundo escalão do governo joanino. Seu projeto político remontava às teorias do despotismo ilustrado, caracterizado pela centralização política em torno da Coroa, entendida como motor de um processo de modernização pelo alto da sociedade brasileira, que passava pela abolição do tráfico negreiro e da própria escravidão num futuro não muito distante. Sua linguagem política era a dos monarquianos franceses de 1789, defensores de um governo constitucional e representativo à moda inglesa, mas que atribuíam centralidade ao poder da Coroa, única defensora do bem comum num oceano potencial de facciosismos e paixões. Seus principais integrantes haviam sido inicialmente os irmãos Andrada (José Bonifácio, Antonio Carlos e Martim Francisco) e, depois, políticos como o visconde de Cachoeira e os marqueses de Caravelas, Queluz, Baependi, Inhambupe e Paranaguá. Embora a *historiografia luzia* os tenha sempre associado à defesa do absolutismo para mostrar os liberais como os verdadeiros artífices da independência – os realistas seriam chefes de um *partido português* –, as atas do Conselho de Estado no período indicam que os realistas eram fiéis ao constitucionalismo, tendo rejeitado todas as oportunidades surgidas de restaurar o absolutismo." Christian Edward Cyril Lynch, "Quando o regresso é progresso: a formação do pensamento conservador saquarema e de seu modelo político (1834-1851)", cit., p. 27.

brasileira quanto as revoluções. Destacam-se, entre seus projetos para a Assembleia Constituinte imperial quando fora deputado, a integração dos indígenas, a questão agrária, com acesso a terras, e a emancipação dos escravizados, ainda que por ele proposta de modo gradual. Suas posições não lograram êxito na política de seu tempo[33].

A relação de José Bonifácio com a monarquia luso-brasileira foi atravessada por contradições. Por considerável parte de sua longa estadia na Europa e em Portugal, a corte estava no Brasil. Quando para cá regressa, o reino volta à metrópole. Com Pedro I, sua relação foi próxima e estreita por pouco tempo, sendo depois perseguido pelo imperador e exilado. De modo inesperado, no entanto, quando da renúncia ao trono por parte de Pedro I, este nomeia José Bonifácio tutor de seu filho e futuro imperador, Pedro II. E, pelo período regencial, sua tutoria será combatida por variadas facções políticas. Tendo à frente Diogo Feijó, dá-se um processo de antagonismo dos liberais com José Bonifácio, o que leva à sua destituição da tutoria da criança, futuro imperador, e seu desterro e prisão.

Se o projeto liberal de independência, representado de modo mais expressivo por Frei Caneca, passava pela ruptura com a monarquia portuguesa, a posição de José Bonifácio é de manutenção de algum grau da coesão social e institucional já dada, ainda que reformada. Menos que um iluminista político de perfil republicano ou popular, José Bonifácio é um homem da ilustração conservadora, promovendo mudanças para a manutenção da ordem[34]. Após sua ruptura com Pedro I e

---

[33] "O inquieto José Bonifácio, leitor de clássicos, cientista e tradutor de Humboldt, defendeu a introdução da vacina, do sistema métrico, da meteorologia, preocupou-se com os problemas da população brasileira, da reforma agrária, da língua, da cultura, do voto dos analfabetos (assegurado na instrução de 19 de junho de 1822), da indústria, da agricultura e da universidade. O projeto de José Bonifácio sobre a abolição do tráfico e da escravidão constitui a mais importante obra brasileira contra o tráfico, 'revelando sua grandeza de estadista' (na avaliação do renomado historiador José Honório Rodrigues). Muito mais se poderia dizer do projeto sobre os índios e sobre sua compacta correspondência e ação diplomáticas, que o qualificam como o fundador da política exterior brasileira. Homem da ilustração, avançado para seu tempo, José Bonifácio foi logo posto fora da História, tendo sua imagem quase apagada com o revigoramento da mentalidade atrasada do Segundo Reinado. Os principais problemas que levantou ainda aguardam resposta, como o da reforma agrária, da construção da sociedade civil e da Educação." Carlos Guilherme Mota, *José Bonifácio. Patriarca da independência. Criador da sociedade civil nos trópicos* (São Paulo, Imprensa Oficial, 2006), p. 12.

[34] "Em meio às tendências antagônicas, José Bonifácio se colocaria ao lado do partido monarquista, aliando-se aos grandes proprietários de terras, senhores de escravos, altos funcionários. Essa aproximação se explica, tendo em vista o horror que votava às revoluções de massa, ao que considerava excessos de liberdade, sua antipatia invencível pelas soluções democráticas. [...] A aliança de José Bonifácio com os elementos mais conservadores, cujos interesses interpretava ao propor a solução monárquica, ao sugerir eleições indiretas, ao tentar reprimir as agitações através de um esquema rígido de segurança, era uma aliança precária, tendo em vista suas opiniões favoráveis à emancipação gradual dos escravos e contrária à posse improdutiva da terra, assim como sua antipatia pelos títulos de nobreza tão almejados pela maioria dos proprietários de terra e prestigiosos comerciantes.

já no exílio, sua análise crítica sobre o imperador brasileiro não o faz propor um governo apenas das leis, de perfil liberal, contra a tirania, mas sim uma espécie de monarquia constitucional que garantiria ao Brasil a consolidação de uma sociedade única e forte nas Américas. Ao patriarca da Independência, tratava-se de almejar a aristocracia e evitar as revoluções:

> É difícil ao Brasil passar da monarquia revolucionária, com um chefe que goza dos direitos hereditários de seu pai, ao republicanismo – dificuldades que não tiveram as colônias espanholas – o velho Brutus foi feliz contra Tarquínio, porque os feixes da monarquia passaram às mãos de uma aristocracia já constituída. Haja vista as insurreições de Pernambuco e Bahia, que trabalharam em areia movediça.
> Basta que os governos provinciais oponham uma força de inércia à corte do Rio, para que os projetos antiliberais se afrouxem, e acabem por si mesmos.
> O imperador subiu ao lugar em que se acha pelos patriotas; se os abandonar e fizer inimigos, por mais que se escude com chumbistas e corcundas, corre grande risco – estes últimos são camaleões sem caráter, instrumentos do poder enquanto é forte, e seus inimigos quando em perigo. [...]
> As almas no Brasil não estão elevadas até o grito forte da liberdade, acompanhado de firmeza moderada pela razão. A grande massa do povo quer independência; mas não por ideia de liberdade constitucional.
> Todo governo em revolução só faz descontentes, e não sabe ser constante em medidas e sistema, perde necessariamente o seu crédito e poder. Em qualquer revés as ambições dos partidos tomam um porte hostil.
> Nas assembleias populares a maioridade passa em um momento à menoridade, quando se põem em movimento molas próprias.
> Sem muito sangue a democracia brasileira, que se possa estabelecer, nunca se estabelecerá senão quando passar à aristocracia republicana, ou governo dos sábios e honrados, que é o único que pode durar e consolidar-se.[35]

As reformas propugnadas por José Bonifácio destacaram-no parcialmente do ambiente político conservador brasileiro. Os projetos em torno da questão indígena são, eventualmente, sua linha de maior progressismo em face de seu tempo, embora eivado de grandes contradições e mesmo de considerações pejorativas a respeito dos povos originários. A ideia de integração para o reforço da coesão da sociedade já dada avulta nos textos de José Bonifácio a respeito dos indígenas:

> Os índios são um rico tesouro para o Brasil se tivermos juízo e manha para aproveitá-los. Cumpre ganhar-lhes a vontade tratando-os com bom modo, e depois pouco a

---

Nos primeiros tempos, no entanto, diante da atitude ameaçadora do partido português e das Cortes, as divergências foram minimizadas e todos se uniram em torno de José Bonifácio e do Príncipe contra o inimigo comum." Emília Viotti da Costa, "José Bonifácio: homem e mito", em Carlos Guilherme Mota (org.), *1822: Dimensões* (2. ed., São Paulo, Perspectiva, 1986), p. 123.

[35] José Bonifácio de Andrada e Silva, *Projetos para o Brasil* (São Paulo, Publifolha, 2000), p. 110.

pouco inclinar sua vontade ao trabalho e instrução moral, fazendo-os ver que tal é o seu verdadeiro interesse, e que devem adotar nossos costumes, e sociedade. Eles aprenderão a nossa língua, e se mesclarão conosco por casamentos e comércio. [...]
O governo do Brasil tem a sagrada obrigação de instruir, emancipar, e fazer dos índios e brasileiros uma só nação homogênea, e igualmente feliz.[36]

As mesmas posições contraditórias – relativamente progressistas em face dos conservadores de seu tempo – se veem, em José Bonifácio, em seus projetos a respeito da escravidão. Abolicionista, aponta como horizonte necessário da independência a libertação dos escravizados, embora por um processo gradual que não rompa com a ordem existente. Propõe José Bonifácio, para a sociedade, um espelho de sua própria especialização na metalurgia, um amálgama, tendo em vista uma futura homogeneidade social:

É tempo pois, e mais que tempo, que acabemos com um tráfico tão bárbaro e carniceiro; é tempo também que vamos acabando gradualmente até os últimos vestígios da escravidão entre nós, para que venhamos a formar em poucas gerações uma nação homogênea, sem o que nunca seremos verdadeiramente livres, respeitáveis e felizes. É da maior necessidade ir acabando tanta heterogeneidade física e civil; cuidemos pois desde já em combinar sabiamente tantos elementos discordes e contrários, e em *amalgamar* tantos metais diversos, para que saia um *todo* homogêneo e compacto, que se não esfarele ao pequeno toque de qualquer nova convulsão política. Mas que ciência química, e que desteridade não são precisas nos operadores de tão grande e difícil manipulação? Sejamos pois sábios e prudentes, porém constantes sempre. [...]
Acabe-se pois de uma vez o infame tráfico da escravatura africana; mas com isto não está tudo feito; é também preciso cuidar seriamente em melhorar a sorte dos escravos existentes, e tais cuidados são já um passo dado para a sua futura emancipação.
As leis devem prescrever estes meios, se é que elas reconhecem que os escravos são homens feitos à imagem de Deus. E se as leis os consideram como objetos de legislação penal, porque não o serão também da proteção civil?
Torno a dizer porém que eu não desejo ver abolida de repente a escravidão; tal acontecimento traria consigo grandes males. Para emancipar escravos sem prejuízo da sociedade, cumpre fazê-los primeiramente dignos da liberdade; cumpre que sejamos forçados pela razão e pela lei a convertê-los gradualmente de vis escravos em homens livres e ativos. Então os moradores deste Império, de cruéis que são em grande parte neste ponto, se tornarão cristãos e justos, e ganharão muito pelo andar do tempo, pondo em livre circulação cabedais mortos, que absorve o uso da escravatura: livrando as suas famílias de exemplos domésticos de corrupção e tirania; de inimigos seus e do Estado; que hoje não têm pátria, e que podem vir a ser nossos irmãos, e nossos compatriotas.[37]

---

[36] Ibidem, p. 73 e 75.
[37] Ibidem, p. 24 e 31.

José Bonifácio é atravessado por ambiguidades em suas posições – liberal em alguns aspectos, monarquista e conservador em muitos outros, mesmo assim em constante conflito com Pedro I. No entanto um pensamento político de perfil fortemente conservador – mais pautado na coesão social já dada que propriamente num direito posto que viesse a reformar a sociedade com base em leis liberais – será plenamente forjado no Brasil do século XIX apenas com o Segundo Império, em torno do Partido Conservador, sustentando a monarquia e ressaltando sua excepcionalidade no solo americano e seu fator de integração territorial e estabilização social. Boa parte dos políticos e teóricos conservadores se formou num contexto de grande homogeneidade de interesses e de compreensão política. Sua ascendência imediata é a dos quadros da elite política portuguesa do século XVIII. O número de tais personagens era pequeno, estando todos eles aglutinados sob os mesmos padrões de interesse e de formação, a exemplo dos estudos jurídicos em Coimbra. Sua visão sobre o direito, desde então e pelo período imperial, não era apenas teórica, de erudição em torno de possíveis interpretações juspositivistas ou doutrinárias, mas, sim, manifestava-se como um saber direcionado ao poder, criando e sustentando uma ordem política monárquica no continente americano[38]. Para pensadores como José Murilo de Carvalho, essa unidade grupal de uma elite política luso-brasileira, no processo de independência do Brasil, foi responsável por estabelecer uma coesão de interesses a fim de evitar a fragmentação territorial que se deu nas antigas colônias espanholas da América, mantendo o domínio das classes escravistas no Brasil e instaurando, ainda, um aparato estatal imperial que sucedia diretamente ao português colonial[39]. Se a determinante material da independência

---

[38] "A cultura jurídica brasileira teve no século XIX [...] um viés essencialmente prático e não é de espantar que os juristas fossem, pois, homens de ação antes que doutrinadores à moda da academia europeia (particularmente alemã) que hoje tomamos como referência. [...] Assim, se a tarefa jurídica na Europa era de *reforma* e *modernização*, no Brasil era quase de *invenção*. Ainda que, claro está, o novo direito brasileiro se visse na contingência de viver do velho direito colonial ou metropolitano. Os juristas estiveram, portanto, ocupados com essa tarefa imediata, e todos os juristas estiveram nela envolvidos de forma bastante absorvente, seja como legisladores, seja como administradores, presidentes de províncias, ministros, ou ainda como magistrados ou 'oficiais' de Justiça e Fazenda." José Reinaldo de Lima Lopes, *O Oráculo de Delfos: o Conselho de Estado no Brasil-Império* (São Paulo, Saraiva, 2010), p. 107.

[39] "A elite política que tomou o poder no Brasil após a Independência apresentava características básicas de unidade ideológica e de treinamento que, pelas informações disponíveis, não estavam presentes nas elites dos outros países. Atribuímos o fato principalmente à política de formação de elites do Estado português, típica de um país de desenvolvimento capitalista frustrado. O núcleo da elite brasileira, pelo menos até um pouco além da metade do século, era formado de burocratas – sobretudo de magistrados – treinados nas tradições do mercantilismo e absolutismo portugueses. A educação em Coimbra, a influência do direito romano, a ocupação burocrática, os mecanismos de treinamento, tudo contribuía para dar à elite que presidiu à consolidação do Estado imperial um consenso básico em torno de algumas opções políticas fundamentais. Por sua

foi a forja comum de interesses econômicos das classes escravistas brasileiras, seu dispositivo imediato de ação política foi a coesão de um grupo político dirigente relativamente homogêneo.

Tal unidade de visões de mundo e de reclames conservadores dentre os grupos dirigentes do império se nucleou, no Segundo Império, no Partido Conservador, marcando uma fase conhecida por "tempo Saquarema". Almejando uma coesão política e social garantida não por normas ou por freios e contrapesos liberais, mas sim pela organicidade institucional e social já dominante, monarquista e escravista, o Partido Conservador consolida visões sobre o Brasil que apontam para uma divergência em face do horizonte de reformas juspositivistas: a sustentação da ordem já dada era sua perspectiva. A reclamada excepcionalidade da monarquia no continente americano era tida por valorosa a partir de uma administração política que evitava mudanças bruscas e revoluções. Seus principais líderes, Paulino José Soares de Sousa (o Visconde do Uruguai), Honório Hermeto Carneiro Leão (marquês do Paraná), Eusébio de Queirós e Joaquim José Rodrigues Torres (o Visconde de Itaboraí), a maioria com formação jurídica[40], compartilhando vínculos familiares e propriedades rurais na cidade de Saquarema, no Rio de Janeiro – daí o apelido do grupo –, empreenderam reformas no sistema escravista imperial para estender ao máximo a manutenção da escravidão, sustentando politicamente o amálgama econômico, político e social ao fazer a abolição por etapas[41]. Eusébio de Queirós,

---

educação, pela ocupação, pelo treinamento, a elite brasileira era totalmente não representativa da população do país. Era mesmo não representativa das divergências ou da ausência de articulação dos diversos setores da classe dominante, embora não representasse interesses que fossem a eles radicalmente opostos." José Murilo Carvalho, *A construção da ordem: a elite política imperial* (Rio de Janeiro, Relume-Dumará, 1996), p. 210.

[40] "Sigamos as trajetórias de Paulino, Rodrigues Torres, Eusébio e Honório. [...] Possuem todos educação superior. Na velha Universidade de Coimbra, o futuro Visconde de Itaboraí tornou-se bacharel em Matemática, e o futuro Marquês do Paraná tornou-se bacharel em Direito; nela Paulino iniciou o seu curso jurídico, concluindo-o na nova Faculdade de Direito de São Paulo, no ano da abdicação de D. Pedro I; Eusébio, por sua vez, tornou-se bacharel em Direito por Olinda. Sem dúvida, a educação superior foi um poderoso elemento de unificação ideológica da 'elite' imperial, sobretudo por meio da formação jurídica, que fornecia um núcleo homogêneo de conhecimentos e habilidades." Ilmar Rohloff de Mattos, *O tempo saquarema*, cit., p. 194.

[41] "O Estado imperial não foi um agente antiescravista. Pelo contrário, ele foi o agente privilegiado na procura da preservação do monopólio da mão de obra. [...] Forçado a uma defensividade, ele procura eliminar ou restringir as razões de sua vulnerabilidade, ao começar pela extraterritorialidade do mercado de trabalho. Por isso mesmo, a extinção do tráfico intercontinental era a maneira de preservar a escravidão ou o monopólio da mão de obra. Dizendo de outra maneira: a disjunção ou Soberania Nacional ou tráfico negreiro intercontinental acabou por impor a associação íntima entre Império e Escravidão. Associação que implicaria um desdobramento em políticas específicas e profundamente articuladas, de um lado; uma associação que era toda a força e fraqueza do Estado imperial – e dos Saquaremas – ao mesmo tempo, por outro lado." Ibidem, p. 240.

um dos mais conhecidos políticos saquaremas, era ministro da Justiça e empresta seu nome à lei que proibia o tráfico de escravizados, em 1850.

O mais proeminente líder e pensador dos conservadores do Segundo Império brasileiro foi Paulino José Soares de Sousa, o Visconde do Uruguai (1807-1866). Portador de sólida e erudita formação, boa parte dela realizada em solo europeu, iniciou seus estudos jurídicos em Coimbra e os concluiu na então recém-fundada Faculdade de Direito do Largo São Francisco, em São Paulo. Ascende muito rapidamente nas carreiras de governo, como juiz de direito, deputado, presidente da província do Rio de Janeiro, ministro da Justiça e dos Negócios Estrangeiros, senador, embaixador junto a países europeus e membro do Conselho de Estado, tendo sido feito visconde em 1854. Muito da projeção de Paulino de Sousa se deve à sua liderança nas relações internacionais brasileiras, fixando fronteiras e atuando, de modo mais decisivo, nas questões da bacia do Prata e nas relações com o Uruguai e a Argentina[42], combatendo vitoriosamente as políticas do presidente argentino Juan Manuel de Rosas e pondo, em seu lugar, Justo de Urquiza. Tal projeção internacional do Brasil empreendida por Paulino era parte do projeto de consolidação interna de poder[43].

Dentre os textos de Paulino José Soares de Sousa, destaca-se sua produção no campo do direito público, em especial o direito administrativo. Exatamente aí despontam suas reflexões a respeito do elemento central da política conservadora e de seus reclames de um excepcionalismo monárquico brasileiro: o Poder Moderador. Paulino de Sousa defende sua existência e prevalência em razão de uma harmonização dos poderes somente possível com esse quarto poder estatal. Embora sua obra *Ensaio sobre o Direito Administrativo* seja um tratado a respeito do ordenamento jurídico brasileiro no campo do direito público, voltando-se, então, às normas do direito positivo, o Visconde do Uruguai se ocupa, no que tange ao Poder Moderador, tanto de sustentá-lo na própria Constituição imperial, fixando seus quadrantes normativos, quanto, em especial, de sustentá-lo em razões teóricas e políticas gerais. A existência do Poder Moderador, uma peculiaridade institucional apenas do Brasil – depois também levada à Constituição de Portugal por Pedro I,

---

[42] Ver Miguel Gustavo de Paiva Torres, *O Visconde do Uruguai e sua atuação diplomática para a consolidação da política externa do Império* (Brasília, Funag, 2011).

[43] "A política de intervenção no Prata desenvolvida pelo governo imperial durante a gestão de Paulino José Soares de Sousa (visconde do Uruguai) no ministério dos Negócios Estrangeiros em meados do século XIX [...] fundava-se num discurso que pregava a defesa da ordem e da civilização contra o caudilhismo e a barbárie das repúblicas vizinhas; o que estava em jogo, no entanto, era fundamentalmente a consolidação do Estado imperial e a segurança de suas instituições, especialmente a preservação da unidade e integridade territoriais. Em outras palavras, tratava-se de completar o processo de construção do Estado nacional brasileiro não só do ponto de vista da soberania externa, mas ainda do da soberania interna." Gabriela Nunes Ferreira, *O Rio da Prata e a consolidação do Estado imperial* (São Paulo, Hucitec, 2006), p. 19.

quando lá Pedro IV –, se legitima para Uruguai, mais do que simplesmente pela norma constitucional, pela sua imperiosidade na sustentação dos poderes e da manutenção da ordem política.

Assim o Visconde do Uruguai se refere ao Poder Moderador:

> As atribuições do poder Moderador são essenciais em qualquer organização política. Não podem deixar de existir nela, em maior ou menor grau, mais ou menos extensas ou restritas, distribuídas pelos diferentes poderes ou reunidas em um. É por isso que, como já vimos, quando em 1832 se pretendeu extinguir o poder Moderador na Constituição, protestavam os propugnadores da ideia que não pretendiam extinguir o poder, mas sim passar as atribuições que o constituem para o poder Executivo. E com efeito uma Constituição que não encerrasse em si atribuições moderadoras seria uma máquina incapaz de funcionar algum tempo sem estalar e desorganizar-se. [...]
> Na maior parte das finadas Constituições, e não são poucas, têm sido as atribuições neutras ou moderadoras acumuladas no poder Executivo, e é isso, na minha opinião, uma das causas da sua pouca solidez e duração. "O vício de quase todas as Constituições", diz Benjamin Constant, "está em não haverem criado um poder neutro, e em terem colocado a soma da autoridade, da qual deverá ser revestido, em um dos poderes ativos... Quando aquela soma de autoridade foi reunida ao poder Executivo houve despotismo. Daí a usurpação que resultou da ditadura em Roma".
> Pela natureza e fins dos atos que é chamado a exercer, convém que as atribuições do poder Moderador residam privativamente no chefe supremo do Estado, que é permanente, desapaixonado ou mais imparcial, mais desinteressado nas lutas, até mesmo porque é inviolável, e que pode dizer dos partidos, melhor que os ministros, o que Tácito dizia dos imperadores Galba e Oto: *mihi nec injuria nec benefício cogniti* [dos quais não percebi injustiça nem favorecimento].[44]

O propósito de existência do Poder Moderador é explicitamente, para o Visconde do Uruguai, a sustentação de uma ordem que não cause revolução:

> O que se pretende é que fique bem entendido e patente que, havendo desacordo entre os poderes, e portanto em casos extraordinários, quando perigar a independência dos poderes, quando estiver perturbado o seu equilíbrio e harmonia (hipóteses da Constituição), possa o poder Moderador, coberto pelo Conselho de Estado, obrar eficazmente, como é nos termos que a mesma Constituição determinou, e que ninguém possa obstar à execução de seus atos com o fundamento de que não estão revestidos da referenda dos ministros do outro poder.
> Quer-se que, sobretudo nas grandes crises, a Coroa tenha a necessária largueza e força para evitar ou fazer abortar as revoluções. [...] Esse prestígio e força moral é a maior necessidade da nossa época.[45]

---

[44] Visconde do Uruguai, "Ensaio sobre o Direito Administrativo", em José Murilo de Carvalho (org.), *Visconde do Uruguai* (São Paulo, Editora 34, 2002), p. 341-2.
[45] Ibidem, p. 388-9.

As leituras conservadoras sobre o Brasil perseveram, no século XIX, destacando o caráter excepcional de uma monarquia no continente americano e da dita sabedoria pela manutenção de uma coesão política e institucional em face da fragmentação das antigas colônias espanholas. A manutenção da escravidão ou, ao menos, sua extinção por etapas, foi seu ponto decisivo de conservação social. Mesmo um intelectual como Joaquim Nabuco (1849-1910), destacado abolicionista[46], vinculava-se ao conservadorismo nos aspectos gerais de defesa da monarquia e das instituições já consolidadas[47]. Se os saquaremas foram conservadores extremados, José Bonifácio na primeira metade do século XIX e Joaquim Nabuco em sua segunda metade foram conservadores ambíguos, com laivos progressistas.

Nas décadas iniciais do século XX, uma atualização do pensamento conservador não juspositivista se dará, especialmente, com as ideias de Francisco José de Oliveira Vianna (1883-1951). Nascido em Saquarema, terra que antes fora o berço do conservadorismo brasileiro do século XIX, Oliveira Vianna teve destacada projeção jurídica. Opondo-se aos reclames de liberalismo que costumeiramente grassavam na República Velha, tornou-se próximo de alguns dos círculos políticos que sustentaram a Revolução de 1930 e os governos de Getúlio Vargas, por meio de quem foi nomeado ministro do Tribunal de Contas da União. Algumas de suas ideias tiveram influência na consolidação da legislação trabalhista varguista[48].

---

[46] "O Brasil continua a ser, aos olhos do continente, o tipo de nação de escravos, o representante de uma forma social rudimentar, opressiva e antiga. Até quando será esse o nosso renome, e teremos em nossos portos esse sinal de peste que afasta os imigrantes para os Estados que procuram competir conosco? [...] Brasil e escravidão tornaram-se assim sinônimos. Daí a ironia com que foi geralmente acolhida a legenda de que íamos fundar a liberdade no Paraguai; daí, o desvio das correntes de imigração para o rio da Prata." Joaquim Nabuco, *O abolicionismo* (São Paulo, Publifolha, 2000), p. 163.

[47] Conforme o elogio ao Império do tempo de seu pai, José Tomás Nabuco de Araújo Filho, em *Um estadista do Império*: "Foi com efeito uma grande concepção política, que mesmo a Inglaterra nos podia invejar, esse Conselho de Estado, ouvido sobre todas as grandes questões, conservador das tradições políticas do Império, para a qual os partidos contrários eram chamados a colaborar no bom governo do país, onde a oposição tinha que revelar seus planos, suas alternativas, seu modo diverso de encarar as grandes questões, cuja solução pertencia ao ministério. Essa admirável criação do espírito brasileiro, que completava a outra, não menos admirável, tomada a Benjamin Constant, o Poder Moderador, reunia, assim, em torno do imperador as sumidades políticas de um e outro lado, toda a sua consumada experiência, sempre que era preciso consultar sobre um grave interesse público, de modo que a oposição era, até certo ponto, partícipe da direção do país, fiscal dos seus interesses, depositária dos segredos de Estado. [...] Em si mesma tem muito de elevado essa política imperial, que segue sempre pela estrada que lhe parece reta, desprezando as resistências que é forçoso debelar, sem considerar os ressentimentos que podem um dia cortar-lhe a retirada". Joaquim Nabuco, "Um estadista do Império", em Evaldo Cabral de Mello (org.), *Essencial Joaquim Nabuco* (São Paulo, Companhia das Letras, 2010), p. 501 e 503.

[48] "A participação de Oliveira Vianna no processo de normatização das relações de trabalho foi de grande relevância, visto que se tornou consultor jurídico durante oito anos, justamente no

Os primeiros livros de Oliveira Vianna apresentavam pretensões científicas lastreadas em bases racistas, como é o caso de *Populações meridionais do Brasil*[49]. Em seus livros de maturidade, como em *O idealismo da Constituição* e, em especial, em *Instituições políticas brasileiras*, desenvolve suas proposições políticas antiliberais. Perpassa a obra de Oliveira Vianna a afirmação política de perfil nacionalista, adaptada às condições próprias do Brasil e, portanto, distinta de uma mera importação dos padrões liberais europeus e estadunidenses. É tal característica que demandaria uma política firmada em elementos já arraigados à sociedade brasileira, coesos aos costumes e às forças realmente existentes no país.

> Então abre-se aqui, de novo, o velho problema, que se vem postulando desde o começo da nossa história independente a de todos os nossos reformadores e a que já aludi nos três primeiros capítulos dos Fundamentos sociais do Estado: o da substituição – por obra de uma política – de uma tradição social, velha de 400 anos, por uma outra nova, inteiramente nunca praticada pelo nosso povo-massa.
> Não é outra coisa o que têm feito as nossas elites, mudando sucessivamente Constituições e regimes de governo. É o que fizeram em 1824. É o que fizeram em 1832. E o que fizeram em 1835. É o que fizeram em 1884. É o que fizeram em 1934. É o que fizeram em 1937. É o que acabaram de fazer em 1946. E observando todo este imenso esforço reformador, mais que secular, a conclusão não pode deixar de ser melancólica – porque somos forçados a reconhecer que tem sido negativo. [...]
> São possíveis mudanças na estrutura social do povo mediante uma política do Estado; mas estas mudanças estão condicionadas à realidade social – e exigem:
> *a) que se proceda gradativamente* – com o espírito de modernização e o senso de objetividade. E mais ainda:
> *b) que tenha apoio ou assentimento nos costumes e tradições do povo-massa.*
> Do contrário, o insucesso é seguro e inevitável: ou o povo se conserva indiferente à lei nova e mantém o seu *comportamento tradicional*; reage e revolta-se, revogando ou anulando a lei nova.
> Destas indicações da Ciência Social o que se conclui então é que nenhuma reforma política ou constitucional vingará, aqui, alterar as nossas tradições ou o seu direito-*costume*:
> *a)* se não guardar conformidade, ou violar abertamente, a cultura e os sentimentos fundamentais do povo-massa;
> *b)* se não contiver um *modicum* de coação.[50]

Oliveira Vianna constrói uma teoria política assentada em bases não juspositivistas – o poder, os costumes, a coesão social. Seu pensamento mescla padrões

---

principal período de elaboração das leis trabalhistas, entre 1932 e 1940. [...] Como consultor jurídico do Ministério do Trabalho, pode-se dizer que Vianna passou de autor de um discurso legítimo sobre a sociedade para artífice de uma nova organização social." Giselle Martins Venancio, *Oliveira Vianna entre o espelho e a máscara* (Belo Horizonte, Autêntica, 2015), p. 138.

[49] Ver Oliveira Vianna, *Populações meridionais do Brasil* (Brasília, Senado Federal, 2005), p. 173-78.
[50] Idem, *Instituições políticas brasileiras* (Brasília, Senado Federal, 1999), p. 464 e 469.

conservadores, como o louvor à ditadura de direita e a abominação às revoluções socialistas, com outros de algum grau de progressismo, como a defesa de direitos sociais para a classe trabalhadora. Fazendo eco aos saquaremas do século XIX, será o agrarismo o elemento de fundo das proposições políticas de Oliveira Vianna. A coesão social por ele pretendida deveria ser sustentada pelo domínio das classes agrárias, evitando-se os arroubos e os câmbios sociais advindos dos setores sociais urbanos e dos industriais. O Estado seria o vetor de mudanças que mantivessem os fundamentos gerais do poder e da organização social[51].

O pensamento de Oliveira Vianna contrasta o idealismo dos que se alicerçam na Constituição e na legalidade com a realidade da coesão social: "O que é preciso é nos convencermos que somente trabalhando sobre elementos nossos, colhidos na objetividade da nossa vida coletiva, é que podemos construir obra fecunda, grandiosa e duradoura"[52]. Trata-se de uma posição sociológica de perfil não jus-positivista, realista, seguindo uma tradição que remonta a Maquiavel, mas que, de modo coetâneo, via-se também na Alemanha em pensadores como Carl Schmitt, e que combate as construções teóricas idealistas do legalismo como aquelas de seu também coetâneo Hans Kelsen. No entanto, sua pretensão de compreensão da sociedade brasileira por suas próprias bases acaba por ser uma espécie de idealismo às avessas, projetando um ideal de realismo, poder e coesão social a partir do qual se fariam inferências de manutenção das tradições pretensamente dadas. Nesse sentido, aponta Evaldo Amaro Vieira um realismo às avessas em Oliveira Vianna:

> A concepção realista do mundo projetada por Oliveira Vianna representa, sem dúvida, a operação de "aculturação" de doutrinas externas. Reproduz o mesmo mecanismo de transposição do liberalismo europeu ao Brasil, com outra solução: desempenha o papel de crítica conservadora. Trata-se, pois, de repetir o que condenou, com a diferença de que, ao repudiar o pensamento liberal, construiu uma abordagem típica de conservadorismo. Da análise das condições brasileiras desponta uma concepção realista do mundo onde a realidade é o ponto de chegada, e não o de partida. É um realismo às avessas, fundamentalmente abstrato porque gerado de retalhos de estranhas teorias assimiladas, que vão em direção à sua visão da realidade nacional, e não o contrário. A concepção do mundo, em Oliveira Vianna, é construção ideal: realista simplesmente porque, da

---

[51] "Para Oliveira Vianna, o Estado cria a nação, mas mantendo a velha sociedade de raízes agrárias. Nesse sentido, a função do Estado é a de estabelecer e consolidar o domínio público. [...] Para Oliveira Vianna, mantidas as características, respeitadas as bases da formação nacional, trata-se de alcançar a ordenação mais próxima possível das sociedades em equilíbrio político, econômico e social." Élide Rugai Bastos, "Oliveira Vianna e a sociologia no Brasil (um debate sobre a formação do povo)", em Élide Rugai Bastos e João Quartim de Moraes (orgs.), *O pensamento de Oliveira Vianna* (Campinas, Editora da Unicamp, 1993), p. 422.

[52] Oliveira Vianna, *O idealismo da Constituição* (2. ed., São Paulo, Companhia Editora Nacional, 1939), p. 72.

abstração, acaba regressando à realidade e não porque nasça e morra nela. Há, assim, estreita coerência tanto no seu conceito de pluralidade como no de realismo. A coerência só desaparece na concepção de mundo: uma contradição em si mesma, já que representa a atitude realista que não parte da realidade.[53]

Ecos dessa velha leitura organicista, lastreada em pretensas tradições de coesão social em desfavor de mudanças liberais, percebem-se ainda em um dos juristas mais destacados do período ditatorial varguista, Francisco Campos (1891-1968). Ministro da Justiça ao tempo do Estado Novo, escritor da Constituição outorgada de 1937, foi um artífice das repressões reacionárias e dos posicionamentos políticos de direita[54], incluindo ainda, em seu ocaso, seus préstimos à ditadura militar de 1964, para a qual auxiliará na redação dos primeiros Atos Institucionais. Em sua mais importante obra de teoria política, *O Estado nacional: sua estrutura, seu conteúdo ideológico*, Francisco Campos, ao louvar a ditadura do Estado Novo de Vargas, expõe uma das mais radicais leituras autoritárias brasileiras:

> Somente um Estado que se encarna num chefe pode ser um Estado popular. O Estado sem chefe é uma entidade para juristas, algebristas e especuladores da política, da bolsa, da indústria e da finança, interessados em que o Estado seja amoral, apolítico, neutro, indiferente, uma disponibilidade a ser usada nas combinações ou na concorrência de interesses. O povo, como o Criador, não conhece o Estado desencarnado, reduzido a símbolos e esquemas jurídicos. [...] Um chefe, um povo, uma Nação: um Estado nacional e popular, isto é, um Estado em que o povo reconhece o seu Estado, um Estado em que a Nação identifica o instrumento da sua unidade e da sua soberania. Aí está o novo Estado brasileiro. Um Estado que é isto não é uma simples mecânica do poder. É também uma alma ou um espírito, uma atmosfera, uma ambiência, um clima.[55]

Na segunda metade do século XX, será exatamente a ditadura militar brasileira o desaguadouro de muitas das mitologias reacionárias não juspositivistas pioneiras verificadas desde o século XIX, incorporando-as e as reelaborando ao seu modo. Tal movimento retornará também no século XXI, com as posições de extrema direita que remontam à própria ditadura militar e que encontram novos áulicos que as atualizem.

---

[53] Evaldo Amaro Vieira, *Autoritarismo e corporativismo no Brasil: Oliveira Vianna & Companhia* (São Paulo, Editora Unesp, 2010), p. 73.

[54] Ainda, a respeito: "A crítica que o constitucionalismo antiliberal dirige ao liberalismo indica que o processo decisório parlamentar não acompanha a dinâmica temporal contemporânea. No entanto, a solução proposta por Campos é adequar as instituições públicas às exigências do tempo pela exceção. A pressão dos fatos exige uma ditadura". Rogerio Dultra dos Santos, "Francisco Campos e os fundamentos do constitucionalismo antiliberal no Brasil", cit. Ver, ainda, Daniel Francisco Nagao Menezes, "A República de Weimar tropicalizada: as aproximações de Francisco Campos e Carl Schmitt no ataque ao Estado social", cit., p. 321-43.

[55] Francisco Campos, *O Estado nacional*, cit., p. 193-4.

3
As interpretações do Brasil liberais

No segundo quartel do século XX, enfim se consolidam, no Brasil, grandes interpretações teóricas a respeito da natureza, da formação, dos sentidos e das necessidades do país. Tais leituras já não são mais diretamente empreendidas por teóricos que as estabelecessem no calor de suas próprias lutas políticas, mas por intelectuais que, ao se afastarem relativamente da disputa do poder, logram visões teóricas mais estáveis e autorreferenciais. Tais leituras passarão a ser as interpretações mais recorrentes que a intelectualidade brasileira fará a respeito de seu país, e tais explicações ganharão até mesmo algum grau de adesão nas próprias massas. Enfim se consolidam, a partir dos meados do século XX, distintos caminhos de interpretação sociológica sobre o Brasil que podem ser agrupados em eixos liberais/juspositivistas, não liberais/não juspositivistas e críticos.

No primeiro dos caminhos de interpretação sociológica sobre o Brasil, de horizontes liberais, juspositivistas, seus pensadores ressaltam a importância da legalidade e do direito para a estabilidade de uma sociedade de perfil capitalista. Nos dias atuais, tais leituras são mais utilizadas por padrões teórico-políticos de direita, neoliberais. No entanto, no quadro dos grandes teóricos do século XX, destacaram-se as sociologias de dois liberais de inclinações relativamente progressistas, Sérgio Buarque de Holanda e Raymundo Faoro.

Sérgio Buarque de Holanda

Sérgio Buarque de Holanda (1902-1982), jurista de formação, historiador-sociólogo por ofício, professor da Universidade de São Paulo (USP) na fase final de sua carreira universitária, ocupou-se, em muitas obras, de variadas questões relacionadas à história do país. *Raízes do Brasil*, publicado em 1936 e com última atualização do autor em 1969, é seu livro mais conhecido, no qual sustenta uma interpretação da formação brasileira a partir das características portuguesas e ibéricas que foram implantadas e permaneciam no território nacional. Em diferença de outras regiões mais centrais da Europa, em Portugal as relações pessoais teriam tido mais relevo na dinâmica social. Sérgio Buarque de Holanda aponta que, historicamente, deu-se um feudalismo menos acentuado na Península Ibérica, com diferenças sociais menos marcadas entre a nobreza e os setores populares. Nessa separação social mais porosa, o surgimento dos estamentos nobres e estatais e da própria classe burguesa não se fez a partir de conflitos e antagonismos estruturais: a precocidade e primazia do Estado português assim se explica pela tendência a uma fluidez relacional na sociedade. Mas, exatamente por isso, a burguesia ascendeu aspirando a ser nobre, dada a proximidade de convívio com a aristocracia. Em decorrência, o trabalho e as atividades econômicas foram desvalorizados; o ócio e a fidalguia passam a ser símbolos almejados[1]. No Brasil, com o trabalho sustentado pela mão de obra escravizada, as classes e os grupos sociais livres historicamente buscam fugir das responsabilidades advindas do trabalho. Holanda aponta à dicotomia entre trabalhador e aventureiro. O perfil do português que chegou às terras brasileiras caracterizava-se principalmente pelo espírito aventureiro[2]. Suas conexões pessoais, sua sagacidade e suas virtudes de trato pessoal passam a ser mais valorizadas que o labor, a inteligência operativa, a seriedade e a responsabilidade. O privado faz mais sentido que o público; esse é relegado ao plano dos favores, das amizades. O pessoal é mais valorizado que o impessoal. O factual se sobrepõe à regra.

---

[1] "A relativa infixidez das classes sociais fazia com que essa ascensão não encontrasse, em Portugal, forte estorvo, ao oposto do que sucedia ordinariamente em terras onde a tradição feudal criara raízes fundas e onde, em consequência disso, era a estratificação mais rigorosa. Como nem sempre fosse vedado a netos de mecânicos alçarem-se à situação dos nobres de linhagem e misturarem-se a eles, todos aspiravam à condição de fidalgos. O resultado foi que os valores sociais e espirituais, tradicionalmente vinculados a essa condição, também se tornariam apanágio da burguesia em ascensão. Por outro lado, não foi possível consolidarem-se padrões éticos muito diferentes dos que já preexistiam para a nobreza, e não se pôde completar a transição que acompanha de ordinário as revoluções burguesas para o predomínio de valores novos. À medida que subiam na escala social, as camadas populares deixavam de ser portadoras de sua primitiva mentalidade de classe para aderirem à dos antigos grupos dominantes." Sérgio Buarque de Holanda, *Raízes do Brasil* (26. ed., São Paulo, Companhia das Letras, 1995), p. 112.

[2] "Num sentido mais geral, a conquista e a colonização de novos mundos teriam sido obra principalmente de aventureiros, homens prontos a enfrentar toda sorte de desafios e a alçar grandes voos. Isso teria ocorrido entre todos os povos que se lançaram à colonização, fossem eles espanhóis, ingleses, holandeses etc. Entre portugueses seria, porém, mais fácil encontrar homens dispostos a se aventurarem na empreitada. Essa atitude se deveria às próprias características do povo, como vimos, mestiço quase sem preocupação com a pureza de raça e, portanto, dotado de enorme plasticidade social." Bernardo Ricupero, *Sete lições sobre as interpretações do Brasil* (São Paulo, Alameda, 2011), p. 111.

Decorre, daí, a constatação do caráter cordial dos brasileiros. Cordialidade, aqui, não pode ser tomada como sendo polidez ou mera simpatia. A raiz da palavra é o latim "*cor*", que significa "coração". As relações pessoais, seus afetos, amizades, inimizades, favores, graças, poderes e submissões, organizam a sociedade. Menos que o império das leis e das regras impessoais e objetivas, impõem-se as hierarquias e distinções dos sentimentos, das lealdades, das vassalagens, dos vínculos erigidos pessoalmente[3]. O homem cordial é o homem que não age por estratégia racional, por princípios ou mesmo por eficiência: sua postura é personalista, baseada nas relações amigo/inimigo. Sérgio Buarque de Holanda percebe, ainda, uma tendência ibérica e brasileira às ditaduras militares, aos mandos pessoais, que se coadunam perfeitamente com um sentido de imediata submissão dos demais setores sociais. Mando e obediência se complementam plenamente em sociedades nas quais a impessoalidade e a legalidade não têm especial valorização. Diz Holanda:

> Em sociedade de origens tão nitidamente personalistas como a nossa, é compreensível que os simples vínculos de pessoa a pessoa, independentes e até exclusivos de qualquer tendência para a cooperação autêntica entre os indivíduos, tenham sido quase sempre os mais decisivos. As agregações e relações pessoais, embora por vezes precárias, e, de outro lado, as lutas entre facções, entre famílias, entre regionalismos, faziam dela um todo incoerente e amorfo. O peculiar da vida brasileira parece ter sido, por essa época, uma acentuação singularmente enérgica do afetivo, do irracional, do passional, e uma estagnação ou antes uma atrofia correspondente das qualidades ordenadoras, disciplinadoras, racionalizadoras. Quer dizer, exatamente o contrário do que parece convir a uma população em vias de organizar-se politicamente. [...]
> Já se disse, numa expressão feliz, que a contribuição brasileira para a civilização será de cordialidade – daremos ao mundo o "homem cordial". A lhaneza no trato, a hospitalidade, a generosidade, virtudes tão gabadas por estrangeiros que nos visitam, representam, com efeito, um traço definido do caráter brasileiro, na medida, ao menos, em que permanece ativa e fecunda a influência ancestral dos padrões de convívio humano, informados no meio rural e patriarcal. Seria engano supor que essas virtudes possam significar "boas maneiras", civilidade. São antes de tudo expressões legítimas de um fundo emotivo extremamente rico e transbordante. [...] O desconhecimento de qualquer forma de convívio que não seja ditada por uma ética de fundo emotivo representa um aspecto da vida brasileira que raros estrangeiros chegam a penetrar com facilidade. E é tão característica, entre nós, essa maneira de ser, que não desaparece sequer nos tipos de atividade que devem alimentar-se normalmente da concorrência. Um negociante da Filadélfia manifestou certa vez a André Siegfried seu espanto ao verificar que, no

---

[3] "Exemplar nesse sentido é a percepção do aulicismo como entrave moral à livre circulação de ideias, que Sérgio transformou numa das teses centrais de *Raízes do Brasil*, a da dissimulação do compromisso velado entre bajulação e amizade na formação do homem cordial." Antonio Arnoni Prado, *Dois letrados e o Brasil nação: a obra crítica de Oliveira Lima e Sérgio Buarque de Holanda* (São Paulo, Editora 34, 2015), p. 256.

Brasil como na Argentina, para conquistar um freguês tinha necessidade de fazer dele um amigo.[4]

Em face de tal quadro, Sérgio Buarque de Holanda constata as dificuldades de um regime de legalidade no Brasil. A cordialidade, que funda o modelo de sociabilidade brasileira, é também o símbolo de suas mazelas fundamentais. O horizonte que aponta, então, é o de uma revolução contra tais raízes do Brasil, um processo que o próprio autor crê já estar em curso desde a abolição e a República. Trata-se, aqui, de uma acepção de revolução como mudança de estruturas, não necessariamente como tomada frontal de poder. Revolução que se deveria impulsionar a partir da força popular, feita dos elementos mais ativos das classes trabalhadoras, mas de perfil capitalista. Almeja-se, no pensamento de Holanda, a troca do arcaísmo pela democracia formal. O liberalismo e o regime das leis – a serem erigidos pelo povo contra as elites, pois estas são as que historicamente mais se aproveitam do personalismo e da cordialidade – levantam-se como metas da chegada do país à modernidade.

> A ideologia impessoal do liberalismo democrático jamais se naturalizou entre nós. Só assimilamos efetivamente esses princípios até onde coincidiram com a negação pura e simples de uma autoridade incômoda, confirmando nosso instintivo horror às hierarquias e permitindo tratar com familiaridade os governantes. A democracia no Brasil sempre foi um lamentável mal-entendido. [...]
> Essa vitória nunca se consumará enquanto não se liquidem, por sua vez, os fundamentos personalistas e, por menos que o pareçam, aristocráticos, onde ainda se assenta nossa vida social. Se o processo revolucionário a que vamos assistindo, e cujas etapas mais importantes foram sugeridas nestas páginas, tem um significado claro, será este o da dissolução lenta, posto que irrevogável, das sobrevivências arcaicas, que o nosso estatuto de país independente até hoje não conseguiu extirpar. Em palavras mais precisas, somente através de um processo semelhante teremos finalmente revogada a velha ordem colonial e patriarcal, com todas as consequências morais, sociais e políticas que ela acarretou e continua a acarretar.
> A forma visível dessa revolução não será, talvez, a das convulsões catastróficas, que procuram transformar de um mortal golpe, e segundo preceitos de antemão formulados, os valores longamente estabelecidos. É possível que algumas das suas fases culminantes já tenham sido ultrapassadas, sem que possamos avaliar desde já sua importância transcendente. Estaríamos vivendo assim entre dois mundos: um definitivamente morto e outro que luta por vir à luz.[5]

Trata-se de uma leitura com ênfase nas esperanças da legalidade, do direito positivo, cuja má consolidação seria causa da situação social brasileira. Contra a constatação da pessoalidade e da cordialidade, opor-se-ia a revolução como impessoalidade

---

[4] Sérgio Buarque de Holanda, *Raízes do Brasil*, cit., p. 61, 146 e 148.
[5] Ibidem, p. 160 e 180.

e legalidade – uma posição, então, liberal. Sérgio Buarque de Holanda, assim, opera uma interpretação sociológica que, se tomada em termos de horizontes jurídicos, lastima a politicidade e a juridicidade personalistas e cordiais e almeja a instalação de um pleno juspositivismo. Ainda que seja pensado como democracia realizada principalmente pelo povo, esse movimento é, fundamentalmente, a busca por uma chegada à modernidade burguesa dos países centrais do capitalismo[6].

Raymundo Faoro

Além de Sergio Buarque de Holanda, as ideias de Raymundo Faoro (1925-2003) também podem ser tomadas como uma leitura sociológica sobre o Brasil de fundo liberal juspositivista, na medida em que este pensador situa sua análise das características e dos problemas do país no campo do Estado e suas instituições. Faoro, jurista de formação, foi presidente do Conselho Federal da OAB ao tempo da ditadura militar, agindo decisivamente pela abertura política ao final desse período. Sua obra mais importante é *Os donos do poder: formação do patronato político brasileiro*, livro de 1958 que em 1975 teve uma nova reedição. Outras obras suas tratam do pensamento político brasileiro, como *Existe um pensamento político brasileiro?* ou, ainda, da análise da literatura de Machado de Assis e da sociedade brasileira de seu tempo, como em *Machado de Assis: a pirâmide e o trapézio*.

Tanto quanto Holanda, Faoro, em *Os donos do poder*, assenta seu pensamento em bases metodológicas weberianas. O uso das ferramentas sociológicas de Weber, no entanto, é-lhe peculiar. Faoro dá ênfase à noção de patrimonialismo. Com tal chave teórica buscará compreender a formação histórica do estamento dirigente – o patronato – de Portugal e, depois também, do Brasil. Para isso, Faoro estabelece uma distinção entre um capitalismo que surgiu contra as estruturas feudais e outro que se formou a partir de uma moldura estatal. O capitalismo industrial do norte europeu, para existir, destruiu os liames do modo de produção anterior, feudal. Mas o capitalismo patrimonialista, como foi o caso de Portugal, se construiu em sociedades que

---

[6] "Sérgio Buarque de Holanda foi o primeiro historiador que aludiu à necessidade de despertar a iniciativa das massas, manifestando assim um radicalismo democrático raro naquela altura fora dos pequenos agrupamentos de esquerda. E esse ponto de vista coroa o longo processo histórico por ele denominado 'a nossa revolução', começada com o movimento abolicionista nos anos de 1880 e em curso acelerado quando publicou o livro. [...] Sérgio Buarque de Holanda não apenas esclarecia a nossa história, mas antecipava o futuro imediato. Pessoalmente ele se situa numa posição democrática radical, criticando o liberalismo convencional das oligarquias, assim como o fascismo e o comunismo. Com a ciência fácil conferida pelo tempo a nós, sobreviventes, é como se ele estivesse antevendo a posição que assumiria formalmente em 1945, ao aderir a um partido socialista democrático." Antonio Candido, "A visão política de Sérgio Buarque de Holanda", em Antonio Candido (org.), *Sérgio Buarque de Holanda e o Brasil* (São Paulo, Perseu Abramo, 1998), p. 86 e 88.

não tinham passado feudal pronunciado. Sociedades como a portuguesa, ou mesmo algumas cidades-Estado italianas ao final da Idade Média, se assentavam sobre um velho modelo social patriarcal[7]. Sem ter havido aí coerções e subordinações de tipo feudal, tais sociedades permitiram que elementos burgueses tivessem mais possibilidades de atuação mercantil. Por essa razão, sem ter que lutar frontalmente contra estruturais impeditivas, os burgueses portugueses, espanhóis e italianos conseguiram uma histórica primazia comercial, iniciando o período do mercantilismo. Mas tal facilidade, ao mesmo tempo, tem sua contrapartida. Por conta da maior permeabilidade social, a distinção entre nobreza e burguesia era menos fluida. A burguesia não se firmou contra o rei, a nobreza e o Estado, mas sim em simbiose com tais extratos, enredada persistentemente na trama patrimonial do poder tanto político quanto econômico reinol. Em face do reinado português, surgido pioneiramente na Europa, forjando os primeiros contornos do moderno Estado, a classe econômica burguesa de Portugal não foi sua antagonista estrutural, mas sim classe complementar e subordinada. Por tal permeabilidade entre Estado e burguesia, resulta daí tanto a proeminência histórica estatal e burguesa dos portugueses quanto também, depois, o fracasso desse tipo de capitalismo. Congelado apenas nas atividades mercantis, sem capacidade de estabelecer uma dinâmica de industrialização, Portugal teve as glórias de primeiro Estado estabelecido no Ocidente e de ter empreendido grandes navegações e conquistas pelo mundo para, logo depois, ser credor de países capitalistas mais dinâmicos e estabelecer sua economia como dependente.

Faoro ressalta que o modelo social que se forjou em Portugal passa a determinar sua história. Não se tratou apenas de uma associação entre a burguesia mercantil e o rei. Em especial, vai-se estabelecendo, no entorno do rei, um corpo de funcionários que organiza a dinâmica da reprodução do próprio Estado. Tal agrupamento, constituído em função de sua tecnicidade, tem por eixo o direito, aqui tomado especialmente no âmbito das técnicas normativas do poder. As Ordenações do Reino – Afonsinas, Manuelinas e Filipinas – dão provas de uma primazia de uma organização estatal a partir de ordenamentos e vastos conjuntos de normas. Para

---

[7] "Estado patrimonial, portanto, e não feudal, o de Portugal medievo. Estado patrimonial já com direção pré-traçada, afeiçoada pelo direito romano, bebido na tradição e nas fontes eclesiásticas, renovado com os juristas filhos da Escola de Bolonha. A velha lição de Maquiavel, que reconhece dois tipos de principado, o feudal e o patrimonial, visto, o último, nas suas relações com o quadro administrativo, não perdeu o relevo e a significação. Na monarquia patrimonial, o rei se eleva sobre todos os súditos, senhor da riqueza territorial, dono do comércio – o reino tem um *dominus*, um titular da riqueza eminente e perpétua, capaz de gerir as maiores propriedades do país, dirigir o comércio, conduzir a economia como se fosse empresa sua. O sistema patrimonial, ao contrário dos direitos, privilégios e obrigações fixamente determinados do feudalismo, prende os servidores numa rede patriarcal, na qual eles representam a extensão da casa do soberano." Raymundo Faoro, *Os donos do poder: formação do patronato político brasileiro* (4. ed., São Paulo, Globo, 2008), p. 38.

Raymundo Faoro, tal corpo de técnicos do rei ganha uma força própria, constituindo-se, então, no patronato político que dirige Portugal e, depois, também o Brasil. Ele intermedeia a relação da burguesia com a cúpula do poder. Tais donos do poder são, efetivamente, os apropriadores das possibilidades de ação nesse tipo de sociedade de capitalismo patrimonialista. Assim define:

> O patrimonialismo, organização política básica, fecha-se sobre si próprio com o estamento, de caráter marcadamente burocrático. Burocracia não no sentido moderno, como aparelhamento racional, mas da apropriação do cargo – o cargo carregado de poder próprio, articulado com o príncipe, sem a anulação da esfera própria de competência. O Estado ainda não é uma pirâmide autoritária, mas um feixe de cargos, reunidos por coordenação, com respeito à aristocracia dos subordinados. A comercialização da economia, proporcionando ingressos em dinheiro e assegurando o pagamento periódico das despesas, permitiu a abertura do recrutamento, sem que ao funcionário incumbissem os gastos da burocracia, financiando os seus dependentes. Todos, cargos elevados – que davam nobreza ou qualificavam origem aristocrática –, como os cargos modestos, hauriam a vida e o calor do tesouro, diretamente vinculado à vigilância do soberano. O comércio, controlado ou explorado pelo príncipe, é, por sua vez, a fonte que alimenta a caixa da Coroa. O modelo de governo, que daí se projeta, não postula o herói feudal, nem o chefe impessoal, atado à lei. O rei é o bom príncipe, preocupado com o bem-estar dos súditos, que sobre eles vela, premiando serviços e assegurando-lhes participação nas rendas. Um passo mais, num reino onde todos são dependentes, evocará o pai do povo, orientado no socorro aos pobres. Ao longe, pendente sobre a cabeça do soberano, a auréola carismática encanta e seduz a nação. O sistema de educação obedece à estrutura, coerentemente: a escola produzirá os funcionários, letrados, militares e navegadores. Mas os funcionários ocupam o lugar da velha nobreza, contraindo sua ética e seu estilo de vida. O luxo, o gosto suntuário, a casa ostentatória são necessários à aristocracia. O consumo improdutivo lhes transmite prestígio, prestígio como instrumento de poder entre os pares e o príncipe, sobre as massas, sugerindo-lhes grandeza, importância, força. Esta realidade, impedindo a calculabilidade e a racionalidade, tem efeito estabilizador sobre a economia. Dela, com seu arbítrio e seu desperdício de consumo, não flui o capitalismo industrial, nem com este se compatibiliza. O capitalismo possível será o politicamente orientado – a empresa do príncipe, para alegria da corte e do estado-maior de domínio que a aprisiona.[8]

O surgimento pioneiro do Estado português se deveu às condições excepcionais de não ser uma sociedade feudal e de, saindo de velhas estruturas patriarcais, ganhar territórios mediante guerras, expulsando povos árabes que dominavam então o espaço. As novas terras ganhas à força nem se converteram em feudos, nem passaram a burgueses particulares, mas foram sim possuídas pelo rei, que daí acumula um patrimônio notável, tornando-se não só a figura política dominante, mas

---

[8] Ibidem, p. 102.

também a figura econômica decisiva. Assim, tal rei não é, como em monarquias europeias absolutistas posteriores, aquele que se sobrepõe aos poderes feudais já dados e que eram fontes tradicionais de poder – e contra os quais uma burguesia se insurgirá como antagonista. Antes, o rei português é um grande agente econômico – o maior deles – que acumula para si o poder político, de tal sorte que a burguesia portuguesa nascente com ele deve negociar, em condições de igualdade capitalista, mas, também, de subordinação aos mandos dos agentes reais[9]. Em todo esse processo, o vínculo pessoal, o favor e a obtenção da vantagem pairam por sobre a impessoalidade. O rei, por sua vez, se prolonga por meio de uma estrutura burocrático-estamental que dá molde às possibilidades de interação social e acaba por ser o centro do poder, negociando possibilidades e interpretações oficiais.

Em especial com a Revolução de Avis, de 1383 a 1385, sustentada na baixa nobreza e na burguesia, trocando a dinastia de Borgonha (mais próxima dos interesses da coroa espanhola e de velhas nobiliarquias) pela de Avis (desejante de soberania e autonomia ao Estado português, favorecendo a dinâmica comercial já em desenvolvimento), vai surgindo um estamento patrimonial que amalgama a relação da burguesia com o reinado. Para Faoro, não se trata apenas de um corpo estamental nobre que circunda o rei – como era o caso das cortes europeias de extrato feudal, lastreadas na honra – nem tampouco de um órgão burocrático, apenas limitado à técnica e subordinado ao rei. É também mais que um híbrido de ambos, porque se assenta como corpo próprio, tomando efetivamente o poder, sustentando-se nas regras e normas por ele mesmo criadas e agindo de modo permeável tanto ao rei, ao imperador ou ao presidente e aos demais dirigentes de cúpula quanto, também, aos burgueses, que historicamente não se insurgem contra tal aparato estatal, mas

---

[9] "O patrimonialismo pessoal se converte em patrimonialismo estatal, que adota o mercantilismo como a técnica de operação da economia. Daí se arma o capitalismo político, ou capitalismo politicamente orientado, não calculável nas suas operações, em terminologia adotada no curso deste trabalho. A compatibilidade do moderno capitalismo com esse quadro tradicional, equivocadamente identificado ao pré-capitalismo, é uma das chaves da compreensão do fenômeno histórico português-brasileiro, ao longo de muitos séculos de assédio do núcleo ativo e expansivo da economia mundial, centrado em mercados condutores, numa pressão de fora para dentro. Ao contrário, o mundo feudal, fechado por essência, não resiste ao impacto, quebrando-se internamente, para se satelitizar, desfigurado, ao sistema solar do moderno capitalismo. Capaz de comerciar, exportando e importando, ele adquire feição especulativa mesmo nas suas expressões nominalmente industriais, forçando a centralização do comando econômico num quadro dirigente. Enquanto o sistema feudal separa-se do capitalismo, enrijecendo-se antes de partir-se, o patrimonialismo se amolda às transições, às mudanças, em caráter flexivelmente estabilizador do modelo externo, concentrando no corpo estatal os mecanismos de intermediação, com suas manipulações financeiras, monopolistas, de concessão pública de atividade, de controle do crédito, de consumo, de produção privilegiada, numa gama que vai da gestão direta à regulamentação material da economia." Ibidem, p. 823.

se adaptam a ele. Tal estamento patrimonial é dono do poder. Como a sociedade muda de interesses conforme as variadas frações econômicas e políticas, o patronato estatal é flexível, a ponto de se submeter plenamente às mais distintas orientações – e, portanto, é perene, porque todas as orientações são por ele processualizadas[10].

A leitura de Faoro vê na proeza portuguesa uma viagem redonda, que sempre volta ao mesmo lugar. Sendo um território das rebarbas europeias, arrancado do domínio árabe, não feudalizado, Portugal organizou-se em especial a partir do poder econômico do rei, cuja empresa econômica era feita em seu próprio interesse. Tal patrimonialismo relativamente permeável à dinâmica mercantilista burguesa ensejou que nele se erigisse o primeiro Estado com alguns contornos modernos. Mas também aprisionou o país nesse modelo, buscando os ganhos patrimoniais reais e fazendo a burguesia, em vez de investir contra o domínio absolutista, se acomodar na convivência e nos parciais interesses comuns com o Estado. Esse ciclo de um capitalismo que não veio do feudalismo e não precisou romper com ele é o de um estamento patrimonialista que se ocupa de sua própria manutenção acima de tudo. As mudanças históricas de Portugal e Brasil são, ao cabo, mudanças que sustentam um mesmo grupo de domínio. Conforme suas palavras:

> De Dom João I a Getúlio Vargas, numa viagem de seis séculos, uma estrutura político-social resistiu a todas as transformações fundamentais, aos desafios mais profundos, à travessia do oceano largo. O capitalismo politicamente orientado – o capitalismo político, ou o pré-capitalismo –, centro da aventura, da conquista e da colonização moldou a realidade estatal, sobrevivendo e incorporando na sobrevivência o capitalismo moderno, de índole industrial, racional na técnica e fundado na liberdade do indivíduo – liberdade de negociar, de contratar, de gerir a propriedade sob a garantia das instituições. A comunidade política conduz, comanda, supervisiona os negócios, como negócios privados seus, na origem, como negócios públicos depois, em linhas que se demarcam gradualmente. Os súditos, a sociedade, se compreendem no âmbito de um aparelhamento a explorar, a manipular, a tosquiar nos casos extremos. […]

---

[10] "Bem vistas as coisas, a forma estamental-burocrática tem efeito asfixiante sim, mas não por ser demasiado rígida e sim por aquilo que, à falta de melhor termo, designarei como *resiliência* (em Faoro o termo não aparece). Submetida a pressão ela cede, para em seguida reassumir a configuração original. Daí a sua eficácia, e daí também a sua capacidade de resistir ao avanço do capitalismo moderno. Pois este foi bem-sucedido no seu avanço quando seu obstáculo era o feudalismo, um sistema que, como mostra Weber, é menos elástico, tem menor plasticidade do que o estamento de raiz patrimonial. É por isso que a demonstração de que nem em Portugal nem no Brasil jamais houve feudalismo é tão importante para Faoro. O contraste é claro para ele. Submetido ao impacto do capitalismo, sustenta ele, o sistema feudal, de feitio rígido, se estilhaça; mas não ocorre o mesmo com o sistema patrimonial de feitio estamental-burocrático, capaz de acomodação e compatibilidade enquanto resiste a mudanças de forma." Gabriel Cohn, "Persistente enigma", em Raymundo Faoro, *Os donos do poder*, cit., p. 9.

A cultura, que poderia ser brasileira, frustra-se ao abraço sufocante da carapaça administrativa, trazida pelas caravelas de Tomé de Sousa, reiterada na travessia de dom João VI, ainda o regente de dona Maria I, a louca, dementada pelos espectros da Revolução Francesa. A terra virgem e misteriosa, povoada de homens sem lei nem rei, não conseguiu desarticular a armadura dos cavaleiros de *El-Rei*, heróis oficiais de uma grande empresa, herdeiros da lealdade de Vasco da Gama – herói burocrata. A máquina estatal resistiu a todas as setas, a todas as investidas da voluptuosidade das índias, ao contato de um desafio novo – manteve-se portuguesa, hipocritamente casta, duramente administrativa, aristocraticamente superior. Em lugar da renovação, o abraço lusitano produziu uma *social enormity*, segundo a qual velhos quadros e instituições anacrônicas frustram o florescimento do mundo virgem. Deitou-se remendo de pano novo em vestido velho, vinho novo em odres velhos, sem que o vestido se rompesse nem o odre rebentasse.[11]

Pode-se dizer que, com tal perspectiva, Raymundo Faoro enxergue nos estamentos estatais, aquele dos donos do poder, o plexo central dos problemas que atrasariam o desenvolvimento do país. Trata-se de uma leitura liberal, dentro dos limites do capitalismo[12]. Sua comparação entre sociedades se faz com as distinções internas de capitalismos, em face dos países onde as burguesias têm proeminência. Sua proposta de combate aos donos do poder é liberal, dissolvendo poderes autorreferenciais – o dos donos do poder jurídico, o dos donos do poder militar – para permitir um melhor fluxo da dinâmica capitalista. O combate ao direito positivo português/brasileiro, pioneiro e estamental-burocrático-estatal, é em favor de outro direito positivo, de perfil liberal[13]. Dever-se-ia buscar mudar o espírito das leis,

---

[11] Raymundo Faoro, *Os donos do poder*, cit., p. 819 e 837.
[12] "O então presidente da OAB, com a sólida base intelectual da sociologia weberiana e da filosofia do direito alemã, destacava as influências da concepção liberal do Estado e suas representações jurídicas com base nos seguintes pressupostos: (a) qualquer norma pode ser instituída como lei reclamando e exigindo sua obediência por todos aqueles que estejam sujeitos à autoridade da comunidade política; (b) o direito constitui um sistema de regras abstratas que resultam de um estudo racional – consequentemente, a administração pública está condicionada pelas regras jurídicas, devendo ser dirigida em conformidade com certos princípios de formulação geral; (c) as pessoas que obedecem à autoridade legal assim constituída o fazem em caráter de cidadãos, não de súditos, obedecendo à lei e não à vontade dos burocratas que as impõem; e (d) a burocracia, expressão formal da dominação racional do Estado, tende a estreitar ou restringir a funcionalidade do Estado de Direito. Esses quatro pressupostos seriam a base de suas críticas ao regime militar e à ordem burocrático-autoritária por ele imposta." José Eduardo Faria, "Juristas fora da curva: três perfis", em *Baú de ossos de um sociólogo do direito* (Curitiba, Juruá, 2018), p. 97.
[13] "A estrutura de dominação seria para Faoro verdadeiro interdito ao desenvolvimento de um pensamento político liberal. [...] Faoro marcadamente associa liberalismo a democracia, um como pré-requisito para o outro: só a democracia conseguirá realizar os ideais liberais e só o Estado liberal conseguirá implantar a democracia. Subjaz a isso a crítica à impossibilidade de o liberalismo e de o liberalismo econômico vingarem em um quadro onde predomina a racionalidade material. Em seus escritos mais recentes Faoro – aparentemente defendendo um liberalismo de passagem para

mas manter um espírito de leis liberal, juspositivista, que permitisse o crescimento da sociedade contra o Estado. Em alguns momentos históricos, a leitura da obra de Faoro se destacou por uma apropriação mais proeminentemente progressista, à esquerda – ao tempo da ditadura militar de 1964, por exemplo, enxergando nos militares um caso do patronato dominante –, mas em outros momentos se prestou a uma curiosa sintonia com o neoliberalismo, ainda que o próprio Faoro estivesse à esquerda no espectro interno dos liberais. Sua leitura dos donos do poder enxerga no Estado e no direito o problema da formação brasileira, e em outra modulação do Estado e do direito sua solução. Trata-se, filosoficamente, de um horizonte de juspositivismo "ético", que foi recorrente na esquerda liberal brasileira pós-redemocratização.

Segundo a leitura de Raymundo Faoro, repousa na natureza peculiar do capitalismo brasileiro e das suas instituições políticas o problema social a ser resolvido. Em chaves weberianas, trata-se de romper com o sufoco histórico empreendido pelo estamento burocrático patrimonialista, a fim de que floresçam as classes econômicas e suas lutas. Também em chaves weberianas, mas com ênfase oposta, Sérgio Buarque de Holanda acusa o inchaço do privado, do particular, em face do público. Nessa leitura, é preciso instituir a lei, o direito, as instituições públicas, contra o arbítrio cordial e particular. Para Faoro, seria necessário quebrar a velha lei e o velho direito para erigir um novo modelo deste, mas agora ajustado à dinâmica da burguesia e do povo. O liberalismo frágil brasileiro é o ponto de partida e de chegada de Holanda e Faoro[14]. Para eles, o juspositivismo – fragilizado ou

---

um social-liberalismo – critica, por um lado, o fato de o liberalismo aqui presente não ter tido a capacidade de revelar uma classe industrial nacional, retirando-a da 'névoa estamental na qual se enredou' e, por outro lado, por não conseguir se impor como um pensamento político autônomo capaz de 'levar a um estágio pós-liberal'." Kátia M. Mendonça, "Um projeto civilizador: revisitando Faoro", *Lua Nova*, São Paulo, n. 36, 1995, p. 188-9.

[14] "A ausência do liberalismo, que expressava uma dinâmica dentro da realidade social e econômica, estagnou o movimento político, impedindo que, ao se desenvolver, abrigasse a emancipação, como classe, da indústria nacional. Seu impacto revelaria uma *classe*, retirando-a da névoa estamental na qual se enredou. Interrompida ficou, em consequência, a luta do produtor na crise do sistema colonial e do produtor quando a Revolução Industrial penetra no país. O liberalismo, ao se desenvolver autenticamente, poderia, ao sair da crisálida da *consciência possível*, ampliar o campo democrático que lhe é conexo, mas pode ser-lhe antagônico. Por meio da representação nacional – que é necessária ao liberalismo – amplia-se o território democrático, e participativo, conservando, ao superá-lo, o núcleo liberal. Chegar-se-ia a um ponto em que o que fosse democrático pressuporia o espaço dos direitos e garantias liberais, ampliáveis socialmente. A democracia, numa fase mais recente, partiria de um patamar democrático, de base liberal, como valor permanente e não meramente instrumental. O quadro seria, em outra paisagem, o de nível europeu, sem que uma reivindicação, por mínima que seja, abale toda a estrutura de poder. O Estado seria outro, não o monstro patrimonial-estamental-autoritário que está vivo na realidade brasileira." Raymundo Faoro, *Existe um pensamento político brasileiro?* (São Paulo, Ática, 1994), p. 84.

hipertrofiado, conforme a visão de cada qual – é o que se deve ajustar, por se tratar do que se almeja. Tal caminho de leitura sociológica sobre o direito brasileiro, reformista, é a busca do juspositivismo e da cidadania liberal capitalista em melhor ou mais eficiente medida.

4
As interpretações do Brasil não liberais

No segundo dos caminhos de interpretação sociológica sobre o Brasil, de horizontes não liberais/não juspositivistas, destacam-se as sociologias de Gilberto Freyre, Guerreiro Ramos e Darcy Ribeiro. Agrupo, nesta parte, pensadores que não enxergam no liberalismo ou nas instituições – nem na sua ausência, nem na sua distorção – o problema fundamental da sociabilidade, mas sim se baseiam quase sempre na coesão social ou nas questões ideológicas nacionais. Por se tratar de um caminho que agrupa, em negativo, os que não se fundam em leituras liberais/juspositivistas, seus posicionamentos e seus proveitos sociais, políticos e jurídicos são múltiplos – desde conservadores como Freyre a progressistas como Ramos e Ribeiro.

Gilberto Freyre

Gilberto Freyre (1900-1987) é um dos mais importantes e arquetípicos intérpretes do Brasil. Sua visão teórica, desenvolvida especialmente na primeira metade do século XX, se caracteriza por um horizonte de muito agrado à própria narrativa que a população brasileira faz de si mesma. Ao contrário de Sérgio Buarque de Holanda e Raymundo Faoro, para os quais há problemas estruturais na formação histórica do Brasil, Freyre enxerga, nessas circunstâncias, sua própria força. A colonização portuguesa no Brasil é tomada, pelas lentes de Freyre, como um caso notável de adaptação de uma civilização europeia moderna nos trópicos. Vários dos mitos da excepcionalidade brasileira aqui ganham tratamento sociológico: a relativa brandura e maior amistosidade da relação entre senhores e escravizados; a valorização da mestiçagem; a superação de esquemas interpretativos racistas; a importância da cultura brasileira – comida, vestimentas, usos linguísticos, comportamentos – para sua própria definição.

Casa-grande & senzala é o livro mais conhecido de Gilberto Freyre, texto ao seu modo inovador em sua própria fatura literária, com uma linguagem plenamente imbricada entre o científico e o coloquial¹. A obra foi publicada em 1933, após seus estudos nos Estados Unidos da América sob orientação de Franz Boas. Na esteira das proposições desse seu professor, que deslocava a sociologia ao diminuir o peso dos fatores raciais ou climáticos, muito comuns ao tempo, Freyre desenvolve uma reflexão sobre o Brasil colonial buscando fixar suas características culturais e sociais decisivas. Para tanto, vale-se inclusive de materiais, fontes e temas que somente depois seriam ressaltados pela sociologia e pela história, como aqueles dos costumes e da vida quotidiana. Tomando o caso da colonização patriarcal de regiões do Nordeste brasileiro, mas reconhecendo uma validade de tal situação a outros espaços do país, Freyre estabelece na polaridade entre a casa-grande senhorial e a senzala uma específica forma histórica de sociabilidade². Na sequência de tal livro, Freyre se ocupará da decadência do sistema patriarcal colonial no século XIX, tempo da Independência e do Império, na obra *Sobrados e mucambos*, na qual se vale da simbologia do antigo senhor de escravizados que sai da casa-grande rural e vai ao sobrado urbano, bem como do escravizado, que sai da senzala para o mucambo. Freyre vê, nesse período entre os séculos XIX e XX, a mestiçagem

---

[1] "Não acredito que seja descabido sugerir que a forma de Gilberto argumentar, 'usando a mesma língua que todos falam' e identificando-se tão fortemente com seus antepassados, acabe por produzir a sensação de que os objetos que estuda permanecem vivos e influentes através do seu relato, quer dizer, vivos *porque* influentes na confecção do seu texto. *Casa-Grande & Senzala*, então, deixa de ser apenas um livro para transformar-se em uma espécie de casa-grande em *miniatura*, em uma voz longínqua mas genuína, legítima e metonímica representante daquela experiência que ele próprio analisava, enquanto o nosso autor se converte, até certo ponto, em personagem de si mesmo, como se escrevesse não só um ensaio histórico-sociológico mas também as suas mais íntimas memórias." Ricardo Benzaquen de Araújo, *Guerra e paz: Casa-Grande & Senzala e a obra de Gilberto Freyre nos anos 30* (São Paulo, Editora 34, 1994), p. 189. Ainda nesse sentido: "O fato é que, se me perguntarem, como me têm perguntado, o porquê da permanência de *Casa-Grande & Senzala*, ou mesmo de *Sobrados e mucambos*, direi, sem exclusão de outros motivos, que entre eles prima a forma como foram escritos. Palavras bem escolhidas. Frases concatenadas, graça no discorrer dos temas, de tal modo que a vasta erudição do autor e a imensidade das notas e citações são como papel de embrulho chinês encobrindo os delicados presentes que oferecem. Leem-se as centenas de páginas de análises complexas de *Casa-Grande & Senzala* ou de *Sobrados e mucambos* no embalo de uma escrita de novela". Fernando Henrique Cardoso, *Pensadores que inventaram o Brasil* (São Paulo, Companhia das Letras, 2013), p. 92.

[2] "A obra mais relevante de Gilberto Freyre prende-se ainda às raízes de nossa formação histórico-social, numa prodigiosa realização de 'Sociologia genética', mas já é possível antever alguns de seus pontos de vista sob o sentido total de nossa história. O que o preocupa, como cuidado constante, é o problema da integração dos antagonismos, a conciliação de nossas vivas contradições, reveladas até mesmo no título de suas obras principais: *Casa-Grande & Senzala*, *Sobrados e Mocambos*, *Ordem e Progresso*, marcando sempre dois polos que não se excluem, mas se exigem reciprocamente. [...] Há, em suma, uma dialética de complementaridade subjacente às formas gilbertianas de nossa compreensão histórico-social." Miguel Reale, *Figuras da inteligência brasileira* (Rio de Janeiro, Tempo Brasileiro, 1984), p. 97 e 102.

ganhando força e suas qualidades marcarem a sociabilidade brasileira[3]. Depois, em *Ordem e progresso*, analisará o impacto da república na sociabilidade brasileira, apontando padrões conservadores no país mesmo com a industrialização do século XX, louvando uma espécie de unidade de caráter na transição da sociedade brasileira imperial para a republicana[4].

O núcleo privilegiado que organiza a sociabilidade colonial brasileira é, para Gilberto Freyre, a família. Nisso se distingue de Raymundo Faoro, para quem a aventura colonial se marca pela característica do domínio estatal, estamental-burocrático, mas também se contrasta com Sérgio Buarque de Holanda, para quem o indivíduo, em especial o bandeirante paulista, aventureiro e deambulante, simbolizava as raízes coloniais do Brasil. Freyre, analisando em especial o latifúndio monocultor nordestino, no qual o elemento colonizador se fixara, acentua seu caráter patriarcal, organizando, a partir da casa-grande, a família, os escravizados e os agregados. É no seio da família patriarcal que se consolidam as características típicas da sociabilidade luso-tropical. Freyre rompe com a ideia de que a colonização brasileira não foi de fixação e estabilização na terra. Equipara-a, mesmo, à inglesa no espaço norte-americano, embora com características próprias, mas reconhece sua natureza eminentemente familiar:

> A partir de 1532, a colonização portuguesa do Brasil, do mesmo modo que a inglesa da América do Norte e ao contrário da espanhola e da francesa nas duas Américas, caracteriza-se pelo domínio quase exclusivo da família rural ou semirrural. Domínio

---

[3] "Período de equilíbrio entre as duas tendências – a coletivista e a individualista – nele se acentuaram alguns dos traços mais simpáticos da fisionomia moral do brasileiro. O talento político de contemporização. O jurídico, de harmonização. A capacidade de imitar o estrangeiro e de assimilar-lhe os traços de cultura mais finos e não apenas os superficiais. De modo geral, o brasileiro típico perdeu asperezas paulistas e pernambucanas para abaianar-se em político, em homem de cidade e até em cortesão. [...] É o triunfo mais largo e menos individual do mestiço, do curiboca e, principalmente, do mulato, do meia-raça, do caldeado no sangue ou na cultura, através de melhor correspondência não diremos de caráter rigidamente psicológico – derivando essa correspondência de imposições biológicas – mas socialmente psicológico, entre o líder mestiço e a massa, em sua maioria também mestiça." Gilberto Freyre, *Sobrados e mucambos* (15. ed., São Paulo, Global, 2004), p. 126 e 810.

[4] "O estudo da época de transição vivida pelo Brasil, dos anos que imediatamente se seguiram à guerra com o Paraguai, à Lei do Ventre Livre, à publicação do Manifesto Republicano e à prisão dos bispos, à participação da República, já consolidada, na Primeira Grande Guerra Europeia, e na Conferência da Paz, é o que parece indicar: a resistência daquelas constantes a crises que, noutro país da América chamada latina, talvez tivessem resultado em desagregação da ordem nacional. Uma ordem que no Brasil se revelou mais bem equilibrada que em qualquer desses outros países, graças, talvez, à simbiose que aqui se estabilizou, em dias decisivos para a formação nacional, entre a forma monárquica ou autoritária de governo – a forma, é bem de ver, e não a substância – e a organização patriarcal da família: simbiose que em vez de dificultar, favoreceu, sob vários aspectos, o desenvolvimento da população em sociedade sob vários aspectos democrática." Idem, *Ordem e progresso* (6. ed., São Paulo, Global, 2004), p. 52.

a que só o da Igreja faz sombra, através da atividade, às vezes hostil ao familismo, dos padres da Companhia de Jesus.

A família, não o indivíduo, nem tampouco o Estado nem nenhuma companhia de comércio, é desde o século XVI o grande fator colonizador no Brasil, a unidade produtiva, o capital que desbrava o solo, instala as fazendas, compra escravos, bois, ferramentas, a força social que se desdobra em política, constituindo-se na aristocracia colonial mais poderosa da América. Sobre ela, o rei de Portugal quase reina sem governar. Os senadores de Câmara, expressões desse familismo político, cedo limitam o poder dos reis e mais tarde o próprio imperialismo ou, antes, parasitismo econômico, que procura estender do reino às colônias os seus tentáculos absorventes.

A colonização por indivíduos – soldados de fortuna, aventureiros, degredados, cristãos-novos fugidos à perseguição religiosa, náufragos, traficantes de escravos, de papagaios e de madeira – quase não deixou traço na plástica econômica do Brasil.[5]

A pessoalidade, que se verifica pelo trato adocicado, como o uso do pronome antes do verbo – *me dê* ao invés da fala portuguesa imperativa *dê-me*[6] –, a licenciosidade sexual dos senhores com as escravizadas, a criação próxima de filhos de senhores com jovens escravizados, todos esses são exemplos que levam Freyre a acreditar que a sociedade brasileira colonial, fundada no patriarcalismo da monocultura, organizava no espaço do latifúndio um amálgama peculiar de exploradores e explorados. Reconhece a crueldade atravessada nesse processo, mas afirma também o vínculo afetivo, mesmo erótico, de tal sociabilidade[7].

A mestiçagem se explica, por Gilberto Freyre, pela própria história do povo português, já bastante alheio a noções de pureza de raça por conta de seu convívio próximo com os elementos árabes e africanos. Quando os homens portugueses aportam ao Brasil, em pouca quantidade, sua proximidade sexual com

---

[5] Idem, *Casa-grande & senzala: formação da família brasileira sob o regime da economia patriarcal* (51. ed., São Paulo, Global, 2006), p. 80.

[6] "Temos no Brasil dois modos de colocar pronomes, enquanto o português só admite um – o 'modo duro e imperativo': *diga-me, faça-me, espere-me*. Sem desprezarmos o modo português, criamos um novo, inteiramente nosso, caracteristicamente brasileiro: *me diga, me faça, me espere*. Modo bom, doce, de pedido. E servimo-nos dos dois." Ibidem, p. 417.

[7] "O ambiente em que começou a vida brasileira foi de quase intoxicação sexual. O europeu saltava em terra escorregando em índia nua; os próprios padres da Companhia precisavam descer com cuidado, senão atolavam o pé em carne." Ibidem, p. 161. Freyre associa o amplo impulso sexual à própria natureza já mestiça dos povos ibéricos, do português em especial: "A indecisão étnica e cultural entre a Europa e a África parece ter sido sempre a mesma em Portugal como em outros trechos da Península. Espécie de bicontinentalidade que correspondesse em população assim vaga e incerta à bissexualidade no indivíduo. E gente mais flutuante que a portuguesa, dificilmente se imagina; o bambo equilíbrio de antagonismos reflete-se em tudo o que é seu, dando-lhe ao comportamento uma fácil e frouxa flexibilidade, às vezes perturbada por dolorosas hesitações, e ao caráter uma especial riqueza de aptidões, ainda que não raro incoerentes e difíceis de se conciliarem para a expressão útil ou para a iniciativa prática." Ibidem, p. 67.

indígenas e depois também com africanos faz a barreira da monogamia e do interdito do cruzamento racial – bastante presente na colonização estadunidense, por exemplo – não se apresentar de modo marcado na situação brasileira. Graças ao impulso sexual, foi possível aos portugueses, mediante filhos com mulheres indígenas e negras, povoar e estender seu domínio a um vasto território. Para Freyre, assim, a mestiçagem passa a ser uma característica singular e bastante positiva na formação da sociabilidade brasileira.

> Híbrida desde o início, a sociedade brasileira é de todas da América a que se constitui mais harmoniosamente quanto às relações de raça: dentro de um ambiente de quase reciprocidade cultural que resultou no máximo de aproveitamento dos valores e experiências dos povos atrasados pelo adiantado; no máximo de contemporização da cultura adventícia pela nativa, da do conquistador com a do conquistado.[8]

E, explicitamente, afirma:

> Tenhamos a honestidade de reconhecer que só a colonização latifundiária e escravocrata teria sido capaz de resistir aos obstáculos enormes que se levantaram à civilização do Brasil pelo europeu. Só a casa-grande e a senzala. O senhor de engenho rico e o negro capaz de esforço agrícola e a ele obrigado pelo regime de trabalho escravo.[9]

Tal valorização do processo de formação social brasileira, ressaltando o tirocínio português que o levou a se adaptar e, com poucos homens, dominar um vasto território, forjando vínculos sociais não só cruéis, mas também doces – numa frequente polaridade que busca apagar ou balancear suas piores marcas características –, faz Gilberto Freyre estabelecer uma leitura notadamente conservadora da sociabilidade pátria, louvando-a tal como se deu e enaltecendo institutos sociais como o da escravidão. Tais posições fazem eco com a história pessoal de Freyre[10], que se vinculou a muitos projetos direitistas e reacionários do século XX: antagonista de Vargas, líder da União Democrática Nacional (UDN), partido político dos latifundiários e da direita brasileira, apoiador do golpe militar de 1964, intelectual orgânico da Aliança Renovadora Nacional (Arena), partido político da ditadura. Além disso, no plano internacional, Freyre foi bastante ligado aos interesses geopolíticos estadunidenses. E, em especial, vinculou-se à ditadura de António Salazar, em Portugal, louvando uma civilização luso-tropical de qualidades colonizadoras superiores e mais humanas que de outros povos.

---

[8] Ibidem, p. 160.
[9] Ibidem, p. 323.
[10] "Quando os gaúchos vencedores de 1930 amarram seus cavalos no *obelisco* da Avenida Rio Branco, no Rio de Janeiro, parecia que o mundo acabara para o jovem Freyre. Sai da rotina burocrático-palaciana (é secretário do governador de Pernambuco) para a aventura do exílio." Edilberto Coutinho, *Gilberto Freyre* (Rio de Janeiro, Agir, 1994), p. 10.

Os reflexos de tal leitura sociológica no direito são imediatos no pensamento de Freyre. O cruzamento fluido e íntimo entre as raças é destacado explicitamente por Freyre como causa de uma suposta benignidade do direito, em passagens reveladoras de sua ideologia da pacificação racial e da bondade institucional brasileira:

> Nossas instituições sociais tanto quanto nossa cultura material deixaram-se alagar de influência ameríndia, como mais tarde da africana, da qual se contaminaria o próprio direito: não diretamente, é certo, mas sutil e indiretamente. Nossa "benignidade jurídica" já a interpretou Clóvis Beviláqua como reflexo da influência africana. Certa suavidade brasileira na punição do crime de furto talvez reflita particular contemporização do europeu com o ameríndio, quase insensível à noção desse crime em virtude do regime comunista ou meio comunista de sua vida e economia.[11]

A discussão sobre o conservadorismo freyreano, ainda que possa ser matizada por uma interpretação de que na verdade representaria uma outra chave de leitura da modernidade, anárquica ou dionisíaca[12], é no entanto seu horizonte ideológico mais reclamado e disputado. A obra de Gilberto Freyre, ao ressaltar um suposto menor malefício da colonização portuguesa e sua política de afeto e aproximação, sem preconceitos ao cruzamento racial, encaminha-se em benefício da construção de uma ideologia da boa integração racial brasileira. Sobre a leitura sociológica de Freyre, Carlos Guilherme Mota assim aponta:

> A obra de Gilberto Freyre, *Casa-grande & senzala* (1933), atingiu ampla popularidade pelo estilo corrente e anticonvencional; pelas teses veiculadas sobre relações raciais, sexuais e familiares; pela abordagem inspirada na antropologia cultural norte-americana e pelo uso de fontes até então não consideradas. [...] Hoje, com a independência dos povos africanos e com a luta dos negros norte-americanos pelos seus direitos civis, a posição de Gilberto Freyre parece inevitavelmente datada e anacrônica. Finalmente, as posições políticas de Gilberto Freyre – tanto no Brasil como em relação ao colonialismo português na África – contribuíram para identificá-lo com os grupos mais conservadores dos países de língua portuguesa e para afastá-lo dos intelectuais mais criadores. Disso resulta que Gilberto Freyre é hoje, pelo menos no Brasil, um intelectual de direita, aceito pelos grupos no poder, mas não pelos jovens intelectuais. [...]

---

[11] Gilberto Freyre, *Casa-grande & senzala*, cit., p. 232.
[12] "A discussão do tradicionalismo de Gilberto, portanto, deve levar em consideração que a sua relativa desilusão com a modernidade ocidental não implica necessariamente a adesão a uma visão conservadora de sociedade, abrindo-se um espaço para se valorizar tanto a sua 'vocação' anarquista quanto a presença de um ideal orientalizante e dionisíaco – por sinal encontrável também em algumas outras versões do modernismo – no interior da sua argumentação. Esses pontos, creio eu, ocupam um lugar estratégico no caminho que leva a mais uma leitura, a mais uma interpretação da contribuição de Gilberto à sociologia brasileira." Ricardo Benzaquen de Araújo, *Zigue-zague: ensaios reunidos (1977-2016)* (Rio de Janeiro, Editora PUC-Rio, 2019), p. 119.

O estudo da trajetória e dos vários impactos da obra de Gilberto Freyre sobre os meios intelectuais assume grande importância por permitir a análise da *cristalização de uma ideologia com grande poder de difusão: a ideologia da cultura brasileira*. [...] O resultado global, considerada a história das relações de dominação, reponta na valorização de um tipo de relacionamento racial que dê abertura para a mestiçagem. Nesse ponto residiria o pretenso modernismo da obra freyreana. [...] Fortalecia-se a ideologia da democracia racial.[13]

Ainda que rebaixando, banalizando e vulgarizando seus termos – a exemplo da denegação do racismo por conta da pretensa coesão racial –, a obra de Gilberto Freyre persevera, até o século XXI, como esteio de perspectivas conservadoras e reacionárias a respeito do Brasil.

Guerreiro Ramos

Em sentido oposto ao horizonte político de Freyre, mas partilhando de noções como a de que se deveria fundar um projeto nacional dadas as características peculiares da formação do Brasil – sem buscar fórmulas universais, como a do liberalismo (cujo extrato sociológico é juspositivista) ou a do socialismo (de fundamentos sociológicos críticos) –, e, portanto, em outros contextos do mesmo caminho dos não juspositivismos, Alberto Guerreiro Ramos (1915-1982) foi um sociólogo de destaque na interpretação da sociabilidade brasileira. Intelectual negro, com especial atenção às questões raciais brasileiras, sua trajetória esteve, nos momentos de sua maior projeção, próxima do movimento trabalhista de Getúlio Vargas e João Goulart, tendo sido deputado pelo Partido Trabalhista Brasileiro (PTB). Ramos foi um dos nomes mais importantes do Instituto Superior de Estudos Brasileiros (Iseb), que, dos meados da década de 1950 até ser fechado pelo golpe militar em 1964, impulsionou as vertentes políticas nacionais-desenvolvimentistas.

As proposições sociológicas de Ramos insurgem-se contra horizontes revolucionários socialistas de fundo marxista-leninista, buscando lastrear um capitalismo nacional de perfil trabalhista, popular. Seu pensamento tem bastante aderência com o nacionalismo desenvolvimentista dos meados do século XX[14]. Partes de sua

---

[13] Carlos Guilherme Mota, *Ideologia da cultura brasileira (1933-1974)* (4. ed., São Paulo, Editora 34, 2008), p. 70-1, 94-5.

[14] "O sucesso das ciências sociais e da sociologia em particular nos anos 50 está relacionado à implementação do Estado de bem-estar social. É o Estado planificador que requer e acolhe os sociólogos interessados em ajudar o processo de mudança social controlada. Nesse contexto a sociologia surgia como instrumento, como saber capaz de ajudar na formulação e implementação de políticas públicas. A crise das sociedades latino-americanas, conjugada à crise das interpretações sobre essas sociedades, pode nos ajudar a entender certo 'esquecimento' de um tipo de sociologia comprometido com as circunstâncias históricas que a geraram. Guerreiro Ramos

leitura teórica se imiscuíram, ainda, em padrões da sociologia estadunidense, como aqueles voltados aos assuntos da administração, da organização e da produtividade econômica. Numa última fase de sua obra, pós-golpe de 1964, transfere-se aos Estados Unidos da América, onde dá vazão a uma construção sociológica menos fincada em termos trabalhistas ou nacionalistas. Tal fase pode ser considerada liberal. É de se notar ainda que, bem como alguns outros integrantes do Iseb, em sua juventude Ramos teve proximidade com o Integralismo, movimento de posições à direita na política brasileira[15].

O propósito decisivo da sociologia de Guerreiro Ramos é o de atrelar o conhecimento sobre a sociedade aos interesses nacionais. Para tanto, se insurge contra uma tradição por ele reputada tradicional, eivada de vícios academicistas, sem compromisso com o desenvolvimento brasileiro. Em *Introdução crítica à sociologia brasileira*, Ramos denuncia o europeísmo da teoria brasileira e a necessidade de uma correção de rumos:

> Os nossos sociólogos têm adotado os sistemas sociológicos europeus em suas formas terminais e acabadas e, na medida em que isto acontece, não os compreendem cabalmente, para tanto lhes faltando suportes vivenciais e, muitas vezes, o conhecimento da gênese histórica destes sistemas.
> A sociologia, no Brasil, não se organizou ainda para uma evolução em bases próprias, o que só teria sido possível se as gerações de sociólogos se articulassem entre si num trabalho contínuo. Como diz Hélio Jaguaribe, com respeito à evolução da filosofia no Brasil, cada geração repete, desde o marco zero, o esforço da geração anterior e vai buscar ideias na Europa e, com isto, torna-se impossível a formação de uma tradição cultural brasileira. [...]
> A descoberta da historicidade do pensamento é que veio possibilitar o refinamento científico das ciências sociais, inclusive da sociologia.
> Mas a universalidade da ciência, como técnica de pensar, não impede que a sociologia se diferencie nacionalmente. Esta diferenciação da sociologia é incoercível. Desde que o sociólogo só existe nacionalmente, na medida em que o seu pensamento seja autêntico, terá de refletir as peculiaridades da circunstância em que vive. A sociologia se diferencia nacionalmente quanto aos temas e aos problemas de que trata. Desde que determinada

---

pode ser tomado como um caso exemplar. Sua análise, assim como a do ISEB, estava por demais comprometida com as circunstâncias históricas." Lucia Lippi Oliveira, *A sociologia do Guerreiro* (Rio de Janeiro, Editora UFRJ, 1995), p. 56.

[15] "O Grupo de Itatiaia – embrião do Ibesp e do Iseb – [...] começou a reunir, ocasionalmente, um grupo de intelectuais 'paulistas' e 'cariocas', alguns deles católicos, antigos integralistas, conservadores e outros de posições mais à esquerda. [...] Alguns deles tiveram anteriormente experiências com o integralismo, como Roland Corbisier, Almeida Sales e Miguel Reale – que foi importante ideólogo do movimento. Entre os 'cariocas', havia também quem houvesse passado por tal experiência, como Vieira Pinto e o próprio Guerreiro Ramos." Edison Bariani Junior, *Guerreiro Ramos e a redenção sociológica: capitalismo e sociologia no Brasil* (São Paulo, Editora Unesp, 2012), p. 71-2.

sociedade se autodetermine, o trabalho sociológico tende aí a perder a disponibilidade e a tornar-se instrumento desta autodeterminação.

A sociologia, no Brasil, será autêntica na medida em que colaborar para a autoconsciência nacional, na medida em que ganhar em funcionalidade, intencionalidade e, consequentemente, em organicidade.[16]

Entre as décadas de 1950 e 1960, no apogeu de sua reflexão e de sua atuação política no trabalhismo, Guerreiro Ramos direciona seus escritos ao que chama de revolução brasileira. Em sua visão, tal processo revolucionário brasileiro seria uma mudança a partir das próprias bases nacionais, forjando um amálgama social suficiente ao desenvolvimento. Não se trataria de importar fórmulas sociais já utilizadas por outros povos – e na alienação de se fundar em teses estrangeiras estaria para ele uma das causas do fracasso da transformação brasileira –, mas de buscar um rearranjo da própria formação social brasileira. Assim, toma uma revolução brasileira como um reformismo: uma reorganização institucional[17]. Ramos reconhece a existência de contradições inerentes a um processo de desenvolvimento nacionalista (que deveriam se resolver de modo interno a uma solidária coesão pretendida), mas aponta ao amálgama e à união em torno dos objetivos nacionais:

> A revolução brasileira, entendida como reorganização institucional, tendo em vista reajustar o Estado, não só tornando-o reflexo da correlação de classes dominantes hoje na sociedade, por força do seu desenvolvimento nas últimas décadas, como também para habilitá-lo às novas funções que exige o avançado estágio material que o país vem de atingir, está ameaçada pela imaturidade da liderança do movimento emancipador. Essa liderança se encontra largamente alienada; duplamente, em sua ideologia e em sua organização. Em sua ideologia, porque a sua visão da realidade nacional ainda é reflexa, tributária de formulações estranhas aos termos verdadeiros da equação de nossos problemas políticos e econômicos. No tocante à organização, tal liderança atua sem um mínimo de coordenação, não poucas vezes levando seus representantes mais capazes, acatados e legítimos, a cumprirem diretivas aventureiras e suicidas. [...]
> A transação de que se fala aqui tem por substrato a união nacional, sem prejuízo, aliás, da luta de classes no interior desse dispositivo solidário, para efeito de emancipação

---

[16] Guerreiro Ramos, *Introdução crítica à sociologia brasileira* (Rio de Janeiro, Andes, 1957), p. 24-5.

[17] "A revolução brasileira, conforme os indicativos de Guerreiro Ramos, deveria ser eminentemente nacional e iminentemente burguesa, afirmar a nação em detrimento da antinação, reforçar o movimento das forças centrípetas e destituir de seu eixo as forças centrífugas, deslocar o centro decisório para o âmago do país, elevar a nacionalidade à posição de elemento aglutinador/conscientizador da vida social e relevar a realidade brasileira como espaço vital da existência social plena e autêntica. Economicamente, efetivaria a industrialização, promoveria o desenvolvimento e construiria as bases do capitalismo no Brasil como circuito econômico nacional e autônomo, como capitalismo nacional, cuja existência se concretizaria. [...] Esse processo econômico renderia frutos não só à burguesia (industrial): haveria uma disseminação de seus benefícios, o que tornaria os trabalhadores interessados diretos no processo." Edison Bariani Junior, *Guerreiro Ramos e a redenção sociológica*, cit., p. 255-6.

geral do povo brasileiro. A revolução brasileira será mistificada, se e enquanto os que pretendem representá-la e servi-la não se desvencilharem de fetiches verbais. A revolução brasileira hoje está diante do dilema: mito ou verdade. Aos otários – o mito. Façamos a revolução – segundo a verdade da história nacional.[18]

Dentre as intersecções entre teoria sociológica e luta política na obra de Guerreiro Ramos, a questão racial é decisiva. De algum modo similar às posições não juspositivistas de Gilberto Freyre e de Darcy Ribeiro, as visões de Ramos apontam a um projeto de democracia racial. Mas, em distinção das posições freyreanas e em similitude com o nacionalismo progressista de Ribeiro, trata-se, em Ramos, de uma proposta de luta, não de uma constatação de uma democracia racial pretensamente já existente. A partir da década de 1940, próximo do Teatro Experimental do Negro, liderado por Abdias do Nascimento (que na década de 1990 se tornará senador da República sucedendo, como suplente, ao próprio Darcy Ribeiro), Ramos participa diretamente de intervenções políticas da luta do povo negro[19]. Assim escreve sobre a declaração que redigiu para o I Congresso do Negro Brasileiro:

> A declaração final do I Congresso do Negro Brasileiro, publicada na imprensa brasileira em 4 de setembro de 1950, continua sendo até agora a súmula mais inteligente de um programa de tratamento objetivo das relações étnicas no país. O documento formula, entre outras, as seguintes recomendações:
> a) a defesa vigilante da sadia tradição nacional de igualdade entre os grupos que constituem a nossa população;
> b) a utilização de meios indiretos de reeducação e desrecalcamento em massa e de transformação de atitudes, tais como o teatro, o cinema, a literatura e outras artes, os concursos de beleza, e as técnicas de sociatria;
> c) a realização periódica de Congressos culturais e científicos de âmbito internacional, nacional e regional;
> d) a inclusão de homens de cor nas listas de candidatos de agremiações partidárias, a fim de desenvolver a sua capacidade política e formar líderes esclarecidos, que possam traduzir em formas ajustadas às tradições nacionais as reivindicações das massas de cor;
> e) a cooperação do governo, por meio de medidas eficazes, contra os restos de discriminação de cor ainda existentes em algumas repartições oficiais.[20]

As posições teóricas e políticas de Guerreiro Ramos, no que tange à luta negra no Brasil, revelaram-se expressivas e fortes, para além dos marcos de uma mera luta liberal e juspositivista por direitos; contudo, são menos radicais que aquelas da associação da dinâmica racial ao capitalismo: nação, coesão social, busca de democracia racial ainda não havida e desenvolvimento foram seus termos.

---

[18] Guerreiro Ramos, *Mito e verdade da revolução brasileira* (Florianópolis, Insular, 2016), p. 251 e 262.
[19] Sobre a reflexão racial de Guerreiro Ramos, ver *Negro sou. A questão étnico-racial e o Brasil: ensaios, artigos e outros textos (1949-73)* (Rio de Janeiro, Zahar, 2023).
[20] Idem, *Introdução crítica à sociologia brasileira*, cit., p. 165.

Darcy Ribeiro

Em caminho político similar ao de Guerreiro Ramos, mas se valendo de ecos do pensamento de Gilberto Freyre – embora invertendo a compreensão e os proveitos de sua análise –, destaca-se a sociologia sobre o Brasil de Darcy Ribeiro (1922- -1997). Com marcada projeção nos estudos da antropologia, Ribeiro teve também grande atuação política: foi filiado ao PTB getulista, liderou a fundação da UnB, universidade da qual foi o primeiro reitor, participou do governo João Goulart como ministro, foi exilado na ditadura e tornou-se ainda, ao final da vida, senador pelo Rio de Janeiro pelo Partido Democrático Trabalhista (PDT), mesmo partido de Leonel Brizola, de quem era muito próximo Sua obra, que começa com estudos bastante voltados ao campo da antropologia, especificamente dos povos originários brasileiros, vai se abrindo, conforme sua projeção política, a reflexões de maior envergadura interpretativa[21]. O último de seus livros é também uma síntese de sua trajetória intelectual. Publicado em 1995, *O povo brasileiro* representa uma tentativa de interpretação do Brasil, ainda aos moldes das grandes sínteses da primeira metade do século XX, como as de Sérgio Buarque de Holanda e Gilberto Freyre, mas com a vantagem de desbastar, *a posteriori*, problemas que foram constantemente apontados nessas obras[22]. Ribeiro ainda incorpora estudos mais rigorosos no campo da antropologia e atenções mais destacadas a temáticas como aquelas ecológicas, dando importância a questões como a dos conflitos sociais havidos em solo brasileiro por razões bióticas – a guerra bacteriológica causada pelas doenças dos brancos contra as quais não havia resistência biológica dos indígenas – e ecológicas.

Ao contrário de grande parte das interpretações clássicas sobre a formação social brasileira, Darcy Ribeiro inverte perspectivas sobre o processo civilizacional,

---

[21] Como assevera em um de seus livros escritos após a deflagração do golpe de 1964: "Assim, a tarefa histórica, para o povo brasileiro, situa-se, no plano ideológico, como o desafio de amadurecer uma consciência crítica capacitada a compreender a realidade brasileira, a formular um projeto nacional realista e motivador de desenvolvimento pleno e autônomo e apta a formular uma estratégia que permita mobilizar as forças populares para enfrentar a conjura de interesses que mantêm a nação atada ao subdesenvolvimento". Darcy Ribeiro, *Teoria do Brasil* (Rio de Janeiro, Fundação Darcy Ribeiro, 2013), p. 85.

[22] "Via-se próximo de autores como Gilberto Freyre, Câmara Cascudo e Sérgio Buarque de Holanda, que percebiam na formação do Brasil traços que lhe eram muito particulares, mesmo entre os vizinhos hispânicos. É desses autores da primeira metade do século XX, questionadores do 'carma ibérico' (a crença segundo a qual nosso subdesenvolvimento era fruto do atraso dos portugueses, índios e africanos), que Darcy buscará inspiração para defender a cultura brasileira como uma nova e original forma de humanidade, capaz de superar os modelos antigos herdados no Velho Mundo." Agnaldo dos Santos e Isa Grispum Ferraz, "Darcy Ribeiro", em Luiz Bernardo Pericás e Lincoln Ferreira Secco (orgs.), *Intérpretes do Brasil: clássicos, rebeldes e renegados* (São Paulo, Boitempo, 2014), p. 331.

compreendendo, por exemplo, a chegada portuguesa pelo olhar dos povos indígenas originários e a escravidão pelo olhar dos escravizados e escravizadas, ressaltando as questões de classe, cor e preconceito. Mesmo assim, sua leitura se faz com grande apreço pelo resultado do cruzamento das raças – ecoando, aqui, posições históricas da autoleitura brasileira – numa chave similar em termos de base, mas politicamente inversa à de Gilberto Freyre. Propondo uma democracia racial, porém afirmando que ela só é possível com uma democracia social, Ribeiro reconhece que o grande legado do processo civilizatório no Brasil foi a forja de uma nova etnia mundial, feita por invasão, conflito, exploração, dominação e morte. Assim diz:

> Esse conflito se dá em todos os níveis, predominantemente no biótico, como uma guerra bacteriológica travada pelas pestes que o branco trazia no corpo e eram mortais para as populações indenes. No ecológico, pela disputa do território, de suas matas e riquezas para outros usos. No econômico e social, pela escravação do índio, pela mercantilização das relações de produção, que articulou os novos mundos ao velho mundo europeu como provedores de gêneros exóticos, cativos e ouros.
> No plano étnico-cultural, essa transfiguração se dá pela gestação de uma etnia nova, que foi unificando, na língua e nos costumes, os índios desengajados de seu viver gentílico, os negros trazidos de África, e os europeus aqui querenciados. Era o brasileiro que surgia, construído com os tijolos dessas matrizes à medida que elas iam sendo desfeitas.[23]

Darcy Ribeiro propõe em suas obras sobre o processo civilizatório, e reafirma em *O povo brasileiro*, a análise da civilização brasileira como advinda de um império mercantil salvacionista, como o fora o Portugal ibérico. Essa empreitada – de conversão, mas também de mercantilismo – caracteriza-se por uma grande energia de recriação nos trópicos, contrastando-se com processos civilizatórios como o inglês, que se transplantava para quaisquer terras sem maiores interações ou novidades. O Brasil, assim, é o resultado de uma maior e mais apreciável adaptabilidade de caráter, como se dá com o cunhadismo, a incorporação de estranhos, pelos indígenas, à sua comunidade. Ribeiro chega mesmo a inverter o juízo a respeito das qualidades psicológicas brasileiras apontadas por Sérgio Buarque de Holanda. Seu espírito individualista, aventureiro e pouco afeito às normas é compreendido por Ribeiro exatamente como virtude. Mesmo assim, tal virtude civilizacional não é apenas um louvor: forjou-se em moinhos de gastar gentes.

Ao se ocupar tanto da formação quanto do sentido do Brasil, *O povo brasileiro* busca empreender uma reflexão que dê conta do processo civilizatório nacional e, daí, ressaltar as dificuldades e os potenciais que lhe sejam próprios. Darcy Ribeiro

---

[23] Darcy Ribeiro, *O povo brasileiro: a formação e o sentido do Brasil* (São Paulo, Companhia das Letras, 1995), p. 30.

opera, assim, uma tensão teórico-política entre reconhecer o mecanismo exploratório e dominador da sociabilidade e fundar, a partir desse mesmo processo, um sentido emancipador e, mesmo, prodigioso. Sua leitura não alcança com minudências as bases marxistas de compreensão dos específicos mecanismos da reprodução capitalista no Brasil e no mundo, mas também não se conforta com o plano meramente institucional e liberal pelo qual ao país bastaria se atualizar com as mais avançadas normativas e instituições do capitalismo central. Ribeiro aponta o Brasil como uma nova Roma, num estágio ativo e superior da própria latinidade:

> Apesar de tudo, somos uma província da civilização ocidental. Uma nova Roma, uma matriz ativa da civilização neolatina. Melhor que as outras, porque lavadas em sangue negro e em sangue índio, cujo papel, doravante, menos que absorver europeidades, será ensinar o mundo a viver mais alegre e mais feliz. [...]
> Nós, brasileiros, nesse quadro, somos um povo em ser, impedido de sê-lo. Um povo mestiço na carne e no espírito, já que aqui a mestiçagem jamais foi crime ou pecado. Nela fomos feitos e ainda continuamos nos fazendo. Essa massa de nativos oriundos da mestiçagem viveu por séculos sem consciência de si, afundada na *ninguendade*. Assim foi até se definir como uma nova identidade étnico-nacional, a de brasileiros. Um povo, até hoje, em ser, na dura busca de seu destino. Olhando-os, ouvindo-os, é fácil perceber que são, de fato, uma nova romanidade, uma romanidade tardia mas melhor, porque lavada em sangue índio e sangue negro. [...]
> Na verdade das coisas, o que somos é a nova Roma. Uma Roma tardia e tropical. O Brasil é já a maior das nações neolatinas, pela magnitude populacional, e começa a sê-lo também por sua criatividade artística e cultural. Precisa agora sê-lo no domínio da tecnologia da futura civilização, para se fazer uma potência econômica, de progresso autossustentado. Estamos nos construindo na luta para florescer amanhã como uma nova civilização, mestiça e tropical, orgulhosa de si mesma. Mais alegre, porque mais sofrida. Melhor, porque incorpora em si mais humanidades. Mais generosa, porque aberta à convivência com todas as raças e todas as culturas e porque assentada na mais bela e luminosa província da Terra.[24]

Nesse movimento de revolver as bases e a partir delas preparar o sentido e o projeto, está a posição peculiar do pensamento de Ribeiro, numa dinâmica transformadora, nem conservadora, nem revolucionária. Sua proposta de leitura da sociedade brasileira, de esquerda reformista, declara-se realista, lastreando-se de algum modo na base histórica dada[25]. Visão crítica das bases históricas da sociabilidade,

---

[24] Ibidem, p. 265, 453-4.
[25] "A confluência dos dois movimentos sociais mais importantes do Brasil, que são o PT e o PDT, [...] é indispensável porque através dela é que se irá construindo a nova esquerda, armada, afinal, da consciência crítica de que o Brasil necessita vitalmente. Primeiro, para se capacitar a ver-se a si mesmo como problema, diagnosticando as causas do atraso, responsáveis pela miséria. Mas sobretudo para, a partir dessa análise realista, encontrar as brechas da História que nos permitirão

mas operando a partir dos próprios termos já dados. Seu impacto para uma interpretação sociológica das instituições e do direito, assim, não é juspositivista nem liberal. Não se trata de banhar a sociabilidade em institutos jurídicos e estatais ainda não chegados, ou mal implantados – europeidades. Trata-se de aproveitar a experiência civilizatória dolorosa, mas ímpar brasileira para, dela, buscar forjar outra etapa civilizatória mundial, apontada por Ribeiro como mais alegre e feliz, mestiça e tropical[26].

As posições sociológicas de Gilberto Freyre, Alberto Guerreiro Ramos e Darcy Ribeiro divergem bastante entre si no que tange a métodos, fundamentos e proveitos políticos. Pode-se reconhecer em Freyre um intelectual conservador, de direita, sendo Ramos e Ribeiro trabalhistas, pensadores à esquerda. Suas bases, no entanto, se sustentam na mesma indiferença às questões liberais e institucionalistas como causas dos problemas ou como chaves da salvação da sociedade brasileira, diferenciando-se, portanto, de Sérgio Buarque de Holanda ou de Raymundo Faoro. Não está nas instituições ou no direito positivo, nem em seu incremento, nem em sua melhoria, o que define o país. Seus olhares, por mais distintos entre si, são concordes no sentido de que a experiência social brasileira é valiosa. Sua mestiçagem e sua tropicalidade são ressaltadas. Tal chave de compreensão sociológica não liberal, não juspositivista, no que tange ao Brasil, funda-se em estratégias de orgulho e exaltação da peculiaridade brasileira, cuja dinâmica interna deve ser estimulada para corrigir-se (conforme Ramos e Ribeiro) ou reforçar-se (conforme Freyre). A todas essas visões, no entanto, carece o enfrentamento das contradições advindas da natureza da sociabilidade brasileira como sociabilidade capitalista. Tal caminho será enfrentado pelas sociologias críticas.

---

concretizar a revolução brasileira como empreendimento concreto, nosso, que se faça aqui, sobre nosso chão, abrindo perspectivas de transformação capazes de beneficiar, aqui e agora, o grosso da população brasileira, até hoje marginalizada." Idem, *Confissões* (São Paulo, Companhia das Letras, 1997), p. 460.

[26] Ver Alysson Leandro Mascaro, "O sentido jurídico brasileiro. Reflexões para uma teoria política e jurídica a partir de *O povo brasileiro*, de Darcy Ribeiro", em *Filosofia do direito e filosofia política: a justiça é possível* (São Paulo, Atlas, 2008), p. 97-106.

5
As interpretações do Brasil críticas

No terceiro dos caminhos de interpretação sociológica sobre o Brasil, de horizontes críticos, alcança-se a mais alta reflexão a respeito da formação social brasileira. Às perspectivas institucionais e sociais culturais somam-se as determinações econômicas e produtivas específicas do país em sua história. A sociedade nem é pensada em termos apenas de um atraso em face do capitalismo central, nem tampouco como experiência de miscigenação a ser meramente louvada. O capitalismo está em xeque, tanto o mundial quanto o brasileiro, que foi colonial e agora é periférico em tal sistema; e, ainda, a escravidão é uma marca histórica incontornável de horror social. Desse alcance das mais altas determinações da sociabilidade forja-se também a mais importante e decisiva sociologia sobre o Brasil. Ressaltam-se aqui os pensamentos de Caio Prado Júnior, Florestan Fernandes e Ruy Mauro Marini.

Caio Prado Júnior

Caio Prado Júnior (1907-1990) se destaca por ser pioneiro na utilização das bases teóricas e metodológicas marxistas para a compreensão da realidade brasileira. Já nas décadas de 1930 e 1940 despontam algumas de suas obras fundamentais, como *Evolução política do Brasil* e *Formação do Brasil contemporâneo: colônia*, seu texto de maior impacto. Posteriormente, escreve *História econômica do Brasil* e *A revolução brasileira*, este já após o golpe de 1964. De uma das famílias mais tradicionais e abastadas de São Paulo, rica pelo café, Caio Prado Júnior se aproxima ainda jovem das lutas comunistas – pelas quais sofrerá perseguições, prisões e exílio por longa parte da vida – e se torna o primeiro grande construtor de uma interpretação teórica marxista sobre o Brasil[1].

---

[1] Conforme Luiz Bernardo Pericás: "Intelectual de prestígio e por anos militante político dedicado, Caio Prado Júnior, não obstante, foi muito criticado ao longo de sua vida, acusado por alguns de

Para tanto, contrasta as leituras oficiais comuns, ao tempo, no seio do próprio Partido Comunista Brasileiro (PCB) – as quais utilizavam esquemas históricos generalistas para a sequência dos modos de produção –, propondo uma análise das especificidades da formação social brasileira. Faz, para o caso brasileiro, um movimento similar ao que, para a América espanhola e para o Peru em específico, fez José Carlos Mariátegui, nacionalizando o horizonte teórico do marxismo.

A reflexão de Caio Prado Júnior busca afastar, da explicação sobre a formação brasileira, a pretensão de que o país teria vivido sob situação feudal antes de alcançar o capitalismo. Tal leitura, tradicional entre velhos comunistas, acreditava que o Brasil tivesse seguido a mesma sequência histórica dos modos de produção europeus[2]. Como as sociedades europeias alcançaram o capitalismo saídas do feudalismo, isso se pensava de sociedades como a brasileira. Prado Júnior, ao contrário, postula a interpretação bastante original de que o Brasil nunca teve uma formação econômica feudal. A empreitada portuguesa de colonização do país já atendia, desde o início, a interesses capitalistas: explorar o território para vender à Europa e lucrar. Em *Formação do Brasil contemporâneo: colônia*, ele aponta para o tema do sentido da colonização. O Brasil não se constitui apenas pelo encontro casual ou pelo amontoado de pessoas e povos. Havia um propósito na vida sobre o território brasileiro colonial: a extração ou a produção de mercadorias com valor elevado para venda à Europa. O sentido da colonização, assim, se deu mediante um empreendimento mercantil voltado à venda no exterior que aglutinou pessoas sob um sistema forjado por grandes proprietários. Diz Prado Júnior:

> Se vamos à essência da nossa formação, veremos que na realidade nos constituímos para fornecer açúcar, tabaco, alguns outros gêneros; mais tarde ouro e diamantes; depois, algodão, e em seguida café, para o comércio europeu. Nada mais que isto. É com tal objetivo, objetivo exterior, voltado para fora do país e sem atenção a considerações que não fossem o interesse daquele comércio, que se organizarão a sociedade e a economia brasileiras. Tudo se disporá naquele sentido; a estrutura, bem como as atividades do país. Virá o branco europeu para especular, realizar um negócio; inverterá seus cabedais e recrutará a

---

'burguês' ou 'aristocrata' (em virtude de sua origem de classe) e por outros de 'reformista'. Mesmo pela própria família foi por vezes incompreendido e rotulado de 'radical' e 'rebelde'. Já comunistas mais ortodoxos chegaram a dizer que ele não seria 'marxista', mas, na prática, um eclético". Luiz Bernardo Pericás, *Caio Prado Júnior: uma biografia política* (São Paulo, Boitempo, 2016), p. 277.

[2] "Caio Prado Jr., ao pontuar suas divergências com as teses do núcleo dirigente do CC do PCB, apresenta uma consistente análise rebatendo não somente a tática partidária – a política de alianças –, mas principalmente os elementos teórico-estratégicos que a informavam. Critica a visão positiva do partido sobre o processo de desenvolvimento do capitalismo brasileiro e a visão partidária sobre o problema agrário, basicamente a questão do feudalismo, assim como as implicações políticas decorrentes dessa interpretação." Antonio Carlos Mazzeo, *Estado e burguesia no Brasil: origens da autocracia burguesa* (São Paulo, Boitempo, 2015), p. 124.

mão de obra que precisa: indígenas ou negros importados. Com tais elementos, articulados numa organização puramente produtora, industrial, se constituirá a colônia brasileira. Este início, cujo caráter se manterá dominante através dos três séculos que vão até o momento em que ora abordamos a história brasileira, se gravará profunda e totalmente nas feições e na vida do país. Haverá resultantes secundárias que tendem para algo de mais elevado; mas elas ainda mal se fazem notar. O "sentido" da evolução brasileira que é o que estamos aqui indagando, ainda se afirma por aquele caráter inicial da colonização.[3]

Caio Prado Júnior aponta para especificidades da formação brasileira que a tornam distinta de outras colonizações pelo mundo. Sua leitura estabelece um contraste entre o modelo de colonização inglesa, implantado em regiões do território hoje dos Estados Unidos da América, que se caracterizava pelo povoamento, e o modelo das Américas espanhola e portuguesa, no qual as características da colonização foram acentuadamente de exploração. No primeiro, os povos se transplantavam, levando suas condições de vida para novas terras, em vista da continuidade de seu padrão de sociabilidade. No segundo, a empreitada era pela exploração, pelos negócios e pelos lucros, não necessariamente para instaurar boas sociabilidades em novas terras[4]. Geograficamente, aliás, colônias de povoamento tiveram um maior parcelamento da terra, dando-lhe acesso a um número maior de colonos. Já as colônias de exploração tomaram forma de latifúndio ("*plantation*", em inglês). Tal esquema clássico de distinção entre a colonização inglesa e a ibérica marca muito das explicações sobre o Brasil presentes ainda hoje.

Sendo o sentido da colonização no Brasil constituído para a exploração mercantil, daí é que Caio Prado Júnior consegue superar velhas e tradicionais leituras que acusavam a realidade brasileira de ser atrasada por ter ainda resquícios feudais. Tal visão era comum, até então, tanto em intelectuais à esquerda quanto à direita. Contra essas leituras, Prado Júnior aponta para a inexistência de vínculos de servidão feudal na história brasileira. A empreitada comercial já desponta, desde o início, como sendo o vetor decisivo da colonização. Em *Evolução política do Brasil*, sua primeira obra de vulto, publicada em 1933, Prado Júnior contestava que o

---

[3] Caio Prado Júnior, *Formação do Brasil contemporâneo: colônia* (São Paulo, Brasiliense, 2008), p. 30.

[4] "Como se vê, as colônias tropicais tomaram um rumo inteiramente diverso do de suas irmãs da zona temperada. Enquanto nestas se constituirão colônias propriamente de *povoamento* […], nos trópicos, pelo contrário, surgirá um tipo de sociedade inteiramente original. Não será a simples feitoria comercial que, já vimos, irrealizável na América. Mas conservará no entanto um acentuado caráter mercantil. […] A colonização dos trópicos toma o aspecto de uma vasta empresa comercial, mais completa que a antiga feitoria, mas sempre com o mesmo caráter que ela, destinada a explorar os recursos naturais de um território virgem em proveito do comércio europeu. É este o verdadeiro *sentido* da colonização tropical, de que o Brasil é uma das resultantes; e ele explicará os elementos fundamentais, tanto no econômico como no social, da formação e evolução históricas dos trópicos americanos." Ibidem, p. 29.

Brasil tivesse um domínio político-econômico de perfil feudal, ancorado e advindo da posse da terra. Assim diz:

> A organização político-econômica brasileira não resultou da superposição de uma classe sobre uma estrutura social já constituída, superposição esta resultante da apropriação e da monopolização do solo. Faltou-nos este caráter econômico fundamental do feudalismo europeu.
> Esta observação destina-se principalmente aos que, fundados em certas analogias superficiais, se apressam em traçar paralelos que não têm assento algum na realidade. Podemos falar num feudalismo brasileiro apenas como figura de retórica, mas absolutamente para exprimir um paralelismo, que não existe, entre nossa economia e a da Europa medieval.[5]

A pioneira leitura de Caio Prado Júnior a respeito do caráter mercantil da colonização brasileira, que ofereceu trilhas de aprofundamento para outros pesquisadores – como Fernando A. Novais[6] –, se se tornou um marco em face de velhas leituras conservadoras e mesmo marxistas, também mereceu críticas no próprio seio de uma reflexão marxista posterior, mais avançada, como no caso de Jacob Gorender e Ciro Flamarion Cardoso (cujo debate sobre a escravidão será explicado adiante, neste livro), para os quais as teses pradianas, ao darem ênfase às atividades mercantis na colônia, não tratam de maneira correta o modo de produção, baseado na escravidão e não no assalariado, diminuindo então a possibilidade de se considerar o Brasil já capitalista em sua formação. Além disso, no plano da leitura política, Prado Júnior também esteve ao largo de algumas posições de esquerda majoritárias em seu tempo, muitas vezes adotando perspectivas quase moralistas no campo público[7] – tendo sido, peculiarmente, até mesmo o inspirador do nome da União Democrática Nacional (UDN), de viés conservador, contra o varguismo[8]. Mesmo no plano da filosofia marxista, suas incursões apresentaram dificuldades e tiveram sucesso bastante limitado[9]. Ainda assim, pode-se mesmo dizer que as

---

[5] Idem, *Evolução política do Brasil: colônia e império* (São Paulo, Brasiliense, 1990), p. 17.

[6] Ver Fernando A. Novais, *Portugal e Brasil na crise do Antigo Sistema Colonial (1777-1808)* (São Paulo, Editora 34, 2019).

[7] "Essa construção de uma verdadeira democracia no Brasil é condição essencial e certamente a mais importante, sobretudo na hora presente, para o funcionamento regular das nossas instituições políticas e da própria administração pública." Caio Prado Júnior, "A política brasileira", em *Dissertações sobre a Revolução Brasileira* (São Paulo, Brasiliense, 2007), p. 202.

[8] "Vale salientar, contudo, que ainda que Caio, numa reunião num edifício da rua Xavier de Toledo, tivesse sugerido o nome da organização, especialmente com a inclusão do termo 'democrática' na sigla UDN [...], ele nunca apoiou pessoalmente seu candidato, o brigadeiro Eduardo Gomes, nem os rumos da entidade." Luiz Bernardo Pericás, *Caio Prado Júnior*, cit., p. 121.

[9] "Não terá sido por acaso que [...] o grande Caio Prado Júnior, que nos deu a admirável arquitetura analítica de *Formação do Brasil Contemporâneo*, nada tenha produzido de relevante quando se lançou à construção de uma teoria da dialética. [...] O fato é que, na experiência brasileira,

linhas mestras das descobertas e proposições originais de Prado Júnior tornam-se tão fundantes das visões teóricas sobre o Brasil que chegam a se naturalizar como senso comum, sem lhe dar os devidos créditos[10].

Em *Formação do Brasil contemporâneo: colônia*, Caio Prado Júnior dá destaque, na última parte da obra, à análise daquilo que chamará de vida social: a organização social, a administração e a política colonial brasileira. Sua base de jurista – pois se formou na Faculdade de Direito do Largo São Francisco, em São Paulo – põe em destaque uma análise das instituições estatais, políticas e jurídicas da história social brasileira. Insiste na dificuldade de se ler as instituições do passado pelas lentes do presente, dada a diferença estrutural de acepções entre o direito positivo contemporâneo e a lógica jurídica daquele tempo. Seu propósito é o de estabelecer uma análise materialista da sociabilidade e de sua história no caso brasileiro[11]. Por isso, ele apontará, a própria separação entre funções e poderes do Estado – Executivo,

---

institucionalização acadêmica e profissional das ciências sociais e investimentos no sentido da construção da teoria caminharam em sentidos opostos." Gildo Marçal Brandão, *Linhagens do pensamento político brasileiro* (São Paulo, Hucitec, 2010), p. 106-7.

[10] Conforme Bernardo Ricupero: "A interpretação de Caio Prado Jr. a respeito da história brasileira gozou de tal sucesso, que se converteu praticamente em lugar-comum sobre o nosso passado, podendo mesmo ter contribuído para que sua obra não tivesse sido valorizada como deveria. Dessa forma, muito, se não a melhor parte da análise do historiador paulista, parece hoje uma unanimidade sem praticamente contestação. Por exemplo, quase mais ninguém questiona que nunca houve feudalismo no Brasil, que nosso destino foi plasmado pelo sentido aqui assumido pela colonização etc. Mas esse sucesso extraordinário leva a uma situação inusitada: Caio Prado parece a muitos um autor a mais, dentre os vários que teriam sugerido serem essas as características básicas de nossa história e não o primeiro a apontar para esses traços fundamentais, abrindo o caminho para os que se seguiram. Pior ainda, é possível até que a situação não melhore mesmo que se reconheça que Caio foi o pioneiro na interpretação do Brasil, já que para nós muitas de suas afirmações, originalmente polêmicas, se afiguram tão óbvias que parecem não custar esforço nem apresentar mérito especial. A sensação que se tem hoje é como se o extraordinário não tivesse sido a ruptura quase total de Caio Prado Jr. com as explicações tradicionais do Brasil, mas sim que essa ruptura tenha demorado tanto tempo para ocorrer". Bernardo Ricupero, *Caio Prado Jr. e a nacionalização do marxismo no Brasil* (São Paulo, Editora 34, 2000), p. 230.

[11] "Com seu estilo a um só tempo pesado, coloquial e direto, Caio Prado Jr. abordava questões essenciais da existência, mas focalizava não o homem ou a humanidade (embora utilizasse esses mesmos termos), mas tão somente a parcela da humanidade que habitava o território brasileiro. Entrava em debate com o que se chama hoje de pensamento social brasileiro, cujos limites eram dados pelo projeto de construção de um Estado-Nação. Na abordagem, recusava um enfoque centrado no genérico da natureza humana, na necessidade cega que levaria a uma redenção total da humanidade ou em conceitos abstratos *a priori* aspirantes à universalidade. Distanciava-se, em parte, dos esquemas de pensamento e da atmosfera intelectual dos anos 1920. [...] Para além de sua filiação ao marxismo, a interpretação de Caio Prado procurava demonstrar a força do conhecimento, entendido como o esforço cientificamente conduzido de compreensão da vida e a possibilidade de orientá-la, em seu caráter e destino coletivos, situados em determinado momento histórico e contexto geográfico, social e cultural." Paulo Teixeira Iumatti, *História, dialética e diálogo com as*

Legislativo e Judiciário – era na colônia ausente e desconhecida; o Estado se apresentava como uma integralidade. Para Prado Júnior, as manifestações políticas e jurídicas se apoiavam, materialmente, numa sanha econômica de sustento da metrópole. Assim, questões fiscais e de arrecadação sempre tiveram proeminência em face de outras de interesse social, comunitário ou moral. Em suas palavras:

> Um objetivo fiscal, nada mais que isto, é o que anima a metrópole na colonização do Brasil. Raros são os atos da administração ou os administradores que fazem exceção à regra. [...] Durante um século quase, não haverá outra preocupação séria e de consequência que a cobrança dos direitos régios, o quinto; a história administrativa do Brasil se contará em função dela.
> Assente numa tal base, a administração colonial não podia ser outra coisa que foi. Negligencia-se tudo que não seja percepção de tributos; e a ganância da coroa, tão crua e cinicamente afirmada, a mercantilização brutal dos objetivos da colonização, contaminará todo mundo. Será o arrojo então geral para o lucro, para as migalhas que sobravam do banquete real. O construtivo da administração é relegado para um segundo plano obscuro em que só idealistas deslocados debaterão em vão.[12]

Por conta de tais características, de fundo exploratório mercantil, procedendo à sociabilidade conforme uma empreitada capitalista, Caio Prado Júnior não enxerga no sentido da colonização um valor positivo a ser acalentado por si só. Toma posição denunciante da condição dos indígenas e dos negros escravizados, afastando-se do louvor de Gilberto Freyre em relação à bonomia senhorial. Ao tratar das contradições estruturais do sistema colonial português no Brasil, aponta para sua impossibilidade de se sanar a partir de melhoras que mantivessem o perfil geral de sua reprodução social e econômica[13]. Assim, Prado Júnior escapa das leituras reformistas – liberais, juspositivistas – e também daquelas que louvam a originalidade da formação social brasileira – organicistas, não juspositivistas. Sua visão da história da sociedade brasileira inscreve-se sob uma perspectiva marxista crítica e revolucionária, não acreditando ser possível fundar uma sociabilidade desejada no que já foi dado nem tampouco em sua reforma.

Tal leitura atravessa o todo de sua obra. *A revolução brasileira* é o livro mais decisivo e marcante da produção de maturidade de Caio Prado Júnior. Em tal livro,

---

ciências: a gênese de Formação do Brasil contemporâneo, *de Caio Prado Jr. (1933-1942)* (Santos, Intermeios, 2018), p. 62-3.

[12] Caio Prado Júnior, *Formação do Brasil contemporâneo*, cit., p. 335.

[13] "O Real Erário é o personagem que representa em nossa história colonial, e sem nenhum disfarce, o maior papel. Será esta a razão fundamental da incapacidade da política portuguesa em realizar reformas substanciais que atingissem o seu 'sistema colonial'. Porque este sistema não podia ser outra coisa para ela senão o que era: um simples setor, embora o essencial, daquela grande empresa comercial que é a monarquia portuguesa, com o seu rei no balcão. [...] Verifica-se assim que o sistema colonial não é uma criação arbitrária, reformável a seu talante." Ibidem, p. 360-1.

publicado em 1966 e algumas vezes republicado desde então, com acréscimos e balanços supervenientes, o autor insiste que não houve uma revolução brasileira suficiente para alterar aquilo que chamava por sentido da colonização. No século XX, inclusive, fenômenos como a industrialização e a modernização econômica autoritária empreendidas pela ditadura de 1964 não representaram um modelo capitalista avançado, que permitisse o engendramento de novas e dinâmicas relações sociais. Prado Júnior reclamava uma atitude política revolucionária que somente poderia advir do povo, dado que o modelo econômico, político e social brasileiro persistia em prolongamento de seu sentido histórico colonial:

> É, em linhas gerais, a continuidade e projeção futura desse Brasil, prolongamento do passado, que se abriu como perspectiva em seguimento ao golpe de 1º de abril de 1964 e com o predomínio nele, que logo se impôs, dos mais retrógrados setores dele participantes. Foi-se ainda mais longe que anteriormente, abafando gradativamente e eliminando pela violência e o terror não somente a ação, mas ainda qualquer voz divergente, em particular aquelas capazes de representar as forças de renovação, isto é, as populares, maiores interessadas na remodelação das velhas estruturas e reconstrução delas sobre novas bases voltadas para a libertação do país de suas contingências coloniais herdadas do passado, tanto as econômicas (a dependência e subordinação ao sistema internacional do imperialismo) como as sociais, os baixos níveis materiais e culturais da massa da população brasileira. Libertação essa que representaria a outra perspectiva acima referida, e que tão vivamente contrasta com as forças conservadoras que lograram se impor.[14]

Em *História econômica do Brasil*, em uma edição por ele atualizada em 1970 – e no contexto do grande balanço das necessidades de transformação do Brasil contemporâneo que buscou desenvolver em seu livro *A revolução brasileira* –, Caio Prado Júnior, embora sem vislumbrar um horizonte revolucionário socialista imediato e ainda preso a algumas perspectivas democrático-liberais[15], aponta para o fato de que somente caminhos estruturais de transformação seriam suficientes para modificar as contradições e crises do sentido da formação brasileira, que havia muito se arrastavam:

---

[14] Idem, "A revolução brasileira", em *A revolução brasileira e a questão agrária no Brasil* (São Paulo, Companhia das Letras, 2014), p. 236.
[15] "O intelectual paulista, ainda que mencionasse favoravelmente a experiência cubana, não vislumbrava a luta armada e a guerra de guerrilhas no Brasil. Tampouco acreditava na existência de uma 'burguesia nacional anti-imperialista' que pudesse ser vista como um agente confiável no processo de modernização e desenvolvimento interno. Sua proposta, de maneira geral, era a ampliação da democracia, a *organização* e a participação política efetiva e independente das forças populares que projetam o Brasil para o futuro e do proletariado urbano e rural (por exemplo, em sindicatos e outras organizações de caráter legal) em ações reivindicatórias de massa e modificações profundas na legislação trabalhista". Luiz Bernardo Pericás, "Introdução", em Luiz Bernardo Pericás (org.), *Caminhos da revolução brasileira* (São Paulo, Boitempo, 2019), p. 79.

Em conclusão, na crise do sistema colonial brasileiro, já francamente desencadeada no período imediatamente anterior à II Guerra Mundial, e precipitando-se nos anos decorridos desde então, geram-se as forças e fatores renovadores que desvendam largas perspectivas para a reestruturação da economia brasileira em bases novas, mais condizentes com o nível atingido pelo nosso povo. Tais perspectivas ainda são contudo, no fundamental, obstadas pelos remanescentes do velho sistema. Encontram-se aí as raízes das dificuldades e perturbações econômicas que atingem tão profundamente, na atualidade (1970), a vida do país e de seu povo.

Trata-se pois de apressar o processo de transformação e orientá-lo convenientemente, realizando com isto a reforma estrutural da economia brasileira capaz de a elevar a um novo plano inteira e definitivamente liberto de seu passado colonial.[16]

A leitura pradiana sobre o Brasil, fundando-se em uma pioneira perspectiva marxista a respeito da história nacional, revela já uma análise de refinado posicionamento teórico sobre a sociabilidade brasileira. Enquanto as leituras liberais ou mesmo orgânicas sublinhavam fenômenos políticos ou padrões de costumes, para Caio Prado Júnior esses mesmos fenômenos se apresentam articulados às grandes estruturas econômicas que dão sentido ao país. Ocupando-se mais diretamente da natureza econômica, Prado Júnior toca questões fulcrais da exploração capitalista brasileira.

Ruy Mauro Marini

Ainda no campo do pensamento econômico crítico a respeito da sociedade brasileira, mas com implicações políticas mais radicais que as de Caio Prado Júnior, destaca-se, na segunda metade do século XX, o movimento da chamada teoria marxista da dependência (TMD). Dentre outros relevantes teóricos como Vânia Bambirra e Theotonio dos Santos, seu mais importante pensador foi Ruy Mauro Marini (1932-1997). O pensamento de Marini lê a sociabilidade brasileira a partir de uma dinâmica integrada ao capitalismo mundial, de tal sorte que fenômenos como o da ditadura de 1964 são tomados não como um déficit de atualização burguesa, mas sim como o próprio modo de estabelecimento capitalista e ação burguesa em sociedades dependentes. Se assim o é, não há caminhos de acomodação burguesa para a revolução brasileira. Ao contrário das leituras oficiais do PCB ao tempo, que insistiam numa transformação em etapas, a visão de Marini, que foi líder da resistência armada à ditadura militar no movimento Organização Revolucionária Marxista Política Operária (Polop), aponta para as contradições estruturais do capitalismo, decorrendo daí que, às sociedades dependentes, como o Brasil, seu caminho de transformação só poderia ser, imediata e necessariamente,

---

[16] Caio Prado Júnior, *História econômica do Brasil* (São Paulo, Brasiliense, 1998), p. 342.

revolucionário. Não há uma burguesia nacional com a qual se possa associar a classe trabalhadora para reformas progressistas que melhorem o capitalismo. É diretamente o modo de produção capitalista que se põe em questão na TMD[17].

A questão da dependência vinha já sendo trabalhada pela economia e pelas ciências sociais por vertentes intelectuais e políticas variadas[18]. Na América Latina, destacaram-se pesquisas e interpretações sobre a especificidade regional do capitalismo. Tanto a Comissão Econômica para a América Latina e o Caribe (Cepal), mediante intelectuais como o argentino Raúl Prebisch, quanto pensadores brasileiros como Celso Furtado, Francisco de Oliveira e Fernando Henrique Cardoso voltaram-se, de modos diversos, ao tema do desenvolvimento e da dependência, via de regra para tratar da subordinação do Brasil e dos demais países latino-americanos ao capital internacional a partir de vieses que buscavam atualizar e aperfeiçoar a dinâmica do capitalismo na região[19]. Nesse contexto, no entanto, a TMD, operando em sentido contrário, surge como leitura científica com fins revolucionários socialistas. Vânia Bambirra, em obras como *O capitalismo dependente latino-americano*, aponta o fato de que o capitalismo na América Latina só pode ser pensado no quadro geral do capitalismo mundial, ao mesmo tempo que se ressaltam suas especificidades[20]. Theotonio dos Santos, analisando as transformações

---

[17] "Para a TMD, não é por falta de capitalismo que existem relações como *a superexploração, as transferências de valor, o divórcio entre a estrutura produtiva e as necessidades das massas* etc. É, sim, devido a uma maneira particular em que o capitalismo se reproduz enquanto totalidade integrada e diferenciada, a qual requer categorias específicas para fazer sua apreensão rigorosa. [...] Para os autores da nova esquerda marxista, em cujo seio surgiu a TMD, o subdesenvolvimento não era um pré-capitalismo ou falta de capitalismo. Era um modo particular de manifestação das relações capitalistas. A nação não era um todo homogêneo, mas formada por antagonismos de classe. O imperialismo não era um fenômeno externo, mas que também fincava raízes em nossas sociedades. As burguesias internas não tinham uma vocação anti-imperialista, mas eram associadas e integradas – subordinadamente – ao poder das relações imperialistas. A luta anti-imperialista não poderia ser dissociada do enfrentamento ao capitalismo, mas somente seria encaminhada de modo consequente enfrentando o inimigo imediato – a burguesia interna, o sócio menor do imperialismo – para poder encarar a batalha ulterior do antagonista mais poderoso personificado pelos centros imperialistas." Mathias Seibel Luce, *Teoria marxista da dependência: problemas e categorias. Uma visão histórica* (São Paulo, Expressão Popular, 2018), p. 202 e 208.

[18] Ver Raphael Lana Seabra (org.), *Dependência e marxismo: contribuições ao debate crítico latino-americano* (Florianópolis, Insular, 2016).

[19] Ver Roberta Traspadini, *A teoria da (inter) dependência de Fernando Henrique Cardoso* (São Paulo, Outras Expressões, 2014).

[20] "O capitalismo na América Latina se desenvolveu dentro do contexto da expansão e evolução do capitalismo mundial. Em função disso, assumiu formas específicas que, sem negar as leis gerais do movimento do sistema, configuraram no continente tipos específicos de capitalismo dependente, cujo caráter e modo de funcionamento estão intrinsecamente conectados à dinâmica que assume historicamente o capitalismo nos países centrais." Vânia Bambirra, *O capitalismo dependente latino-americano* (Florianópolis, Insular, 2019), p. 33.

latino-americanas na segunda metade do século XX que chegaram a formatos ditatoriais, beirando aspectos fascistas, percebe que a dependência periférica estrutura um desenvolvimento específico aos seus países, portando as contradições do capitalismo de tal sorte que contra tais pendores da extrema-direita somente se abre a hipótese do socialismo[21].

Ruy Mauro Marini desenvolve a teoria mais sofisticada e ao mesmo tempo mais radical no seio das teorias marxistas da dependência. Ao contrário das leituras da Cepal, que apenas se bastavam em apontar a polaridade entre a economia industrial no centro e a agroexportadora na periferia, de tal modo que a industrialização seria o vetor da luta desenvolvimentista, Marini percebe que o núcleo do intercâmbio desigual entre centro e periferia se dá na transferência de valor. A divisão internacional do trabalho erige a relação capitalista mundial entre centro e periferia, de sorte que, sendo agrária ou mesmo que se industrialize, a periferia continua a explorar o trabalho assalariado e a extrair mais-valor em proporções ainda maiores que no centro. Marini, com isso, desnuda a fragilidade de visões apenas desenvolvimentistas, que propugnavam a substituição de importações, dado que a condição das economias capitalistas periféricas no sistema mundial faz essa modernização industrial, que é possível, não representar o fim das condições de exploração em tais sociedades periféricas[22].

---

[21] "Vimos que a dependência é uma característica intrínseca do sistema socioeconômico dos países subdesenvolvidos. A situação internacional se caracteriza pela existência de uma interdependência crescente entre as economias nacionais em escala mundial, sob a hegemonia de um ou vários centros dominantes que transformam este desenvolvimento em acumulação de riqueza e poder para si, em detrimento das amplas maiorias mundiais. Esta situação apresenta uma fisionomia própria nos países dominados, a qual não é consequência de fatores externos, mas sua própria maneira – *a forma dependente* – de participar do processo de desenvolvimento da economia mundial capitalista. A dependência é, portanto, o modo específico da produção capitalista em nossos países. É, também, a forma por meio da qual nossas sociedades se estruturam. A dependência é a situação que condiciona e dá ao nosso desenvolvimento uma forma específica no contexto mundial: a de um capitalismo dependente. Este desenvolvimento possui leis próprias, condicionadas por esta situação, que necessitamos compreender para agir conscientemente sobre nossa realidade". Theotonio dos Santos, *Socialismo ou fascismo: o novo caráter da dependência e o dilema latino-americano* (Florianópolis, Insular, 2018), p. 63.

[22] "Numa economia em que há superexploração, esta condição não é exercida da mesma maneira que numa economia desenvolvida. Desta forma, a natureza da acumulação vai sendo redefinida. Segundo ele [Marini], o processo histórico de industrialização dessas economias não foi suficiente para alterar essa determinação estrutural. A diversificação que a industrialização produziu encontrou seus limites na expansão do mercado interno dessas economias, engendrando um novo ciclo de exportações de bens-salário e matérias-primas, uma espécie de reiteração da inserção histórica." Niemeyer Almeida Filho, "Notas sobre as bases teóricas da teoria marxista da dependência", em Lafaiete Santos Neves (org.), *Desenvolvimento e dependência: atualidade do pensamento de Ruy Mauro Marini* (Curitiba, CRV, 2012), p. 37.

Desponta então, no pensamento de Ruy Mauro Marini, o conceito de superexploração do trabalho. Nos países dependentes, historicamente, a própria posição das burguesias em sua interação com o capital internacional faz, para a compensação de sua posição subordinada nos termos de troca mundiais (dado que exportam matérias-primas e importam bens elaborados), a exploração do trabalho assalariado se organizar de maneira a ser remunerada abaixo de seu valor, ou prolongando a jornada de trabalho ou, ainda, majorando a intensidade do trabalho[23]. Tal posição gerou polêmica mesmo no âmbito do marxismo, muitas vezes por incompreensões e muitas outras por leituras a ela opostas que enxergam esse movimento de *super*exploração apenas como uma questão de intensidade ou de quantidade de exploração, ou, ainda, como fenômeno que ocorre não só na periferia, mas também nos próprios países centrais do capitalismo[24]. No pensamento de Marini, a característica de uma superexploração do trabalho é a chave para se compreender que o modelo de afirmação do capital nas sociedades dependentes é organizado numa distância ainda maior entre burguesia e classes trabalhadoras. O mercado interno se desenvolve menos e, destacadamente, orienta-se a atender às camadas sociais abastadas economicamente. Em se tratando de sociedades de produção de matérias-primas voltadas ao exterior, o consumo – ou a realização interna das mercadorias – não ocorre, mas isso não abala o modelo de reprodução econômico-social. Golpes como o de 1964, rebaixando a capacidade de consumo do mercado interno brasileiro, não são ilógicos à burguesia nacional, por não permitirem expandir as vendas à população pobre, mas são, sim, a própria estratégia do grande capital brasileiro, associado de forma subordinada aos capitais internacionais, que avança sobre o valor produzido no trabalho para extrair, daí, o que perde em sua dimensão relativamente subordinada no capitalismo mundial. Diz Marini:

> Desenvolvendo sua economia mercantil, em função do mercado mundial, a América Latina é levada a reproduzir em seu seio as relações de produção que se encontravam na

---

[23] "A superexploração do trabalho constitui, portanto, o princípio fundamental da economia subdesenvolvida, com tudo que isso implica em matéria de baixos salários, falta de oportunidades de emprego, analfabetismo, subnutrição e repressão policial." Ruy Mauro Marini, *Subdesenvolvimento e revolução* (trad. Fernando Correia Prado e Marina Machado Gouvêa, Florianópolis, Insular, 2017), p. 52.

[24] "A teoria marxista da dependência forneceu o principal esquema analítico para desvelar as peculiaridades do capitalismo latino-americano. Mas incorreu em alguns equívocos conceituais que tenderam a se corrigir com observações de pensadores convergentes com essa concepção. A superexploração é uma das noções corrigidas com esse amadurecimento do dependentismo. A modificação substitui a ideia de pagamento abaixo do valor da força de trabalho por uma remuneração baixa desse recurso. [...] A revisão do conceito de superexploração é coerente com a primazia atribuída às transferências internacionais de mais-valia como principal determinante do subdesenvolvimento." Claudio Katz, *A teoria da dependência 50 anos depois* (São Paulo, Expressão Popular, 2020), p. 290-1.

origem da formação desse mercado e que determinavam seu caráter e sua expansão. Mas esse processo estava marcado por uma profunda contradição. Chamada a coadjuvar a acumulação de capital com base na capacidade produtiva do trabalho, nos países centrais, a América Latina teve que fazê-lo mediante uma acumulação fundada na superexploração do trabalhador. Nesta contradição, radica-se a essência da dependência latino-americana. A base real sobre a qual esta se desenvolve são os laços que ligam a economia latino-americana com a economia capitalista mundial. Nascida para atender as exigências da circulação capitalista, cujo eixo de articulação está constituído pelos países industriais e centrado então sobre o mercado mundial, a produção latino-americana não depende, para sua realização, da capacidade interna de consumo. Opera-se assim, do ponto de vista de país dependente, a separação dos dois momentos fundamentais do ciclo do capital – a produção e a circulação de mercadorias – cujo efeito é fazer que apareça de maneira específica na economia latino-americana a contradição inerente à produção capitalista em geral, isto é, a que opõe o capital e o trabalhador enquanto vendedor e comprador de mercadorias.[25]

Assim sendo, para Ruy Mauro Marini, o desenvolvimento não é, por si só, o remédio contra o caráter dependente dos países periféricos. Isso porque a industrialização não se orienta a satisfazer o consumo das camadas populares, mas sim para as estreitas altas esferas de consumo, e, por isso, para se sustentar, faz com que o poder de compra das elites seja obtido mediante o rebaixamento ainda maior das condições de trabalho. O desenvolvimento sob o capitalismo – industrialização, substituição de importações – não tem o condão de transformar as bases da exploração capitalista já dada nas sociedades dependentes. Antes, retifica-as mantendo suas bases[26]. Como as burguesias nacionais são aliadas do movimento geral de acumulação do capitalismo mundial[27], não se podendo apostar que elas

---

[25] Ruy Mauro Marini, "Dialética da dependência", em Roberta Traspadini e João Pedro Stedile (orgs.), *Ruy Mauro Marini: "Dialética da dependência" e outros escritos* (São Paulo, Expressão Popular, 2022), p. 194.
[26] "O desenvolvimento da indústria na economia dependente ocorreu fundamentalmente para substituir importações destinadas às classes médias e altas da sociedade. Com o propósito de assegurar o dinamismo desta estreita faixa do mercado – que corresponde, em geral, a 5% da população total, na qual se somam setores do estrato dos 15% imediatamente abaixo na escala da renda –, o poder de compra é subtraído dos grupos de menor renda, isto é, das massas trabalhadoras, o que é possível pelo fato de que estas massas, submetidas à superexploração, recebem remunerações inferiores ao valor real de sua força de trabalho. Por outro lado, com a finalidade de aumentar a taxa de exploração – e, portanto, de mais-valia – através de uma maior produtividade do trabalho, recorre-se à importação de tecnologia e capitais estrangeiros, que, por sua vez, estão referidos a padrões de consumo acessíveis apenas aos grupos de alta renda, de modo que se mantém a tendência à compressão do consumo popular e se acentua o divórcio entre a estrutura produtiva e as necessidades de consumo das massas." Idem, *Subdesenvolvimento e revolução*, cit., p. 37.
[27] "O capital transnacional e o local ampararam uma *acelerada inserção da região nos processos mundiais de acumulação*, desde o fim dos pactos coloniais e com maior força no último terço do século XIX.

tenham divergências estruturais em face da reprodução do sistema capitalista – e sendo mesmo protegidas pelo imperialismo –, o socialismo é a única hipótese consequente e material para o desenvolvimento dos países periféricos.

O pensamento de Ruy Mauro Marini enxerga em alguns países dependentes, como o Brasil, um posicionamento específico no quadro geral do capitalismo mundial: o subimperialismo. As contradições do capitalismo brasileiro tornam, pela superexploração do trabalho, impossível forjar um mercado consumidor interno suficiente para o escoamento de sua produção. Por causa disso, tende a buscar se impor a mercados externos que lhe sejam contíguos ou mais afins, permitindo a tais espaços, ainda mais subdesenvolvidos e menos industrializados, darem vazão aos bens de seus parques fabris relativamente atrasados. Tal processo, no entanto, não se faz mediante a condução de capitais nacionais que possam, daí, proceder a uma efetiva acumulação centrada no Brasil. A industrialização brasileira é feita massivamente por capitais internacionais, inclusive deslocando para o Brasil maquinários já obsoletos nos Estados Unidos da América e nos demais países desenvolvidos. Com isso, a projeção brasileira no exterior (em alguns países da América Latina e na África de língua portuguesa, por exemplo) não reverte em ganhos econômicos estruturais ao país, mas, sim, às potências centrais, que se utilizam do Brasil como trampolim ou polo de desova de suas plantas industriais velhas e como subpotência aglutinada às estruturas imperialistas do capitalismo mundial. Daí o seu caráter subimperialista que então, nas palavras de Marini, gera efetivamente um desenvolvimento, mas monstruoso:

> Esta forma de imperialismo conduz, no entanto, a um subimperialismo. Efetivamente, não é possível para a burguesia brasileira competir em mercados já repartidos pelos monopólios estadunidenses e o fracasso da política externa independente de Jânio Quadros e João Goulart demonstra esse fato. Por outro lado, essa burguesia depende, para o desenvolvimento de sua indústria, de uma tecnologia cuja criação é privativa de tais monopólios. Não lhe resta, portanto, outra alternativa a não ser oferecer a estes uma sociedade no próprio processo de produção no Brasil, usando como argumento as extraordinárias possibilidades de lucros que a contenção coercitiva do nível salarial da classe operária contribui para criar. O capitalismo brasileiro se orientou, assim, rumo a um desenvolvimento monstruoso, posto que chega à etapa imperialista antes de ter conquistado a transformação global da economia nacional e em uma situação de dependência crescente frente ao imperialismo internacional. A consequência mais importante desse fato é que, ao contrário do que ocorre com as economias capitalistas centrais, o

---

Isso fortaleceu as alianças entre esses setores, sem prejudicar a transferência de valores das economias dependentes para o mundo imperialista em encadeamentos proveitosos para ambos. Isso estabeleceu limites para o surgimento de uma burguesia com projetos nacionais na região." Jaime Osorio, *O Estado no centro da mundialização: a sociedade civil e o tema do poder* (São Paulo, Expressão Popular, 2019), p. 264.

subimperialismo brasileiro não pode converter a espoliação que pretende realizar no exterior em um fator de elevação do nível de vida interno, capaz de amortecer o ímpeto da luta de classes. Em vez disso, devido a sua necessidade de proporcionar um sobrelucro a seu sócio maior estadunidense, tem que agravar violentamente a exploração do trabalho nos marcos da economia nacional, no esforço para reduzir seus custos de produção.[28]

Ruy Mauro Marini aponta que a história do Brasil e de vários países latino-americanos está lastreada nas bases de uma reprodução desigual e combinada do capitalismo periférico, de tal sorte que suas burguesias não operarão um combate emancipatório em face do imperialismo: antes, serão os condutores dos movimentos reacionários internos[29]. Assim sendo, movimentos de luta interna, como aqueles que levam ao varguismo e às variadas dinâmicas que desde então se seguem no Brasil, são pensados a partir das possibilidades e dos interesses materiais das relações burguesas de acumulação. O golpe de 1937, ao selar um bloco entre a burguesia ascendente e as velhas oligarquias, fecha as portas para papéis insubmissos ou progressistas da burguesia nacional, bem como bloqueia as lutas populares. No entanto, a relativa autonomia do crescimento econômico do período por meio dos capitais nacionais faz com que ainda se busque dirigir um modelo político mais autonomista no Brasil, que vai desde o segundo período do governo Getúlio Vargas a João Goulart. Com a crise desse sistema de crescimento do capital nacional e com a presença mais decisiva dos capitais internacionais comandando a industrialização e o crescimento econômico do país, o golpe de 1964 sela então o impedimento definitivo de uma alternativa burguesa desenvolvimentista nacional porque, acima de tudo, a reação submissa das classes burguesas brasileiras ao imperialismo visa à contenção das lutas das classes trabalhadoras e à salvação do capitalismo[30].

---

[28] Ruy Mauro Marini, *Subdesenvolvimento e revolução*, cit., p. 157.

[29] "A atuação política da chamada 'burguesia nacional' expressa sua posição econômica e tecnologicamente à reçaga e corresponde a uma posição reacionária, mesmo em relação ao desenvolvimento capitalista." Ibidem, p. 158. Analisando o caso latino-americano a partir do Chile, cujas reformas foram bloqueadas com o golpe reacionário liderado por Pinochet, diz Marini: "O reformismo, pelo próprio fato de abalar a sociedade burguesa até seus alicerces sem se atrever a destruí-la, acaba se transformando na antessala da contrarrevolução". Idem, *O reformismo e a contrarrevolução: estudos sobre o Chile* (São Paulo, Expressão Popular, 2019), p. 23.

[30] "Como demonstraram os fatos, o que estava em jogo para todos os setores da burguesia não era especificamente o desenvolvimento, nem o imperialismo, mas a taxa de lucros. No momento em que os movimentos de massa que defendem a elevação dos salários se acentuaram, a burguesia esqueceu suas diferenças internas para fazer frente à única questão que lhe preocupa de fato: a redução de seus lucros. [...] Na realidade, o que estava em xeque era todo o sistema capitalista brasileiro. A burguesia – grande, média e pequena – compreendeu isso e, esquecendo suas pretensões autárquicas, bem como a pretensão de melhorar sua participação frente ao sócio maior estadunidense, preocupou-se unicamente em salvar o próprio sistema. Foi como se chegou ao regime militar, implantado no dia 1º de abril de 1964. A ditadura militar aparece, assim, como

Os propósitos de Marini são os de estabelecer, em suas próprias palavras, os graus intermediários das leis de desenvolvimento do sistema capitalista[31]. Nesse sentido, opera, no que tange a formações sociais regionais dependentes, como a brasileira e as latino-americanas – ou, mesmo, com a noção de subimperialismo –, uma formulação de termos médios, semelhante ao que, na própria década de 1970, a teoria da regulação marxista fará com conceitos como os de regime de acumulação e modo de regulação, também tratando de formações sociais específicas[32]. No caso da regulação, trata-se de uma proposta de variados termos médios nos *tempos* históricos do capitalismo. No caso da TMD, trata-se de uma proposta de variados termos médios nos *espaços* mundiais do capitalismo. Em ambos os casos, não se trata de descobrir formas sociais distintas daquelas do capitalismo – como se pós--fordista ou dependente fossem opostas das formas já dadas –, mas de desdobrar as formas sociais gerais do capitalismo em suas específicas formações.

Florestan Fernandes

Na segunda metade do século XX, a sociologia brasileira terá como seu principal nome Florestan Fernandes (1920-1995). O pensador paulista, nascido de família pobre, com uma história de vida de luta, coerência política e engajamento, destacou-se como um dos mais importantes cientistas sociais do Brasil e do mundo[33]. Sua obra se inicia com investigações bastante calcadas no rigor do método sociológico. Seu mestrado e seu doutorado sobre o extinto povo indígena tupinambá[34] e,

---

a consequência inevitável do desenvolvimento capitalista brasileiro e como uma tentativa desesperada de abrir-lhe novas perspectivas. Seu aspecto mais evidente foi a contenção, pela força, do movimento reivindicativo das massas." Idem, *Subdesenvolvimento e revolução*, cit., p. 150 e 153.

[31] "A tarefa fundamental da teoria marxista da dependência consiste em determinar a *legalidade específica* pela qual se rege a economia dependente. Isto supõe, naturalmente, colocar seu estudo no contexto mais amplo das leis de desenvolvimento do sistema em seu conjunto e definir os *graus intermediários* mediante os quais essas leis vão sendo especificadas. É assim que a simultaneidade da dependência e do desenvolvimento poderá ser realmente entendida." Ruy Mauro Marini, "Sobre a *Dialética da dependência*", em Roberta Traspadini e João Pedro Stedile (orgs.), *Ruy Mauro Marini*, cit., p. 230.

[32] Ver Robert Boyert, *Teoria da regulação: os fundamentos* (São Paulo, Estação Liberdade, 2009).

[33] Ver Laurez Cerqueira, *Florestan Fernandes: vida e obra* (São Paulo, Expressão Popular, 2004). Haroldo Ceravolo Sereza, *Florestan: a inteligência militante* (São Paulo, Boitempo, 2005).

[34] Ver Florestan Fernandes, *A função social da guerra na sociedade Tupinambá* (4. ed., São Paulo, Contracorrente, 2022). A respeito: "Com o mestrado, Florestan Fernandes iniciou uma carreira acadêmica modelar e um programa de pesquisa sobre a teoria da investigação sociológica, que levou a cabo individualmente e através de algumas decisões consideradas estratégicas. Dando continuidade à análise da estrutura social e do sistema tribal Tupinambá, Florestan Fernandes vai desenvolver, na tese de doutorado, a dimensão interpretativa da investigação, formulando, pelo manejo preciso do método funcionalista na análise das relações sincrônicas, a explicação

em seguida, sua pesquisa sobre o racismo em São Paulo, de que resultou, com Roger Bastide, o livro *Brancos e negros em São Paulo*, e no mesmo contexto, posteriormente, sua tese de cátedra, *A integração do negro na sociedade de classes*, além de outros textos nos quais desmonta mitos de uma pretensa concórdia ou integração racial[35], já o posicionam criticamente no quadro da sociologia. Em sequência, tratando das bases metodológicas das ciências sociais, publica *Fundamentos empíricos da explicação sociológica*. Ainda no início da década de 1960, lidera pesquisas sociológicas no campo do trabalho[36]. Em *A integração do negro na sociedade de classes*, estudando a situação dos negros em São Paulo, Fernandes assim se pronuncia sobre o dilema racial brasileiro:

> Delineia-se claramente, assim, o *dilema racial brasileiro*. Visto em termos de uma das comunidades industriais em que o regime de classes sociais se desenvolveu de modo mais intenso e homogêneo no Brasil, ele se caracteriza pela forma fragmentária, unilateral e incompleta com que esse regime consegue abranger, coordenar e regulamentar as relações raciais. Essas não são totalmente absorvidas e neutralizadas, desaparecendo atrás das relações de classes. Mas se sobrepõem a elas, mesmo onde e quando as contrariam, como se o sistema de ajustamentos e de controles sociais da sociedade de classes não contivesse recursos para absorvê-las e regulá-las socialmente.
> Caracterizando-se o dilema racial brasileiro desse ângulo, ele aparece como um fenômeno estrutural de natureza dinâmica. Ele se objetiva nos diferentes níveis das relações raciais.[37]

---

da dinâmica da civilização Tupinambá, formulando uma teoria de médio alcance. Desse modo, *A função social da guerra na sociedade Tupinambá* ampliava sobremaneira a abrangência explicativa da análise etnológica". Maria Arminda do Nascimento Arruda e Sylvia Gemignani Garcia, *Florestan Fernandes, mestre da sociologia moderna* (Brasília, Paralelo 15, 2003), p. 70.

[35] "Para ser ativada pelo negro e pelo mulato, a negação do mito da democracia racial no plano prático exige uma estratégia de luta política corajosa, pela qual a fusão de 'raça' e 'classe' regule a eclosão do Povo na história." Florestan Fernandes, *Significado do protesto negro* (São Paulo, Expressão Popular, 2017), p. 35.

[36] "Seria somente no início dos anos 60, com a criação do CESIT, que a sociologia da USP iria preocupar-se com temas próprios do debate político da época. Porém, esta 'entrada uspiana na política' se daria de modo bastante próprio. A afirmação em nível nacional das análises de Florestan Fernandes e seus assistentes estava calcada na legitimidade que poderia lhes conferir a positividade científica. [...] A peculiaridade da 'condição de sociólogo' em países como o Brasil passa a ser, para Florestan, necessariamente compreendida como combate político, como militância. O cientista social *deve* contribuir para que o país possa livrar-se de certa 'herança cultural' indesejada, sob a luz do conhecimento científico, e propõe-se focalizar com mais precisão os temas da pesquisa sociológica. É nesse contexto de atuação do sociólogo que se dá a experiência do CESIT." Wagner de Melo Romão, *Sociologia e política acadêmica nos anos 1960: a experiência do CESIT* (São Paulo, Humanitas, 2006), p. 35 e 224.

[37] Florestan Fernandes, *A integração do negro na sociedade de classes* (São Paulo, Contracorrente, 2021), p. 825.

No entanto, será na fase mais madura de sua obra – em especial a partir do golpe de 1964, quando, cassado, parte para o exílio e, depois de sua volta, ganha uma liderança política de relevo, chegando a ser deputado federal pelo Partido dos Trabalhadores (PT) por dois mandatos, ocasião em que foi também parlamentar constituinte em 1987-1988 – que Florestan Fernandes desenvolve a mais original e importante reflexão sobre a sociedade brasileira, sua estrutura, seus impasses e suas necessidades de transformação, quando também então se aproxima decisivamente do método marxista. Em 1975, publica sua obra mais decisiva, *A revolução burguesa no Brasil: ensaio de interpretação sociológica*. Escrito continuamente desde o período subsequente ao golpe militar, passando pelos anos em que, por conta de sua cassação pela ditadura, lecionou nos Estados Unidos da América e no Canadá, o livro representou o balanço intelectual de Fernandes a respeito da sociedade brasileira.

A revolução burguesa no Brasil é uma das últimas grandes interpretações do país que se desenvolveram no século XX. É, ainda, a mais crítica, avançada e sofisticada de todas elas. Nessa obra, Florestan Fernandes investiga a dinâmica histórica da formação do que chama de sociedade competitiva burguesa no Brasil. Para tanto, remonta ao passado colonial e avança, a partir daí, para compreender quando e como houve uma mudança estrutural no país que se possa chamar de "revolução" burguesa. Sua leitura é bastante refinada: houve mudanças na estrutura de dominação no país – a Independência, por exemplo, libertou as classes rurais pátrias do jugo português –, mas, ao mesmo tempo, isso não se fez rompendo com os esquemas de domínio social já assentados; deu-se uma revolução dentro da ordem. Para Fernandes, não houve, no Brasil, uma revolução burguesa ao estilo europeu, rompendo frontalmente com o antigo regime. De acordo com o livro, não há uma linearidade universalista da história. Cada país e cada formação social têm sua dinâmica própria; o estabelecimento do capitalismo pelo mundo seguiu trâmites distintos, fazendo características sociais peculiares se apresentarem. No entanto, por mais variadas que sejam suas histórias, é possível analisar seus padrões estruturais. Nas palavras de Fernandes:

> Não tivemos todo o passado da Europa mas reproduzimos de forma peculiar o seu passado recente, pois este era parte do próprio processo de implantação e desenvolvimento da civilização ocidental moderna no Brasil. Falar em Revolução Burguesa, nesse sentido, consiste em procurar os agentes humanos das grandes transformações histórico-sociais que estão por trás da desagregação do regime escravocrata-senhorial e da formação de uma sociedade de classes no Brasil.
> Portanto, ao se apelar para a noção de "Revolução Burguesa", não se pretende explicar o presente do Brasil pelo passado de povos europeus. Indaga-se, porém, quais foram e como se manifestaram as condições e os fatores histórico-sociais que explicam como e por que se rompeu, no Brasil, com o imobilismo da ordem tradicionalista e se organizou a modernização como processo social. Em suma, a "Revolução Burguesa" não

constitui um episódio histórico. Mas, um fenômeno estrutural, que se pode reproduzir de modos relativamente variáveis, dadas certas condições ou circunstâncias, desde que certa sociedade nacional possa absorver o padrão de civilização que a converte numa necessidade histórico-social.[38]

Na perspectiva de Fernandes, o conhecimento científico sobre o caso brasileiro e suas especificidades poderia, inclusive, auxiliar no esclarecimento de outros casos similares de países periféricos do capitalismo mundial. Isso porque a interpretação sociológica não é apenas a apreensão de fatos históricos que se deram em cada país: é, acima de tudo, a compreensão das estruturas sociais e sua dinâmica. Assim, os fatos, os agentes, as escolhas subjetivas, tudo isso deve ser articulado com bases e movimentos estruturais. Em sociedades capitalistas submetidas a uma ordem internacional imperialista, as decisões históricas são múltiplas e variadas, mas todas elas estão ligadas a uma estrutura mundial do capitalismo que põe limites a essas mesmas decisões[39]. Por causa disso, o caso brasileiro, por mais que contenha fatos e uma história especificamente nacionais, pode iluminar um contexto social mais amplo, de outros países submetidos estruturalmente a tais condições similares.

Para Florestan Fernandes, a dinâmica da formação social brasileira permite ver, reiteradamente, a existência de polarizações: polos distintos em interação dinâmica[40]. Na própria Independência, revelou-se um polo revolucionário – que procurava romper laços de submissão colonial, em busca de autonomia política – articulado com um polo conservador – que pretendia preservar, com a própria Independência, a mesma ordem interna da colônia, alterando-a no necessário apenas para manter o domínio já estabelecido dos proprietários rurais. Tal polarização forja um amálgama, sobrepondo os dois polos e os articulando, forjando instituições sociais próprias e peculiares. Com a Independência, cria-se um aparelho

---

[38] Idem, *A revolução burguesa no Brasil: ensaio de interpretação sociológica* (São Paulo, Contracorrente, 2020), p. 34.

[39] "O que a parte dependente da periferia 'absorve' e, portanto, 'repete' com referência aos 'casos clássicos' são traços estruturais e dinâmicos essenciais, que caracterizam a existência do que Marx designava como uma economia mercantil, a mais-valia relativa etc. e a emergência de uma economia competitiva diferenciada ou de uma economia monopolista articulada etc." Ibidem, p. 289.

[40] "Quando se fala de polarizações está em jogo uma dinâmica tensa entre sentidos opostos presentes no mesmo objeto de referência, que orienta a atuação de grupos sociais. O liberalismo é um bom exemplo disso: serve como referência para grupos sociais e orienta as suas ações na arena política, dando forma a aspirações que de outro modo ficariam difusas e perdidas no interior da sociedade. Mas é importante não perder de vista que a polarização só ocorre efetivamente quando tem suporte social: são os homens e grupos de homens que 'puxam' para direções diferentes no interior dos grandes agrupamentos da sociedade, e nas relações entre eles." Gabriel Cohn, "Florestan Fernandes: A revolução burguesa no Brasil", em Lourenço Dantas Mota (org.), *Introdução ao Brasil: um banquete no trópico* (São Paulo, Senac, 1999), p. 402.

estatal cuja burocracia se funda em princípios liberais; esta, no entanto, existe nos limites da autoridade dos senhores rurais, que permanecem em seu poder tradicional, assentado, mesmo já sob ideologia liberal, na escravidão. O senhor de escravos se transforma em cidadão, mas não opera uma oposição entre esses polos, e sim uma articulação. Os estamentos sociais dominantes se atualizam em classe burguesa. O mesmo núcleo social domina o poder colonial e o independente[41]. A burguesia brasileira não rompe com antigos núcleos senhoriais; surge a partir deles. E dentro dos limites desses grupos de domínio social é que se passa a considerar a sociedade civil, dela excluindo-se escravizados, trabalhadores e massas populares.

Sobre a Independência como primeiro fenômeno de uma peculiar revolução burguesa no Brasil, que se transforma, mas ao mesmo tempo mantém as estruturas senhoriais coloniais, assim diz Fernandes:

> Sobre as implicações econômicas da Independência e da implantação de um Estado nacional no Brasil, conviria resumir as principais conclusões de ordem geral, que encontram fundamento sociológico nas análises desenvolvidas. Essas conclusões giram em torno de cinco problemas fundamentais. [...] Primeiro, a autonomização do país inicia-se como um fenômeno medularmente político. Não houve transformação prévia, concomitante ou subsequente da organização das relações de produção. [...] Segundo, não são as alterações do mercado externo e do sistema internacional de poder que explicam, sociologicamente, essa evolução histórica. [...] A evolução histórica em questão explica-se por processos histórico-sociais internos, apenas condicionados e estimulados favoravelmente pelas alterações do mercado externo e do sistema internacional de poder. [...] Terceiro, [...] as transformações apontadas não afetavam nem a organização da produção nem o "espírito" ou a "mentalidade" dos agentes econômicos privilegiados. A importância dos fenômenos ocorridos, para o desenvolvimento do capitalismo no Brasil, é antes indireta e catalisadora que propriamente determinante. [...] Quarto, ao que parece, o primeiro grande salto que se deu na evolução do capitalismo no Brasil é antes de natureza sociocultural que econômica. [...] Quinto, a última conclusão aconselha que se considere a natureza dos fatores tópicos que determinaram a emergência e a irradiação do liberalismo econômico no cenário histórico. Parece evidente que as camadas senhoriais não conseguiram equiparar autonomização econômica e autonomização

---

[41] "O processo culminou na conquista de uma nova posição de força e de barganha, que garantiu, de um golpe, a continuidade do *status quo ante* e condições materiais ou políticas para encetar a penosa fase de modernização tecnológica, de aceleração do crescimento econômico e de aprofundamento da acumulação capitalista que se inaugurava. A burguesia ganhava, assim, as condições mais vantajosas possíveis (em vista da situação interna): 1) para estabelecer uma associação mais íntima com o capitalismo financeiro internacional; 2) para reprimir, pela violência ou pela intimidação, qualquer ameaça operária ou popular de subversão da ordem (mesmo como uma 'revolução democrático-burguesa'); 3) para transformar o Estado em instrumento exclusivo do poder burguês, tanto no plano econômico quanto nos planos social e político." Florestan Fernandes, *A revolução burguesa no Brasil*, cit., p. 220.

política. Por paradoxal que isso seja, a autonomização política, vista no nível da economia mundial e das estruturas internacionais de poder da época, constituía um simples meio para manter o equilíbrio de uma economia mundial e das estruturas internacionais de poder da época, constituía um simples meio para manter o equilíbrio de uma economia colonial, sob condições de transferência dos controles jurídico-políticos da vida econômica interna de fora para dentro.[42]

Na reflexão de Fernandes em *A revolução burguesa no Brasil*, com a Independência não apenas houve uma sobreposição entre poderes senhoriais coloniais e um aparato estatal agora autônomo, como se uns passassem a disputar espaço com os outros. Pelo contrário, o campo senhorial tradicional do poder brasileiro domina a nova institucionalidade política. O liberalismo, que desde então é propagado como ideologia e utopia, na prática se revelará um controle estamental, realizado pelos senhores que se tornam burgueses, controlando agora o próprio Estado. Se assim o é, o liberalismo brasileiro é uma ordem de privilégios. As classes exploradoras e dominantes controlam o Estado e o regime liberal e legal – são uma classe-estamento. À massa da população, cabe a submissão. Se o liberalismo é a ideologia fundante do país desde o século XIX, ele é resultado daquilo que Fernandes chamará de "vontade indecisa"[43]. O campo senhorial colonial adota o liberalismo como bandeira, mas não busca sua plena afirmação. Sua projeção é apenas ao futuro: somente num horizonte utópico o país será submetido às leis, à impessoalidade e à igualdade. Com isso, o Brasil muda e não muda. A Independência e o liberalismo passam a ser uma oportunidade de excelência para os dominadores senhoriais que tanto mantêm a escravidão quanto se atualizam para as demandas mercantis do capitalismo liberal mundial.

Tratando da formação e do desenvolvimento da ordem social competitiva no Brasil, Florestan Fernandes chama a atenção para o fato de que os movimentos que se dão no século XIX, como a autonomia política, a abolição da escravatura e o fim da monarquia, estabelecem uma contenção parcial de uma nova estrutura econômica, política e jurídica, mediante um processo de manutenção que resistia às mudanças jurídicas. Ao mesmo tempo, nesse decurso, paulatinamente, dava-se o difícil empreendimento de algumas efetivas alterações sociais, que não sofreram apenas com o combate dos velhos modelos de domínio, mas também padeceram dos males da situação periférica e dependente no quadro do capitalismo mundial. Fernandes alcança, assim, uma larga reflexão sobre a articulação entre as características internas e internacionais do Brasil:

---

[42] Ibidem, p. 83-6, 88 e 94.
[43] "A ideologia liberal se impunha como um momento de vontade indecisa. Respondia a uma ruptura entre o passado e o presente, mas sem que pudesse apoiar-se no prevalecimento deste sobre aquele. A mesma coisa sucederia à utopia liberal." Ibidem, p. 61.

Primeiro, a ordem social escravocrata e senhorial não se abriu facilmente aos requisitos econômicos, sociais, culturais e jurídico-políticos do capitalismo. Mesmo quando eles se incorporavam aos fundamentos legais daquela ordem, estavam condenados à ineficácia ou a um atendimento parcial e flutuante, de acordo com as conveniências econômicas dos estamentos senhoriais (largamente condicionadas e calibradas pelas estruturas econômicas, sociais e políticas herdadas do mundo colonial). Segundo, a emergência e o desenvolvimento da ordem social competitiva ocorreram paulatinamente, à medida que a desintegração da ordem social escravocrata e senhorial forneceu pontos de partida realmente consistentes para a reorganização das relações de produção e de mercado em bases genuinamente capitalistas. Sob esse aspecto, nem sempre as dificuldades à expansão interna do capitalismo procederam da "resistência à mudança" por parte dos estamentos senhoriais. É a própria situação "periférica" e "marginal" das economias capitalistas dependentes de origem colonial que explica tal fenômeno, com seus reflexos estruturais e dinâmicos sobre a ordem social competitiva correspondente.[44]

Aquilo que se poderia chamar de revolução burguesa no Brasil, a consolidação de uma sociedade competitiva, tem efetivamente no século XIX alguns de seus acontecimentos relevantes – Independência, Abolição, República. Florestan Fernandes aponta, para ilustrar esse processo, duas figuras típicas, o fazendeiro de café e o imigrante[45]. O primeiro organiza o setor agrário de modo distinto daquele das monoculturas anteriormente arraigadas no país: ao lado do *status* senhorial, ele se abre para a lógica de acumulação capitalista. O segundo imigra não por conta de algum desejo de *status*, mas pela sobrevivência, orientado à busca da riqueza. A ordem social competitiva, assim, vai se consolidando no Brasil – São Paulo é a região decisiva de sua implantação. Tal movimento se dá no século XIX e no início do século XX, tempos nos quais, para Fernandes, o capitalismo mundial se encontra numa fase competitiva e de imperialismo restrito. O país se forja economicamente para a dinâmica capitalista exterior e, internamente, mantém o domínio senhorial de perfil tradicional. A sociedade competitiva capitalista, assim, vem de fora para dentro; seu movimento é do exterior para o interior. É com o passar do tempo que a oligarquia senhorial se tornará burguesa. E, por sua vez, tal burguesia

---

[44] Ibidem, p. 159.
[45] "É dentro desse amplo mas contraditório contexto histórico que se devem compreender e interpretar, sociologicamente, o aparecimento e a atuação dos vários fatores que desencadearam a 'Revolução Burguesa', sobre os fracos alicerces lançados pela autonomização política do país. Dentro desse quadro, um fator diz respeito ao comportamento das economias centrais. [...] Os outros dois fatores se referem aos agentes humanos que 'viveram o drama' e podem ser vistos como principais atores e fautores do desencadeamento da 'Revolução Burguesa'. Movidos inicialmente por interesses egoísticos e economicamente mais ou menos toscos, logo evoluíram para formas de consciência social de seus dilemas econômicos que tiveram importância crucial na elaboração de sucessivas políticas econômicas, no Império e na República. Tais agentes humanos são o 'fazendeiro de café' e o 'imigrante'." Ibidem, p. 101-2.

brasileira emulará e desejará os laivos oligárquicos já historicamente assentados no país. O resultado de tal processo histórico se revelará no fato de que a burguesia surgida no Brasil tem a marca de uma associação com a oligarquia tradicional e apresenta características ultraconservadoras e, inclusive, reacionárias[46].

Nesse processo pelo qual se imiscuem burguesia e senhorio tradicional, a velha oligarquia não acaba e, pelo contrário, sua esfera de sociabilidade, mediante a burguesia que a emula e por seu perfil se orienta, até mesmo se estende. Ainda assim, uma ordem social competitiva se organiza e, com isso, espaços burgueses se firmam nacionalmente. Ocorre que tal âmbito é um "circuito fechado", cuja abrangência é circunscrita aos que exercem a dominação[47]. A democracia brasileira, quando surge, vai se instalando como "democracia restrita"[48]. Tal ordem demo-

---

[46] Décio Saes, reconhecendo e ressaltando a importância teórica de Florestan Fernandes, aponta para contradições em sua interpretação a respeito do papel do fazendeiro de café e do imigrante como agentes da revolução burguesa no Brasil. Em contraposição à leitura de Fernandes, Saes identifica os escravizados rurais e a classe média urbana como responsáveis pela ruptura com o escravismo: "São *duas classes trabalhadoras distintas* – os escravos rurais e a classe média urbana – os protagonistas fundamentais da revolução burguesa no Brasil. [...] Ao apontarmos a participação das massas – escravos rurais politicamente dirigidos pela classe média urbana – na desagregação da ordem social escravista, não estamos sendo originais. O papel central da rebelião escrava nesse processo é indicado, entre outros, por autores como Clóvis Moura, Suely Robles Reis de Queiroz e Robert Conrad. [...] Como um pesquisador como Fernandes, comprometido até a sua morte com o programa socialista, pôde ser pouco sensível, na análise do processo histórico brasileiro, à presença política das massas? [...] Uma leitura atenta dessa obra [*A revolução burguesa no Brasil*] revela que a análise sociológica de Florestan Fernandes, mais que traduzir a confraternização dos diversos segmentos da classe dominante paulista, exprime o desencanto do intelectual socialista com as *limitações* do processo de revolução burguesa num país *periférico e dependente* como o Brasil. [...] Evidencia-se aqui o dilema político-científico de Florestan Fernandes: se é essa a especificidade da revolução burguesa no Brasil – isto é, se ela se delineia aqui como um processo histórico de alcance social tão *limitado* –, como admitir que as massas teriam dela ativamente participado? Afirmá-lo não implicaria ter de reconhecer, com pesar, que o êxito político das massas na luta contra a ordem senhorial e escravocrata não teria passado de uma 'Vitória de Pirro'?". Décio Saes, *República do capital: capitalismo e processo político no Brasil* (São Paulo, Boitempo, 2023), p. 47-9.

[47] "As classes burguesas, [...] desprovidas de qualquer romantismo político, 'revolucionário' ou 'conservador', afirmam-se imediatamente em termos das conexões diretas, identificando a revolução nacional com seus alvos particularistas. [...] O fato de a revolução nacional estabelecer-se segundo semelhante circuito fechado não invalida nem limita o significado estrutural, funcional e histórico que ela deveria ter e tem para as classes burguesas." Florestan Fernandes, *A revolução burguesa no Brasil*, cit., p. 298-9.

[48] "O consenso burguês concilia a 'tradição brasileira', de democracia restrita – a democracia entre iguais, isto é, entre os poderosos, que dominam e representam a sociedade civil – com a 'orientação modernizadora', de governo forte. A ordem legal e política se mantém 'aberta', 'democrática' e 'universal', preservando os valores que consagram o Estado de direito; e este Estado se concretiza, historicamente, por sua vez, na medida em que tudo isso é necessário à monopolização do poder real, da autoridade e do controle das fontes de legitimidade pelas classes burguesas e suas elites." Ibidem, p. 341.

crática reitera a afirmação de grupos e classes dominantes, coesos no impedimento da ascensão popular[49]. Não se trata de uma excrescência em relação a qualquer modelo ideal de capitalismo, e, sim, da própria forma pela qual a acumulação, em escala mundial, se aproveita de condições excelentes historicamente ensejadas pelo colonialismo brasileiro. Florestan Fernandes vê então que esse modelo brasileiro se manifesta como articulação capitalista exterior e interior. Ao plano internacional, o Brasil se acopla como uma sociedade dependente e subdesenvolvida. No âmbito interno, dá-se uma concentração social e regional de riquezas. O imperialismo, daí, não é um inimigo da burguesia nacional. Pelo contrário, esta se subordina ao contexto imperialista a partir de seus interesses recíprocos. A afirmação burguesa no país organizada a partir de sua inserção dependente no quadro internacional é uma característica estrutural do Estado brasileiro:

> Ele aparece como um Estado nacional complexo e heterogêneo, que contém várias camadas históricas, como se refletisse os pontos extremos, de partida e de chegada, das transformações por que passou, originariamente, o Estado capitalista nas sociedades hegemônicas e centrais. Ele combina estruturas e dinamismos (funcionais e históricos) extremamente contraditórios, aliás de acordo com a própria situação histórica das burguesias dependentes e com a organização da sociedade de classes sob o capitalismo dependente, também extremamente contraditórias. O fundamento dessa complicação e dessa complexidade especiais é conhecido e já foi apontado; as classes burguesas têm de afirmar-se, autoproteger-se e privilegiar-se através de duas séries de antagonismos distintos: os que se voltam contra as classes operárias e as classes destituídas (que se poderiam considerar como o "inimigo principal"); e os que atingem as burguesias e os focos de poder das sociedades capitalistas hegemônicas e do sistema capitalista mundial (que se poderia entender como "aliado principal"). As contradições são intrínsecas às estruturas e aos dinamismos da sociedade de classes sob o capitalismo dependente; e minam a partir de dentro e a partir de fora o padrão de dominação burguesa, o poder real da burguesia, os padrões de solidariedade de classes e de hegemonia de classe da burguesia, e o Estado capitalista periférico e dependente.[50]

Para Florestan Fernandes, as características de uma sociedade burguesa que se mede pelo padrão senhorial-oligárquico historicamente assentado e que se articula

---

[49] "Sempre que o povo melhora a sua posição de barganha política, ou conquista posições fundamentais para a sua emancipação, os grupos e classes dominantes, articulados com setores das Forças Armadas, da Igreja e do imperialismo, rompem o processo democrático. [...] Nisso consiste a 'revolução dentro da ordem'. Nesse sentido é que se pode dizer que 'o 'antigo regime' sempre se recompôs no Brasil', naturalmente recriando-se de quando em quando, segundo as condições prevalecentes em cada conjuntura: Primeira República, Estado Novo, populismo, militarismo." Octavio Ianni, "Florestan Fernandes e a formação da sociologia brasileira", em Octavio Ianni (org.), *Florestan Fernandes: sociologia crítica e militante* (São Paulo, Expressão Popular, 2011), p. 49-50.

[50] Florestan Fernandes, *A revolução burguesa no Brasil*, cit., p. 342.

como dependente e subdesenvolvida, subordinada ao imperialismo, fazem que a burguesia nem amplie seu padrão liberal-legal-competitivo a todas as demais classes da sociedade, nem tampouco consiga se articular organicamente em face de sua posição na ordem do capitalismo internacional. Por isso, a classe burguesa brasileira toma o Estado como espaço de concreção material de seus interesses. O Estado tanto posiciona e reposiciona o capitalismo brasileiro em relação ao imperialismo quanto articula as diferentes frações burguesas nacionais, gestando um bloco conservador[51]. A revolução burguesa no Brasil revela-se, nas palavras de Fernandes, um fenômeno essencialmente político. Em consequência disso, o Estado ganha uma "força relativamente incontrolável"[52].

Quando no século XX o capitalismo mundial alcança sua fase monopolista, de imperialismo total, então a burguesia brasileira se apoia no Estado como elemento de articulação dos interesses subordinados dos capitais nacionais em face das mudanças e demandas do capital imperialista monopolista internacional. O socialismo desponta como o outro dos interesses burgueses no plano mundial. As revoluções burguesas, na periferia do capitalismo mundial, não são apenas rupturas ou modernizações diante de suas próprias histórias, mas são elementos de prevenção contra a ameaça socialista[53]. Nesse contexto, as chamadas burguesias nacionais

---

[51] "A internacionalização das estruturas materiais das relações de mercado e de produção também se estende às superestruturas das relações do poder burguês. As burguesias da periferia sofrem, desse modo, uma oscilação ideológica e utópica, condicionada e orientada a partir de fora. De classes patronizadoras da revolução democrático-burguesa nacional passam a conceber-se como pilares da ordem mundial do capitalismo, da 'democracia' e da 'civilização cristã'." Ibidem, p. 312.

[52] "As classes burguesas aliavam-se entre si, em um plano mais alto, convertendo a mencionada impotência em seu reverso, em uma força relativamente incontrolável (pelas demais classes e pelas pressões imperialistas externas). Portanto, o Estado nacional não é uma peça contingente ou secundária desse padrão de dominação burguesa." Ibidem, p. 304.

[53] "Fora da Sociologia marxista prevalece o intento de explicar a revolução burguesa somente pelo passado (especialmente pela vitória sobre uma aristocracia decadente ou reacionária, variavelmente anticapitalista), ignorando-se ou esquecendo-se a outra face da moeda, com frequência mais decisiva: a imposição da dominação burguesa à classe operária. Ora, o que poderia significar essa 'vitória' sobre forças em processo de extinção ou de incorporação ao próprio mundo burguês? Ao que parece, o importante e decisivo não está no passado, remoto ou recente, mas nas forças em confronto histórico, em luta pelo controle do Estado e do alcance da mudança social. [...] As análises de Lênin, de uma situação comparável na Rússia (a revolução de 1905 e seus desdobramentos posteriores), sugerem que a 'fraqueza' da burguesia precisa ser tomada como um dos elementos de um todo complexo e muito instável. Na verdade, não existe uma 'burguesia débil': mas outras classes (ou setores de classe) que tornam (ou podem tornar) a dominação burguesa mais ou menos vulnerável. No caso brasileiro, as ameaças à hegemonia burguesa nunca chegaram a ser decisivas e sempre foram exageradas pelos grupos oligárquicos, como um expediente de manipulação conservadora do 'radicalismo' ou do 'nacionalismo' das classes médias e dos setores industrialistas. Doutro lado, [...] as tendências autocráticas e reacionárias da burguesia faziam parte de seu próprio estilo de atuação histórica. O modo pelo qual se constituiu a dominação burguesa e a parte

como a brasileira são, na verdade, espaços de fronteira do capitalismo, mantendo a dominação do capital nacional e internacional perante as sociedades que poderiam sofrer levantes de classe caso se insurgissem contra o modo de produção[54]. Por isso, o domínio burguês em países como o Brasil não é assentado em âmbitos competitivos e jurídicos universalizantes. O processo econômico de desenvolvimento do capitalismo dependente se organiza, social e politicamente, a partir de uma *autocracia burguesa*:

> Os requisitos políticos do desenvolvimento econômico sob o capitalismo monopolista dependente [...] exigem um tão elevado grau de estabilidade política (pelo menos nas fases de eclosão e de consolidação, que nos é dado observar), que só uma extrema concentração do poder político estatal é capaz de garantir. Doutro lado, nos momentos mais críticos da transição, que ainda não foram vencidos, operou-se uma dissociação acentuada entre desenvolvimento econômico e desenvolvimento político. Isso fez com que a restauração da dominação burguesa levasse, de um lado, a um padrão capitalista altamente racional e modernizador de desenvolvimento econômico; e, concomitantemente, servisse de pião a medidas políticas, militares e policiais, contrarrevolucionárias, que atrelaram o Estado nacional não à clássica democracia burguesa, mas a uma versão tecnocrática da democracia restrita, a qual se poderia qualificar, com precisão terminológica, como uma autocracia burguesa.
> [...] O padrão compósito e articulado de hegemonia burguesa possui uma precária base de sustentação estrutural e histórica. Ele engendrou, sem dúvida, o "excedente de poder", que conferiu às classes burguesas e às suas elites a possibilidade: 1) de desencadearem as formas abertas de luta de classes, que se impunham em consequência da passagem do capitalismo competitivo para o capitalismo monopolista e da transição inerente para a industrialização intensiva; 2) de criar o Estado capitalista autocrático burguês, que cortava as amarras com o passado e estabelecia, por fim, como um novo ponto de partida histórico, uma base estrutural e dinâmica para converter a unidade exterior das classes burguesas num elemento de socialização política comum, em escala nacional.[55]

Tal autocracia burguesa, que se arraiga em sociedades capitalistas periféricas e dependentes, de "capitalismo selvagem", na expressão de Fernandes, inclina-se a se afirmar e a se proteger mediante formas de ditadura de classe:

---

que nela tomaram as concepções da 'velha' e da 'nova' oligarquia converteram a burguesia em uma força social naturalmente ultraconservadora e reacionária." Ibidem, p. 213 e 216.

[54] "O controle da periferia passa a ser vital para o 'mundo capitalista', não só porque as economias centrais precisam de suas matérias-primas e dos seus dinamismos econômicos, para continuarem a crescer, mas também porque nela se achava o último espaço histórico disponível para a expansão do capitalismo. Onde a oportunidade não fosse aproveitada ou fosse perdida, a alternativa seria o alargamento das fronteiras do 'mundo socialista' e novas transições para o socialismo." Ibidem, p. 254.

[55] Ibidem, p. 267 e 346.

Tanto as burguesias nacionais da periferia quanto as burguesias das nações capitalistas centrais e hegemônicas possuem interesses e orientações que vão noutra direção. Elas querem: manter a ordem, salvar e fortalecer o capitalismo, impedir que a dominação burguesa e o controle burguês sobre o Estado nacional se deteriorem. Semelhante reciprocidade de interesses e de orientações faz com que o caráter político do capitalismo dependente tenha duas faces, na verdade interdependentes. E, ainda, com que a revolução burguesa "atrasada", da periferia, seja fortalecida por dinamismos especiais do capitalismo mundial e leve, de modo quase sistemático e universal, a ações políticas de classe profundamente reacionárias, pelas quais se revela a essência autocrática da dominação burguesa e sua propensão a salvar-se mediante a aceitação de formas abertas e sistemáticas de ditadura de classe. [...]

A que necessidades econômicas, sociais e políticas responde essa máquina de opressão de classe institucionalizada? As conexões diretas e indiretas, mencionadas acima, indicam claramente que essa forma de dominação burguesa constitui a verdadeira chave para explicar a existência e o aperfeiçoamento da versão que nos coube do capitalismo, o *capitalismo selvagem*. O "capitalismo possível" na periferia, na era da partilha do mundo entre as nações capitalistas hegemônicas, as "empresas multinacionais" e as burguesias das "nações em desenvolvimento" – um capitalismo cuja realidade permanente vem a ser a conjugação do desenvolvimento capitalista com a vida suntuosa de ricas e poderosas minorias burguesas e com o florescimento econômico de algumas nações imperialistas também ricas e poderosas. Um capitalismo que associa luxo, poder e riqueza, de um lado, à extrema miséria, opróbrio e opressão, do outro. Enfim, um capitalismo em que as relações de classe retornam ao passado remoto, como se os mundos das classes socialmente antagônicas fossem os mundos de "nações" distintas, reciprocamente fechados e hostis, numa implacável guerra civil latente.[56]

O conceito postulado por Florestan Fernandes ao tratar do domínio burguês no Brasil, *autocracia*, não se refere ao nível de regimes de governo, como as ditaduras. Mais profundamente, a autocracia diz respeito a uma forma de organização social. Essa organização, obviamente, se espelhará em regimes de poder cuja afirmação se revela autoritária e que, eventualmente, se materializa em ditaduras. Mas, para além disso, nessa forma de organização social, que anela de modo próprio e íntimo a afirmação econômica e o domínio político, estabelecendo aí um circuito fechado, a classe burguesa nacional concentra o poder em si, de modo privatista e exclusivo, a partir de uma orientação autorreferencial. Conforme aponta Gabriel Cohn a respeito do conceito de autocracia em Fernandes:

> A *autocracia* de que fala Florestan não é sinônimo de *autoritarismo* – pois este corresponde a uma forma do exercício do poder e não da sua organização – e nem mesmo se confunde com *ditadura*, embora não a exclua. Tem mais a ver com a concentração exclusiva e privatista do poder. Na sua caracterização por Florestan, esse regime é marcado

---

[56] Ibidem, p. 292 e 300.

pela concentração de poder numa classe, que no limite converte "o Estado *nacional* e *democrático* em instrumento puro e simples de uma ditadura de classe preventiva" após tê-lo desvinculado da "clássica *democracia burguesa*" e atrelado a uma "versão tecnocrática da democracia restrita" que funciona como uma "democracia de cooptação".[57]

A revolução burguesa no Brasil, que foi escrito a partir dos opressivos acontecimentos da instalação da ditadura de 1964 em diante, entende esse golpe como uma fase mais patente da autocracia burguesa brasileira, dado que ela não conseguiu mais se sustentar ideologicamente nos figurinos liberais anteriormente reclamados. Deixa-se de lado uma autocracia dissimulada para então instaurar uma autocracia explícita. O autoritarismo da ditadura militar não é seu verdadeiro e único índice, porque a autocracia burguesa é, em verdade, uma estrutura social do capitalismo do – e no – Brasil. Se assim o é, o fim da ditadura não representa o fim da autocracia burguesa. Ainda que reconhecendo que o circuito fechado da autocracia burguesa atravessaria crise estrutural e, portanto, alguns espaços de abertura de lutas poderiam ser empreendidos[58], Florestan Fernandes consegue antever, com isso, que a futura redemocratização não teria o condão de reverter a estrutura social autocrática brasileira[59].

Toda a obra de Fernandes escrita após *A revolução burguesa no Brasil* – tempos de sua maturidade intelectual, em que, aliás, se tornará deputado federal e legislador constituinte – ganha especial importância. Menos estudada pelos acadêmicos (tradicionalmente encastelados em um saber sem contundência crítica e menos

---

[57] Gabriel Cohn, "Florestan Fernandes: A revolução burguesa no Brasil", cit., p. 404.

[58] "O *circuito fechado* constitui uma equação metafórica de um dos ângulos da situação que prevalece graças aos tempos retardados da revolução burguesa. A história nunca se fecha por si mesma e nunca se fecha para sempre. São os homens, em grupos e confrontando-se como *classes em conflito*, que 'fecham' ou 'abrem' os circuitos da história. A América Latina conheceu longos períodos de *circuito fechado* e curtos momentos de *circuito aberto*. No entanto, o modo pelo qual se dão as coisas, nos dias que correm, revela que 'o impasse de nossa era' não consiste mais no caráter perene da repressão e da opressão. Os que reprimem e oprimem, nestes dias, lutam para impedir o *curto-circuito final*, que para eles vem a ser o desaparecimento de um Estado antagônico à Nação e ao Povo, ou seja, um Estado que, como todo o Estado elitista, tem sempre de 'fechar a história' para os que não estão no poder." Florestan Fernandes, *Circuito fechado: quatro ensaios sobre o "poder institucional"* (São Paulo, Globo, 2010), p. 31.

[59] "Numa sociedade de classes em convulsão é impossível impedir que as migrações humanas, o desenraizamento social e cultural, a miséria e a desorganização social etc. operem, simetricamente, como focos de inquietação e de frustração sociais em larga escala. Por isso estamos prestes a conhecer tanto o movimento de protesto dentro da ordem 'corrompido pelo sistema' quanto o protesto contra a ordem 'verdadeiramente revolucionário', ambos típicos de uma sociedade de classes moderna. As classes burguesas tentam, portanto, acompanhar esse giro histórico, preparando-se a si próprias e ao Estado autocrático para um futuro prenhe de dificuldades e no qual terão de enfrentar, pela primeira vez, as 'manifestações contra a ordem' sob a forma específica de violência antiburguesa organizada." Idem, *A revolução burguesa no Brasil*, cit., p. 357.

inclinados ao cultivo das teorias revolucionárias), essa fase de seu pensamento é certamente seu momento de apogeu teórico, inclusive porque foi escrita a quente, à vista dos fatos que se desenvolviam, oferecendo perspectivas e linhas de ação. Entre suas reflexões que estão na esteira desse livro, Fernandes avança numa leitura radical sobre a dinâmica capitalista mais recente, que, confrontada com suas contradições e em vista das lutas de massa, demanda a repressão como forma de manutenção do domínio autocrático burguês[60]. Ele vê o mesmo processo ocorrer em outros países periféricos do capitalismo mundial[61]. No decorrer desse período, consegue antever e denunciar – em contraponto ao encantamento liberal-juspositivista com a democracia, a Constituição Federal de 1988 e a cidadania – a manutenção do mesmo quadro estrutural do domínio do capital sob a forma de uma autocracia burguesa. A democracia que desde então se afirma não permite desvios em face daquele que é o núcleo social dominante. Por isso, para Fernandes, o exemplo da perseguição a Lula e ao PT nas eleições de 1989 é a prova de que, para a autocracia, a democracia é confundida com subversão ou revolução e, portanto, é efetivamente bloqueada[62]. Ele reconhece, nesse bloqueio autocrático à democracia, a natureza

---

[60] "O conflito de classes possui múltiplas polarizações. Ele tanto pode ser utilizado para 'reforçar a ordem' quanto para destruí-la. A maioria pode ser impotente se sucumbir à ideologia dominante e à cooptação direta e indireta. Por isso, o fundamental é o desemburguesamento da classe operária. O capitalismo ameaçado não aumentou seu cerco apenas contra as revoluções socialistas; ele manietou o conflito social e procurou despojá-lo de sentido político, não só através da massificação da cultura mas também pela fragmentação e pulverização das próprias condições objetivas de existência da classe social revolucionária." Idem, *Apontamentos sobre a "Teoria do Autoritarismo"* (São Paulo, Expressão Popular, 2019), p. 55.

[61] "A revolução burguesa acabou se definindo e se desatando *pela cooperação com o polo externo e através de iniciativas modernizadoras de monta, desencadeadas pelo polo externo*. O Estado autocrático burguês (ou, como outros preferem, o Estado neocolonial ou, ainda, Estado de segurança nacional) acabou sendo o elo mediador pelo qual uma revolução que deixou de ser feita por *decisão histórica* está caminhando pela *modernização dirigida e autocrática* e *por transformação de estruturas previamente drenadas ou esterilizadas*." Idem, *Poder e contrapoder na América Latina* (São Paulo, Expressão Popular, 2015), p. 117.

[62] "A inexistência do equilíbrio e do controle recíproco dos três poderes, a fraqueza do legislativo e do judiciário, a ficção do federalismo, as artimanhas dos partidos de patronagem (clientelistas e oportunistas) e a influência de uma opinião pública destituída de uma cultura cívica só favorecem as elites das classes dominantes. Elas manipulam os eleitores de todas as classes e dão corpo a acordos políticos segundo critérios particularistas, alarmistas e golpistas, expondo os de baixo à sua vontade e a extorsões sem conta. Nesse clima político, nenhuma verdadeira democracia é possível e o reformismo operário – sindicalista, socialista e comunista ou não – adquire o cunho de subversão da ordem. O que aconteceu no confronto de Lula contra Collor afronta paradigmas sacrossantos. E pôs em movimento a conspiração antidemocrática do núcleo reacionário dos de cima. Ao confundir democracia com revolução, seus campeões patrocinam a imobilidade da ordem e a contrarrevolução permanente." Idem, *Reflexões sobre a construção de um instrumento político* (São Paulo, Expressão Popular, 2019), p. 48.

reacionária do Estado de direito, de tal sorte que aponta para a revolução como único caminho para a transformação social:

> O *Estado de direito* tornava-se uma presa fácil de setores dirigentes das classes dominantes, empenhados em "impedir a anarquia da sociedade", em tratar todos os problemas sociais "como casos de polícia" e em refazer as técnicas pelas quais a apatia provocada e o "fatalismo" conformista podiam ser produzidos na escala das exigências da situação. No passado remoto e recente, a norma era: *o escravo é o inimigo público da ordem*; nos tempos modernos, a norma tornou-se: *o colono, o camponês e o operário são o inimigo público da ordem*. Portanto, uma forma ultraviolenta de despotismo aberto superpôs-se à constituição do regime de classes e preservou um padrão neocolonial de sociedade civil, pelo qual a democracia é uma necessidade e uma regalia dos que *são gente*. [...] Um partido empenhado em programar as suas atividades *como um meio de luta do proletariado* deve preparar-se para uma fase relativamente longa de "guerra civil oculta" (embora duas décadas aproximadamente não sejam nada na duração histórica), o que permite um cálculo político de que terá tempo (mais ou menos a metade do tempo indicado) para realizar sua aprendizagem, acumular forças e ganhar base social, produzir conhecimentos teóricos de agitação, propaganda e de luta (inclusive à mão armada), para *estar pronto e com probabilidades* de aproveitar a situação revolucionária, se ela aparecer, ou de ajudar a criá-la, a partir de uma fase mais avançada da "guerra civil oculta", se a história exigir empurrões decisivos e o proletariado, um parteiro.[63]

As leituras sociológicas críticas a respeito do Brasil, como as de Caio Prado Júnior, Ruy Mauro Marini e Florestan Fernandes, alcançam a sociabilidade capitalista como problema. Daí, nem melhores leis ou democracia, como defendem os liberais juspositivistas, nem coesões políticas de força e vontade de reafirmação da nacionalidade, como defendem os não juspositivistas, apresentam-se como soluções materiais, corretas e científicas às condições sociais brasileiras. Dado o capitalismo como problema, somente a alteração do próprio modo de produção abre caminho para câmbios estruturais suficientes ao fim da exploração e das dominações e ao poder das massas.

---

[63] Idem, *O que é revolução* (São Paulo, Expressão Popular, 2018) p. 99 e 115.

6
A sociedade brasileira: formação

É a partir de assuntos e problemas de hoje que costuma ser lida uma sociologia da sociedade brasileira ao tempo de sua formação. Tomando o presente como base, de modo retroativo é que tradicionalmente se busca compreender temas que são apenas da sociabilidade presente: padrões atuais de relação social servindo de métrica a tempos anteriores; instituições e regimes de legalidade pretéritos sendo ou não socialmente cumpridos conforme a atualidade. Tal mirada, além de mensurar do mesmo modo manifestações sociais distintas (os fenômenos sociais e jurídicos do passado e do presente), deixa de lado, por projetar ontem apenas as relações capitalistas, baseadas nos vínculos jurídicos e contratuais de hoje, exatamente a mais decisiva estrutura relacional da sociedade brasileira: a escravidão.

A escravidão

Não são os problemas de pujança ou carência das instituições nem tampouco discussões sobre o caráter do povo que marcam, no decisivo, o padrão de sociabilidade brasileira nos séculos de colonização e monarquia. É a escravidão que dá essa marca[1], e seu impacto repercute até a atualidade. Sobre uma sociologia jurídica da escravidão, também não basta o olhar contemporâneo retroativo, que se indaga a respeito das legislações que naquele tempo permitiam a escravização de seres humanos, as doutrinas jurídicas que lhe davam sustento, a apreciação da escravização

---

[1] "A partir da implantação da empresa agromanufatureira do açúcar, na primeira metade do século XVI, as relações de produção escravistas foram as dominantes na estrutura econômica da Formação Social Brasileira. Elas subordinavam outras relações de produção às quais impunha as suas leis de funcionamento, delimitando-lhes, ao mesmo tempo, seu papel e influência no conjunto do todo social." Manoel Maurício de Albuquerque, *Pequena história da formação social brasileira* (Rio de Janeiro, Graal, 1981), p. 13.

pelos tribunais portugueses e brasileiros. A escravidão deve ser compreendida sociologicamente a partir do modo de produção que se instala no Brasil com a colonização portuguesa, em benefício da exploração econômica e de dominações sociais específicas, estabelecendo, portanto, formas de sociabilidade próprias. Ainda que tenha havido frestas de juridicidade contratual no seio do próprio escravismo local, as formas determinantes dessa sociabilidade foram respaldadas política e normativamente no que tange à propriedade dos escravizados e ao poder dos senhores sobre eles. Mas as formas relacionais foram eminentemente não jurídicas para o vínculo entre senhores e escravizados. Assim, já apontava Perdigão Malheiro no século XIX:

> O nosso Pacto Fundamental, nem lei alguma contempla o *escravo* no número dos *cidadãos*, ainda quando nascido no Império, para qualquer efeito em relação à vida social, política ou pública. Apenas os *libertos*, quando cidadãos brasileiros, gozam de certos direitos políticos e podem exercer alguns cargos públicos, como diremos. Desde que o homem é reduzido à condição de *cousa*, sujeito ao *poder* e *domínio* ou propriedade de um outro, é havido *por morto*, privado de *todos os direitos*, e não tem *representação alguma*, como já havia decidido o Direito Romano. Não pode, portanto, pretender direitos políticos, direitos de *cidade*. [...]
> Pelo direito de propriedade, que deles tem, pode o senhor alugá-los, emprestá-los, vendê-los, dá-los, aliená-los, legá-los, constituí-los em penhor ou hipoteca, dispor dos seus serviços, desmembrar da sua propriedade o usufruto, exercer enfim todos os direitos legítimos de verdadeiro dono ou proprietário. Pode, igualmente, impor nos contratos ou nos atos de última vontade, assim como aceitar, todas as condições e cláusulas admissíveis quanto aos bens em geral; salvas as exceções de Direito especiais à propriedade-escravo. Como propriedade pode o escravo ser *objeto* de seguro.[2]

A indagação central de uma sociologia crítica, que investigue a natureza da escravidão e a transição ao capitalismo, deve ser a respeito da forma de subjetividade jurídica na formação social brasileira. Quando, a partir de Karl Marx, Evguiéni Pachukanis descobre a forma de subjetividade jurídica como sendo derivada da forma mercadoria[3], percebe que as manifestações havidas como jurídicas antes da sociedade capitalista são fenômenos políticos, religiosos, culturais e valorativos de mando direto. Somente uma sociedade produtora de mercadorias, calcada na equivalência entre os agentes da produção – capitalistas e assalariados –, é aquela na qual o vínculo entre os sujeitos se estabelece de forma jurídica. No Brasil colônia e monárquico, são raros os espaços para uma equivalência entre os sujeitos havidos

---

[2] Perdigão Malheiro, *A escravidão no Brasil: ensaio histórico, jurídico, social* (Petrópolis, Vozes, 1976), p. 35 e 70.
[3] Ver Evguiéni B. Pachukanis, *Teoria geral do direito e marxismo* (trad. Paula Vaz de Almeida, São Paulo, Boitempo, 2017).

por livres, porque tal sociabilidade é atravessada estruturalmente pela condição colonial, submetida a poderes absolutistas, mercantil apenas para algumas de suas esferas. E, acima de tudo isso, é uma sociedade calcada na produção escravista, de tal sorte que as massas trabalhadoras não são jungidas ao trabalho mediante vínculos jurídicos contratuais, mas, sim, pela força direta. É inclusive a partir de tal subordinação direta e pela força que se dá a resistência dos povos escravizados, cujas estratégias têm que dar conta não de um apelo a uma pretensa moralidade ou a uma melhor legalidade, mas sim de uma força que possa combater o domínio direto escravizante. Nesse sentido, Clóvis Moura:

> A estratificação dessa sociedade, na qual as duas classes fundamentais – senhores e escravos – se chocavam, era criada pela contradição básica que determinava os níveis de conflito. Em outras palavras, a classe dos escravos (oprimida) e a dos senhores de escravos (opressora/dominante) produziam a contradição fundamental. Essa realidade gerava a sua dinâmica nos seus níveis mais expressivos. Dessa forma, os escravos negros, para resistirem à situação de oprimidos em que se encontravam, criaram várias formas de resistência, a fim de se salvaguardarem social e mesmo biologicamente do regime que os oprimia. Recorreram, por isso, a diversificadas formas de resistência, como guerrilhas, insurreições urbanas e quilombos.[4]

Uma sociologia brasileira crítica há de analisar a passagem estrutural das formas sociais escravistas para as formas sociais capitalistas (estas, especificamente jurídicas) e alcançar ainda, antes disso, se havia interstícios e manifestações de sociabilidade jurídica pontuais, residuais ou divergentes no período anterior, da própria produção escravista. Tal horizonte sobre a sociabilidade colonial, levantado em linhas gerais por vários intérpretes da formação brasileira, somente veio a ser proposto de modo mais próprio e específico – gerando também melhores implicações para eventuais dimensões jurídicas – por meio de historiadores e teóricos das últimas décadas do século XX, como Ciro Flamarion Cardoso e Jacob Gorender. Do debate entre ambos, aliás, desponta a reflexão a respeito do surgimento de relações contratuais no âmbito da exploração escravista brasileira.

O modo de produção escravista colonial

As reflexões de Ciro Flamarion Cardoso (1942-2013) e Jacob Gorender (1923-2013) fazem girar o tradicional debate a respeito da sociabilidade colonial brasileira, até então pautado pelo realce dado às características mercantis capitalistas. Em especial no pensamento de Caio Prado Júnior, destacava-se o sentido da exportação de matérias-primas à metrópole. Superando essa ênfase na circulação mercantil, Cardoso

---

[4] Clóvis Moura, *Quilombos: resistência ao escravismo* (São Paulo, Expressão Popular, 2020), p. 19.

e Gorender buscam compreender a natureza da *produção* no Brasil. Assim, o modo de produção passa a ser por eles analisado, e não apenas o momento da orientação da circulação mercantil para a exportação[5]. Na década de 1970, Cardoso propõe, pioneiramente, a hipótese de compreender o continente americano em seus tempos coloniais fundado em modos de produção próprios, que não fossem linearmente iguais àqueles havidos na Europa. Mesmo com o caráter dependente das economias americanas em face das europeias – dada a condição colonial –, isso não significa, necessariamente, que tenha havido nas Américas um espelho do feudalismo ou do capitalismo europeus. Pelo contrário, no seio dessa condição dependente há especificidades em suas relações de produção, e elas deveriam permitir compreender os modos de produção americanos no tempo colonial. A posição de Ciro Flamarion Cardoso se levanta contra toda a tradição das leituras que veem na economia colonial americana um "capitalismo comercial" – de Caio Prado Júnior a Fernando Henrique Cardoso e autores estrangeiros como Eric Williams[6]. A posição ciriana, em conformidade a uma leitura marxista cientificamente rigorosa, não enxerga nas condições mercantis da Idade Moderna um modo de produção capitalista. Assim diz:

Caso entendamos o capitalismo como um modo de produção *no sentido exato da palavra*, ou seja, como uma articulação historicamente dada entre determinado nível

---

[5] Lastreando-se na produção, não só na circulação ou, então, nos institutos jurídicos e políticos, o mais relevante debate a respeito da formação social brasileira, aberto por Ciro Flamarion Cardoso e Jacob Gorender, alcança pensadores como Décio Saes. Conforme Sedi Hirano: "Em Gorender e Saes, a estrutura econômica, de caráter escravista, é determinante e dominante, e a superestrutura jurídico-política é por ela determinada. A superestrutura jurídico-política e a produção feudal preexistentes na Europa não se implantam no Brasil colonial. Aqui é gerado um novo modo de produção, escravista e colonial, e uma superestrutura correspondente, o Estado escravista moderno. A estrutura social correspondente é, fundamentalmente, uma estrutura de classes. Uma formação econômico-social pré-capitalista determina uma sociedade de classes". Sedi Hirano, *Formação do Brasil colonial: pré-capitalismo e capitalismo* (São Paulo, Edusp, 2008), p. 80. Contra a ênfase de Cardoso e Gorender na categoria modo de produção, houve leituras que se mantiveram próximas às de Caio Prado Jr., como a de Mazzeo, rejeitando tratar por modo de produção o que considera formação social específica. Ver Antonio Carlos Mazzeo, "O escravismo colonial: modo de produção ou formação social?", *Revista Brasileira de História*, São Paulo, Marco Zero, v. 6, n. 12, 1986, p. 203-14. Ainda outros autores, como Iraci del Nero da Costa e Julio Manuel Pires, argumentam que o escravismo no Brasil não representou um modo de produção escravista colonial, mas sim uma forma de capital especificamente predominante nas condições locais, categoria similar às do capital comercial, industrial ou usurário. Ver Iraci del Nero da Costa, "Sobre a não existência de modos de produção coloniais", em Julio Manuel Pires e Iraci del Nero da Costa (orgs.), *O capital escravista-mercantil e a escravidão nas Américas* (São Paulo, Educ/Fapesp, 2010).

[6] "O capitalismo mercantil do século XVIII desenvolveu a riqueza da Europa por meio da escravidão e do monopólio. Mas, com isso, ajudou a criar o capitalismo industrial do século XIX, que se virou e destruiu a força motriz do capitalismo mercantil, a escravidão, e todo seu funcionamento." Eric Williams, *Capitalismo e escravidão* (São Paulo, Companhia das Letras, 2012), p. 284.

e forma de organização das forças produtivas, e as relações de produção correspondentes, não é possível pretender, por exemplo, que na Europa Ocidental predominassem relações de produção tipicamente capitalistas tão cedo como no século XV. Uma coisa é a abolição da servidão *jurídica*, outra muito diferente o fato indubitável de que os camponeses dependentes, sujeitos a prestações diversas aos proprietários eminentes do solo, tenham permanecido como elemento dominante das relações de produção no oeste da Europa durante vários séculos depois da Idade Média. [...] Noutras palavras, acreditamos que a economia dos Tempos Modernos (da metade do século XV até a segunda metade do século XVIII) é fundamentalmente *pré-capitalista*, o que se aplica à Europa, ao mundo colonial a ela submetido, e ao incipiente mercado mundial. [...]
São possíveis abordagens muito divergentes do sistema escravista que existiu em certas regiões do continente americano entre os séculos XVI e XIX. A primeira opção é considerar tal sistema como uma parcela, uma parte integrante do capitalismo mundial, funcional a seu desenvolvimento na etapa do "capitalismo comercial" e da acumulação primitiva, sendo porém destruído pela maturação do modo de produção capitalista. É desta forma que Fernando Henrique Cardoso e Octavio Ianni, apoiando-se nas ideias de Eric Williams, interpretam a trajetória histórica do escravismo brasileiro. [...] Para o século XIX, estamos de acordo; tanto mais que, então, o escravismo americano, sem nenhuma dúvida inserido no sistema capitalista mundial, crescentemente absorve elementos e concepções capitalistas, como também é mencionado por Marx. [...] Que dizer dos séculos XVI, XVII e ainda XVIII? Serão então as sociedades escravistas da América uma "anomalia em um mercado mundial assentado no trabalho livre"? Parece-nos evidente que não, e que a única forma de apoiar a afirmação do "caráter capitalista" das *plantations* escravistas americanas naquele tempo é o recurso a concepções circulacionistas do capitalismo, weberianas ou de outro tipo.[7]

Ciro Flamarion Cardoso aponta, então, uma especificidade dos modos de produzir dessa região em tal época:

Em 1971 propusemos que fosse considerado o escravismo colonial como um modo-de-produção específico, cuja teoria poder-se-ia construir, ainda que se tratasse de um modo-de-produção estruturalmente dependente, situado em nível teórico diferente do que corresponde por exemplo ao feudalismo ou ao capitalismo. A tentativa mais séria e exaustiva para tornar concreta esta sugestão – que em nosso caso só deu lugar a um capítulo de uma tese dedicada a um estudo monográfico, e a alguns artigos – é o avultado trabalho de Jacob Gorender sobre o escravismo colonial, onde o autor trata seriamente de construir a Economia Política de tal modo-de-produção. [...]
Um sistema econômico ou um modo de produção é uma abstração que, em seu estado puro, não será encontrado em parte alguma. Se *no essencial* certo número de formações

---

[7] Ciro Flamarion Cardoso e Héctor Pérez Brignoli, *História econômica da América Latina* (Rio de Janeiro, Graal, 1983), p. 66, 73, 95-6.

econômico-sociais funciona, porém, segundo as mesmas leis, é válido construir uma única "economia política" que as explique em conjunto.[8]

Jacob Gorender partilha do mesmo impulso de buscar compreender os modos de produção americanos a partir de suas próprias bases, e não apenas como reflexo local de uma produção havida ao mesmo tempo no solo das metrópoles europeias. Também afasta a determinação do modo de produção no Brasil pelas características da exportação, evitando, assim, compreender de modo circulacionista tal problema: exatamente nos termos dos modos relacionais de produzir, e não na circulação, é que o modo de produção deve ser tomado. Se Ciro Flamarion Cardoso, pioneiro no tema, toma a posição de compreender, em variadas sociabilidades americanas, possíveis modos de produção específicos coloniais, sem que tenham que ser subsumidos à métrica do feudalismo ou do capitalismo europeus, valendo-se dessa leitura como hipótese de trabalho e referindo-se a tais virtuais modos de produção até mesmo no plural, Gorender, logo após, busca poder especificar essa hipótese para identificar qual modo de produção seria esse nas colônias americanas, dando-lhe suas características determinantes e suas leis sociais. Ambos avançam no sentido de abandonar as visões teleológicas sobre a sequência dos modos de produção na história. Até então, leituras bastante restritas e lineares tomavam o caso europeu como métrica para as demais sociabilidades do mundo; perspectivas como as do stalinismo, que se tornaram oficiais em vários partidos comunistas, acabavam por considerar a sequência dos modos de produção como uma evolução histórica de etapas necessariamente lógicas ou inexoráveis. Cardoso e Gorender rompem com tal teleologia. Houve outros modos de produção que não só aqueles da experiência europeia. Pensar a sociabilidade do Brasil e das Américas ao tempo de sua formação não é apenas aplicar métricas de feudalismo ou capitalismo para essas sociedades, mas descobrir os modos específicos por que se forjaram. Diz Gorender:

> Um passo sério e pioneiro em direção a tal problemática foi dado por Ciro Cardoso, que, em vez da abstração de um "modo de produção colonial", único e indefinido, atreve-se à proposição concreta do modo de produção escravista colonial. Por outra parte, sou da opinião que a proposição de Ciro Cardoso padece das limitações epistemológicas dos "modelos", reduzindo-se a uma combinação de traços característicos. O de que se carece, a meu ver, é de uma *teoria geral* do escravismo colonial que proporcione a reconstrução sistemática do modo de produção como totalidade orgânica, como totalidade unificadora de categorias cujas conexões necessárias, decorrentes de determinações essenciais, sejam formuláveis em leis específicas. […]
>
> O modo de produção escravista colonial é inexplicável como síntese de modos de produção preexistentes, no caso do Brasil. Seu surgimento não encontra explicação nas direções unilaterais do evolucionismo nem do difusionismo. Não que o escravismo

---

[8] Ibidem, p. 96 e 100.

colonial fosse invenção arbitrária fora de qualquer condicionamento histórico. Bem ao contrário, o escravismo colonial surgiu e se desenvolveu dentro de determinismo socioeconômico rigorosamente definido, no tempo e no espaço. Deste determinismo de fatores complexos, precisamente, é que o escravismo colonial emergiu como um modo de produção de características *novas*, antes desconhecidas na história humana. Nem ele constituiu repetição ou retorno do escravismo antigo, colocando-se em sequência "regular" ao comunismo primitivo, nem resultou da conjugação sintética entre as tendências inerentes à formação social portuguesa do século XVI e às tribos indígenas. O estudo da estrutura e da dinâmica do modo de produção escravista colonial [...] demonstrará o que desde logo vem afirmado, ou seja, que se tratou de *um modo de produção historicamente novo*.[9]

A hipótese de trabalho de Ciro Flamarion Cardoso, de que tenha havido modos de produção nas Américas coloniais de perfil escravista colonial, é desenvolvida e retificada por Jacob Gorender ao analisar o caso brasileiro, mas também, de modo mais amplo, o continente americano, e ao propor a eles, especificamente, que tenha havido a existência de um *modo de produção escravista colonial*. E assim o sendo, para Gorender, ao se identificar um modo de produção, deve-se ser capaz de alcançar suas formas específicas e suas leis tendenciais. As do escravismo colonial não podem ser tomadas em face daquelas do escravismo clássico, do feudalismo ou do capitalismo. O escravismo havido no Brasil e nas Américas não é um capitalismo incompleto ou rebaixado. Daí, impõe-se compreender as formas sociais e as leis tendenciais determinantes e especificamente características desse modo de produção escravista colonial.

Gorender propõe que haja formas produtivas específicas ao escravismo colonial, como sua inclinação à monocultura (plantagem ou *plantation*)[10], dado que uma sociedade que produz com base na escravização e em vista da exportação dos produtos (diferentemente do escravismo antigo, que era para o consumo dos próprios senhores) não logra sustentar mercado interno que amplie a variedade das culturas produzidas. Para estabelecer sua classificação do modo de produção escravista colonial, Gorender identifica e elenca leis tendenciais dos modos de produção que são onimodais: apresentam-se em todos os modos de produção. Outras, plurimodais, havidas em mais de um modo de produção, mas não em todos. Por fim, algumas leis são monomodais ou específicas, arraigadas em um só modo de produção.

---

[9] Jacob Gorender, *O escravismo colonial* (6. ed., São Paulo, Expressão Popular, 2016), p. 55, 84-5.
[10] "A plantagem escravista colonial é uma organização econômica voltada para o mercado. Sua função primordial não consiste em prover o consumo imediato dos produtores, mas abastecer o mercado mundial. Este é que a traz à vida e lhe dá razão de existência. Baseado no trabalho escravo, o modo de produção, que com ela se organiza, não oferece à plantagem um mercado interno de dimensões compatíveis com sua produção especializada em grande escala. Produção agrícola especializada é sinônimo de *monocultura*." Ibidem, p. 121.

Dentre tais leis tendenciais do modo de produção escravista colonial está aquela que considera o resultado da exploração do trabalho excedente do escravizado uma renda monetária (dinheiro), e não uma renda natural (voltada ao consumo direto da família do escravista)[11]. Em meio a outras leis identificadas por Gorender no modo de produção escravista colonial, destacam-se ainda a de que a inversão inicial de aquisição de escravizados difere da aquisição de capital fixo, tal como as máquinas (as próprias ideias de Ciro Cardoso propugnavam no sentido de considerar o escravizado capital fixo e, depois, por conta das críticas de Gorender, retificam-se[12]), de tal sorte que a aquisição do escravizado se trata de uma aquisição de capital esterilizado, como é a terra para Marx em *O capital*[13]. Isso dá à aquisição de escravizados a característica de um fundo de capital adiantado que assegura a possibilidade de extração de excedente pelo trabalho do escravizado como sendo uma propriedade permanente e que venha a conseguir repor tal fundo adiantado em sua aquisição.

Em sua pesquisa a respeito da escravidão colonial brasileira, Ciro Flamarion Cardoso propõe que houve, de modo bastante frequente, relações entre escravocratas e escravizados que permitiam a estes um trabalho em lavoura de subsistência. Em terras especificamente reservadas para tanto, em dias também específicos, como os de feriados, os escravizados podiam plantar e colher lavouras para sua própria manutenção, sendo-lhes facultado até mesmo, eventualmente, negociar excedentes produtivos. Cardoso chama a isso de protocampesinato escravista, na medida em que se abriria uma brecha camponesa nas relações escravistas coloniais. Tal brecha não altera a natureza do modo de produção escravista nem tampouco apaga a dimensão violenta e compulsória do trabalho escravizado[14].

---

[11] "No escravismo colonial, a lei de apropriação do sobretrabalho formula-se da seguinte maneira: *a exploração produtiva do escravo resulta no trabalho excedente convertido em renda monetária.*" Ibidem, p. 193.

[12] "Acreditamos que Gorender tenha razão ao afirmar que não se trata de um investimento de capital fixo, e ao criticar a diversos autores (a nós inclusive) que haviam declarado ser o escravo parte do capital fixo das *plantations*." Ciro Flamarion Cardoso e Héctor Pérez Brignoli, *História econômica da América Latina*, cit., p. 111.

[13] "Decorre uma lei específica ou monomodal do modo de produção escravista colonial, assim formulada: *a inversão inicial de aquisição do escravo assegura ao escravista o direito de dispor de uma força de trabalho como sua propriedade permanente e simultaneamente esteriliza o fundo adiantado neste puro ato de aquisição, reposto à custa do excedente a ser criado pelo mesmo escravo.*" Jacob Gorender, *O escravismo colonial*, cit., p. 221.

[14] "Por 'brecha' não entendemos, de forma alguma, um elemento que pusesse em perigo, mudasse drasticamente ou diminuísse o sistema escravista. A analogia com uma brecha na muralha de uma fortaleza assediada seria algo totalmente equivocado. O que queremos significar – e cremos que também Lepkowski, ao criar a expressão – é uma brecha para o escravo, como se diria hoje 'um espaço', situado sem dúvida dentro do sistema, mas abrindo possibilidades inéditas para atividades autônomas dos cativos." Ciro Flamarion Cardoso, *Escravo ou camponês? O protocampesinato negro nas Américas* (São Paulo, Brasiliense, 2004), p. 121.

Mas, internamente ao próprio modo de produção, permite que os senhores não tenham que se incumbir da total subsistência de seus escravizados, repassando-lhes tal ônus, ao mesmo tempo que ensejaria um reforço na subordinação pela eventual expectativa de posse da terra em mãos próprias e para sucessores. Assim diz Ciro Flamarion Cardoso:

> Sob o escravismo, como em qualquer regime econômico-social, se estabelece entre a classe dominante e a classe explorada um acordo legal ou consuetudinário que garante para a classe dominada, pelo menos de fato e às vezes de direito, certos direitos, cuja infração traz consigo o perigo de alguma forma de rebelião. Isto poderia parecer uma tautologia, não fosse o fato de muitos autores não tratarem as sociedades escravistas como verdadeiras sociedades, e sim como uma espécie de campo de concentração generalizado. Para o escravo, a margem de autonomia representada pela possibilidade de dispor de uma economia própria era muito importante econômica e psicologicamente. Na consciência social dos senhores de escravos, porém, a atribuição de parcelas de terra e do tempo para cultivá-las era percebida como uma concessão revogável, destinada a ligar o escravo à fazenda e evitar a fuga. Esta diferença na percepção da brecha camponesa era portadora de conflito, tinha potencialidade dinâmica.[15]

Jacob Gorender se levantou contra a hipótese, proposta por Ciro Cardoso, de um sistema arraigado de brecha colonial. Reconhece que houve uma economia de subsistência dos escravizados, indo ao encontro do interesse senhorial, mas reforça o peso da coerção escravizadora, de tal sorte que a brecha campesina seria bastante excepcional e sem implicações suficientes para considerar que tenha havido uma dinâmica contratual ou jurídica no seio da relação de escravização. Num protesto contra tendências teóricas frequentes na historiografia brasileira a partir da década de 1980 que, ao reconhecerem negociações no âmbito interno dos vínculos de escravidão, poderiam ensejar uma reabilitação desta, em razão de uma pretensa mecânica de igualdade de jogos e estratégias entre escravizadores e escravizados[16], reforça Gorender:

> A meu ver, nada de essencial se altera na concepção teórica do modo de produção escravista colonial com esta ou aquela caracterização da economia própria do escravo. Por enquanto, atendo-me às fontes, penso que os escravos destinavam a maior parte dos seus cultivos à autossubsistência, o que justifica a inclusão desses cultivos no segui-

---

[15] Ibidem, p. 59.
[16] Como, ressaltando a negociação na sociabilidade da escravidão, diz Eduardo Silva: "No Brasil como em outras partes, os escravos negociaram mais do que lutaram abertamente contra o sistema. Trata-se do heroísmo prosaico de cada dia. [...] Escravos e senhores manipulam e transigem no sentido de obter a colaboração um do outro; buscam – cada qual com os seus objetivos, recursos e estratégias – os 'modos de passar a vida', como notou Antonil". Eduardo Silva, "Entre Zumbi e Pai João, o escravo que negocia", em João José Reis e Eduardo Silva, *Negociação e conflito: a resistência negra no Brasil escravista* (São Paulo, Companhia das Letras, 1989), p. 14 e 16.

mento de economia natural do escravismo colonial. Caracterização sem rigidez, pois admite a prática de transações comerciais pelos escravos, até prevalentes em certos momentos ou em certas áreas. Conclui-se que o sistema de economia própria do escravo não adquiriu no Brasil natureza estrutural.[17]

O protocampesinato escravista ensejaria ver, ao tempo do escravismo colonial, a existência de vínculos contratuais entre senhores e escravizados, forjando uma fresta de juridicidade no próprio seio da produção escravista. Não sendo sujeitos de direito, os escravizados mesmo assim se comportariam, em algumas situações bastante específicas, numa condição de transação com seus escravizadores. Se se pode ressaltar nesses vínculos um protótipo de igualdade contratual, isso se dá, no entanto, sob condições de total sujeição, sem liberdade. A respeito dessa juridicidade tanto nas brechas do escravismo colonial quanto, depois, às portas da abolição, assim trata Jonathan Erkert:

> Exemplos não faltam referentes a escravos, anteriormente à previsão legal, atuando no sentido de acumular riqueza e também legando seu excedente ou o direito de trabalhar parcelas da terra. No entanto, não se pode afirmar que tenham sido eles sujeitos de direito, ou portadores de direitos subjetivos na completude de suas relações sociais. Permaneceram atados, sim, às relações de produção presentes na colônia brasileira, que eram escravistas e, portanto, em última instância determinados pelo mando dos senhores.
> No entanto, quando operando concretamente em um ambiente mercantil, na véspera histórica do capitalismo, ou seja, nas bordas e nas infiltrações iniciais mercantis, os escravos, mesmo que não sujeitos de direito reconhecidos pela legalidade, *eventualmente* se portavam como tais, em antecipação às profundas mudanças que se anunciavam no horizonte jurídico e político da colônia.[18]

As socializações de escravizados e de livres

O debate sociológico sobre a brecha camponesa na escravidão brasileira – e uma pretensa juridicidade contratual e negocial aí dada – também se conecta a debates paralelos, como os das formas de resistência, de luta e de vida dos escravizados e dos negros livres ou aquilombados. Dá-se, então, uma bifurcação entre as ênfases teóricas, acentuando-se ou os flagelos da opressão (as estruturas da escravidão) ou a potência da resistência (a agência dos escravizados). Tais chaves clivadas fazem realces distintos às leituras sociológicas do passado, mas têm impacto imediato no presente, valorizando em um caso mais as resistências e as negociações de sociabilidade em vistas muitas vezes da sobrevivência e, em outro caso, denunciando as

---

[17] Jacob Gorender, *A escravidão reabilitada* (São Paulo, Expressão Popular, 2016), p. 94.
[18] Jonathan Erkert, *Modos de produção no Brasil: escravidão e forma jurídica* (São Paulo, Ideias & Letras, 2018), p. 132.

estruturas de exploração, dominação e opressão. Trata-se da divergência na interpretação das ênfases de um todo de sociabilidade que não pode, no entanto, ser tomado a partir de uma alternativa entre polaridades. Ambos os polos, exploração e opressão de um lado, resistência e vitalidade de outro, são concomitantes e se relacionam em tensão.

Daí a imperiosidade sociológica de, ao mesmo tempo, ressaltar a humanidade dos sujeitos escravizados – portanto, sua vitalidade e ação que não cessam mesmo sob as condições extremadas da escravidão – e, também, a brutalidade do escravismo, cuja sistemática material de desumanização de seres humanos opera no estabelecimento de formas de privação de liberdade orientadas para um sistema de exploração mediante dominações e opressões de plena coerção[19]. Numa dialética de complementaridade das ênfases – e não da negação de uma pela outra –, é preciso fazer ressaltar as variadas situações de humanização resistente e de luta ativa dos escravizados ao lado da contundência da luta de transformação estrutural dos modos de produção que organizaram no passado e organizam no presente a escravidão e o racismo na sociabilidade brasileira: o escravismo colonial e o capitalismo.

Contra interpretações lineares ou absolutizantes acerca da escravidão no Brasil – de perfis politicistas ou economicistas, que tomassem a escravidão como um fenômeno geral e genérico, sem identificar ou distinguir suas relações internas e específicas –, desde o terço final do século XX desenvolvem-se teorias que buscam destacar a humanidade e as resistências, lutas e socializações das populações escravizadas. Salientando a imperiosidade da pesquisa a respeito das formas de sociabilidade negra não apenas no combate ou nas revoltas, mas também no funcionamento quotidiano dos quilombos e suas relações de convívio, transação ou contenda com outros grupos escravizados, livres ou dominantes ao tempo, Beatriz Nascimento aponta para a compreensão do que chamará de *paz quilombola*:

> Até agora a literatura sobre quilombos, tanto a oficial quanto a bibliográfica, desde Nina Rodrigues até Clóvis Moura, se bem que por enfoques totalmente opostos, tem se preocupado predominantemente com seu caráter de rebelião, seu caráter insurrecto. O que os documentos oficiais nos legam é justamente o registro desse momento em que o quilombo entra em guerra com a ordem oficial. O que há antes, durante ou depois é muitas vezes sonegado. [...]

---

[19] O que se desdobra de mesmo modo para o racismo contemporâneo, conforme Silvio Luiz de Almeida: "A ênfase da análise estrutural do racismo não exclui os sujeitos racializados, mas os concebe como parte integrante e ativa de um sistema que, ao mesmo tempo que torna possíveis suas ações, é por eles criado e recriado a todo momento. [...] Pensar o racismo como parte da estrutura não retira a responsabilidade individual sobre a prática de condutas racistas e não é um álibi para racistas". Silvio Luiz de Almeida, *Racismo estrutural* (São Paulo, Jandaíra, 2019), p. 51.

Podemos ver portanto que, estabelecido num espaço geográfico, presumivelmente nas matas, o quilombo começa a organizar sua estrutura social interna, autônoma e articulada com o mundo externo. Entre um ataque e outro da repressão oficial, ele se mantém ora retroagindo, ora se reproduzindo. Esse momento, chamaremos de *paz quilombola*, pelo caráter produtivo que o quilombo assume como núcleo de homens livres, embora potencialmente passíveis de escravidão. Pensamos que, pela duração no tempo e pela expansão no espaço geográfico, o quilombo é um momento histórico brasileiro de longa duração, e isso graças a esse espaço de tempo que chamaremos de *paz*, embora muitas vezes ela não surja na literatura existente.[20]

A obra de Lélia Gonzalez (1935-1994) simboliza – pelo seu destaque, pela sua luta pessoal e pelo seu pioneirismo em muitos aspectos – uma mirada de ressalto à positividade da ação negra nas sociabilidades do escravismo e do capitalismo. Desde estudos nos quais se ocupa de aspectos de sociabilização, como as festas[21], até textos em que trata da desmistificação da pretensa democracia racial[22], Gonzalez desenvolve conceitos como o de amefricanidade, tratando de uma identidade afro--latino-americana, e também de pretuguês, referindo-se à natureza inexoravelmente africanizada da língua portuguesa[23]. No plano da interpretação sociológica em perspectiva histórica ampla e geral, a relevância da compreensão da resistência e da luta dos escravizados é destacada por Lélia Gonzalez:

> Assim como a história do povo brasileiro foi outra, o mesmo acontece com o povo negro especialmente. Ele sempre buscou formas de resistência contra a situação subumana em que foi lançado. [...]
> Também não é ressaltado pela história oficial o fato de que o primeiro Estado livre de todo o continente americano existiu no Brasil colonial, como denúncia viva do sistema implantado pelos europeus no continente. Estamos falando da República Negra de Palmares que, durante um século (1595-1695), floresceu na antiga Capitania de Pernambuco. O que essa história não enfatiza é que o maior esforço bélico despendido pelas autoridades coloniais foi contra Palmares e não contra o invasor holandês (1630-54), como se costuma divulgar. O que ela não enfatiza é que Palmares foi a primeira tentativa brasileira no sentido da criação de uma sociedade democrática e igualitária que, em termos políticos e socioeconômicos, realizou um grande avanço. Sob a liderança da figura genial de Zumbi, ali existiu uma *efetiva* harmonia racial, já que sua população, constituída por negros, índios, brancos e mestiços, vivia do trabalho livre cujos benefícios revertiam para *todos*, sem exceção. Na verdade, Palmares foi berço da nacionalidade

---

[20] Beatriz Nascimento, *Uma história feita por mãos negras* (Rio de Janeiro, Zahar, 2021), p. 132-3. Ver ainda, Beatriz Nascimento, *O negro visto por ele mesmo* (São Paulo, Ubu, 2022).
[21] Ver Lélia Gonzalez, *Festas populares no Brasil* (São Paulo, Boitempo, 2024).
[22] Ver Lélia Gonzales e Carlos Hasenbalg, *Lugar de negro* (Rio de Janeiro, Zahar, 2022).
[23] Ver Lélia Gonzales, *Primavera para as rosas negras. Lélia Gonzalez em primeira pessoa* (São Paulo, Diáspora Africana, 2018).

brasileira. E o mesmo se pode dizer com relação aos quilombos, onde a língua oficial era o "pretuguês", e o catolicismo (sem os padres, é claro) a religião comum.[24]

Clóvis Moura (1925-2003) desenvolve, em suas obras, uma leitura dialética entre as estruturas dos modos de produção e as relações sociais, modos de resistência, luta e vida e as estratégias das populações escravizadas e/ou negras. Alcançando a materialidade das relações produtivas que sustentavam a escravidão no Brasil, Moura ressalta, a partir de tais constrições estruturais das relações econômicas, políticas, institucionais e ideológicas da escravidão, as lutas por libertação, as insurreições e modos de vida como os quilombolas. É o mais importante pensador do século XX a refutar teses derivadas daquelas de uma pretensa bonomia da escravidão brasileira, aderentes às visões de Gilberto Freyre, que tratavam de uma fictícia passividade negra na escravidão. Moura, aliando construção teórica com militância revolucionária, a partir de horizontes marxistas, investiga e ressalta, na história, as variadas revoltas de escravizados, delineando seus termos gerais, e, também, destacando as sociabilidades quilombolas havidas no Brasil, pensando-as a partir das articulações e constrições em face do escravismo colonial[25].

Em *Rebeliões da senzala*, tratando das lutas dos escravizados, Clóvis Moura busca estabelecer seus padrões, perfazendo um sistema de suas formas relacionais:

> Tivemos oportunidade de mostrar as formas de que se revestiu o protesto do escravo. Aquelas formas fundamentais, se forem desdobradas em detalhes, em microanálise, poderão ser enumeradas da seguinte maneira:
> a) *Formas passivas*: 1) o suicídio, a depressão psicológica (banzo); 2) o assassínio dos próprios filhos ou de outros elementos escravos; 3) a fuga individual; 4) a fuga coletiva; 5) a organização de quilombos longe das cidades.
> b) *Formas ativas*: 1) as revoltas citadinas pela tomada do poder político; 2) as guerrilhas nas matas e estradas; 3) a participação em movimentos não escravos; 4) a resistência armada dos quilombos às invasões repressoras; 5) a violência pessoal ou coletiva contra senhores ou feitores.[26]

E ainda, em *Dialética radical do Brasil negro*, Clóvis Moura faz um balanço de sua leitura sociológica sobre a sociabilidade negra na escravidão:

> Sempre tivemos uma posição teórica oposta à daqueles cientistas sociais que igualam o fundamental ao secundário; o substantivo, ao adjetivo; o conjunto, ao detalhe; o objetivo, ao subjetivo; e o comparativo, ao analógico. Procuram, assim, por questões ideológicas algumas vezes invisíveis pelo recurso da erudição de fichário, que substitui

---

[24] Idem, *Por um feminismo afro-latino-americano* (Rio de Janeiro, Zahar, 2020), p. 50-1.
[25] Sobre Clóvis Moura, ver Márcio Farias, *Clóvis Moura e o Brasil* (São Paulo, Dandara, 2019).
[26] Clóvis Moura, *Rebeliões da Senzala: quilombos, insurreições, guerrilhas* (6. ed., São Paulo, Anita Garibaldi, 2020), p. 397.

o conhecimento, demonstrar que no modo de produção escravista brasileiro a conciliação, a barganha, o acordo sobrepôs-se ao conflito e ao descontentamento; a pacificação, à violência; e a empatia à resistência social, política e cultural nos seus diversos níveis. Para eles, os sociólogos e historiadores que trabalham com a categoria da contradição e do conflito como elemento central da dinâmica social estariam se deixando influenciar por elementos emocionais extracientíficos, *ideológicos* ou por uma visão não-científica das relações senhor/escravo. [...]

Zumbi? Pai João? A apresentação dessa dicotomia, como sendo aquela exposta pelos sociólogos e historiadores brasileiros que trabalham com a categoria da contradição e do conflito é caricata e destituída de seriedade. Ninguém, até hoje, ao que eu saiba, quis transformar a população escrava como composta de heróis na sua totalidade, ou como *sambos*. Mas, o que nos parece ser considerado é que independentemente desse julgamento de valor de heróis e vilões, deve-se ver qual o tipo de comportamento que, na dinâmica social, contribuiu para seu aceleramento ou para a inércia, a estagnação e a conservação das relações de produção escravista via *equilíbrio social*.[27]

A sociabilidade sob um modo de produção escravista colonial é estruturada, dialeticamente, tanto pelas relações de submissão de escravizados a escravizadores quanto pelos seus múltiplos termos de resistência, luta e negociação, cuja história avulta[28]. E, ao mesmo tempo, nessa sociedade, outras vastas e variáveis relações entre sujeitos livres também se estabeleceram. As leituras sociológicas de perfil juspositivista ou liberal tendem a ver, de modo retrospectivo, o passado pelas lentes do presente. Já Carl von Martius, no início do século XIX, ao vir em missão científica ao país, buscava identificar padrões jurídicos entre os povos autóctones[29]. Leituras calcadas no direito positivo e nas instituições liberais capitalistas, operando no binarismo de reconhecer sujeitos de direito (livres) e não sujeitos de direito (escravizados), aos primeiros investigam suas condições jurídicas, como seus direitos subjetivos, e, em especial, a relação entre os sujeitos livres e o Estado. A legalidade e a normatividade são lidas, via de regra, a partir de noções liberais de cidadania, o que tornaria a própria lógica da imposição normativa portuguesa na colônia (e, após isso, do Império nacional) uma articulação entre uma competência estatal e

---

[27] Idem, *Dialética radical do Brasil negro* (3. ed., São Paulo, Anita Garibaldi, 2020), p. 35 e 40.
[28] Ver João José Reis e Flávio dos Santos Gomes (orgs), *Revoltas escravas no Brasil* (São Paulo, Companhia das Letras, 2021).
[29] "Por inferior que pareça a civilização dos autóctones brasileiros por estes traços de seus costumes em relação ao direito, todavia, não lhes é desconhecida a ideia de propriedade, tanto em relação à comunidade como ao indivíduo. O engano corrente de que não possuem propriedade imóvel, certamente provém da opinião errada de que os selvagens sul-americanos não tinham lavoura e nem a exercem ainda, o contrário é que é exato; pois só conheci povos que possuíam lavoura, por pequena que fosse, exceto os vagabundos Murás, que não tinham domicílio." Carl F. P. von Martius, *O Estado de direito entre os autóctones do Brasil* (trad. Alberto Löfegreo, Belo Horizonte, Itatiaia, 1982), p. 35.

uma cidadania que a ela resistiria fundada em direitos[30]. No entanto, numa formação social cujas formas sociais não são as capitalistas – a produção é escravista –, tais projeções quanto aos sujeitos livres e às instituições jurídicas correspondentes somente podem ser tomadas no nível de reconhecimento de um domínio político-jurídico colonial, absolutista e escravista[31]. O direito colonial e o direito imperial são, tais quais os capitalistas, instrumentos de exploração, dominação e opressão, mas distintos, operando de modo estranho ao daquele especificamente capitalista que se articula pela forma de subjetividade jurídica.

No século XIX, num processo concomitante com o fim da condição colonial e a Independência, a inserção brasileira na economia capitalista mundial altera a dinâmica da própria escravidão[32]. O regime escravocrata passa a ser sustentado por elites senhoriais locais e seu projeto econômico não está alijado da produção capitalista de outros países; antes, busca afirmar na própria produção escravista vantagens em face de demais produções assalariadas nos mercados mundiais. Tal novo influxo da escravidão, agora após a Revolução Industrial e já sob o poder capitalista, é chamado de *segunda escravidão*. A análise desse período da escravidão, feita pelo historiador estadunidense Dale Tomich e, no Brasil, dentre outros, por Rafael de Bivar Marquese, percebe a sociabilidade escravista, já no século XIX, como plenamente inserida no contexto da concorrência comercial mundial. A escravidão e sua defesa em face da extinção do tráfico negreiro e de variadas tentativas parciais de abolição passa a ser o elemento ativo da articulação dos polos dinâmicos da estratégia comercial das classes escravistas brasileiras. Sobre isso, Rafael de Bivar Marquese e Ricardo Salles expõem:

---

[30] A pergunta sobre a normatividade na sociabilidade colonial deve ser respondida menos pela sua concreção em uma cidadania então inexistente e, mais, a partir da lógica de poder e interesse econômico da empreitada metropolitana: "A desordem era perigosa ao governo dos povos, inda mais a milhas de distância do centro de poder. Nas Minas, era também um entrave à tributação, e Portugal logo percebeu a necessidade de enquadrar a capitania a fim de que o ouro e as gemas fluíssem melhor para os cofres do rei. [...] Como introjetar o poder e as normas nas lonjuras do sertão? Como enquadrar os potentados, contornar o desejo de mando das Câmaras Municipais, ordenar a população heterogênea composta de várias gamas de mestiços, conter a violência sempre represada do contingente escravo?" Laura de Mello e Souza, *Norma e conflito: aspectos da história de Minas no século XVIII* (Belo Horizonte, Editora UFMG, 1999), p. 85-6.

[31] "A integração da magistratura e da sociedade ligou a elite econômica à elite governamental, numa união de fortuna e poder. [...] Pouco importava para o escravo, o sapateiro ou o boiadeiro que a opressão viesse de Lisboa ou da Bahia, de funcionários reais ou dos poderosos da terra. A integração do estado e da sociedade, com os benefícios que trouxe a certos elementos da colônia, foi comprada às expensas da maioria dos brasileiros." Stuart B. Schwartz, *Burocracia e sociedade no Brasil colonial* (São Paulo, Perspectiva, 1979), p. 295.

[32] "A moderna escravidão revela-se a um só tempo mais internacional e mais localmente determinada do que sugere a tradicional visão metrópole-colônia." Antonio Barros de Castro, "As mãos e os pés do Senhor de Engenho: dinâmica do escravismo colonial", em Antonio Barros de Castro et al., *Trabalho escravo, economia e sociedade* (Rio de Janeiro, Paz e Terra, 1984), p. 47.

Devemos considerar a escravidão oitocentista brasileira uma *nova escravidão*. Essa nova escravidão – a segunda escravidão – teve seu polo dinâmico e estruturador na grande propriedade rural produtora de *commodities* para o mercado mundial capitalista em expansão. Portanto, tratou-se de um sistema travejado pela *plantation*. [...] O tráfico internacional de escravos foi o grande mecanismo que permitiu essa difusão da escravidão brasileira. A *plantation* escravista do século XIX não foi um enclave que se sobrepôs a um tecido social e escravista disperso herdado do século XVIII: foi sua espinha dorsal. [...] É importante sublinhar as relações entre as forças do mercado mundial capitalista e a eclosão do movimento abolicionista brasileiro. O surgimento, após 1850, de um mercado nacional de escravos relativamente unificado, com curvas de preços bastante congruentes, colocou todos os produtores escravistas brasileiros sob a pressão do sistema de preços internacionais. As regiões e atividades menos dinâmicas viram seus cativos drenados para as fazendas de café mais dinâmicas do Centro-Sul, o que acarretou uma profunda reorganização espacial da instituição no Brasil. Com o alto preço dos escravos, a propriedade de seres humanos passou de elástica – isto é, aberta aos mais diversos grupos socioeconômicos, inclusive ex-escravos – a inelástica. O sentido sistêmico das alforrias para a manutenção da escravidão brasileira também se modificou: após 1850, as manumissões, de estruturadoras dos mecanismos de segurança da sociedade escravista brasileira, tornaram-se crescentemente desestruturadoras. Em outros termos, para o egresso do cativeiro, a possibilidade de vir a ser senhor de escravos era cada vez mais distante. A própria conquista da alforria ficara mais difícil. Por outro lado, a escravidão, como parâmetro das relações de trabalho, passou a ser vista como um fator de achatamento das condições de trabalho dos trabalhadores livres, brancos, negros e mulatos.[33]

A sociabilidade da escravidão não pode ser tomada, sociologicamente, como um obstáculo ou uma inadequação pré-capitalista a ser extinta logo que o capitalismo realizasse sua assunção. O modelo escravista é uma das manifestações centrais que organizam o próprio liberalismo e o pensamento burguês no capitalismo. David Brion Davis aponta que já o pensamento de John Locke funda o moderno liberalismo na base da legitimidade da escravidão conforme o direito natural e a propriedade privada[34]. Não se trata de uma excrescência em face do capitalismo, mas de um espaço estratégico da acumulação capitalista. Nesse sentido, a escravidão

---

[33] Rafael de Bivar Marquese e Ricardo Salles, "A escravidão no Brasil oitocentista: história e historiografia", em Rafael de Bivar Marquese e Ricardo Salles (orgs.), *Escravidão e capitalismo histórico no século XIX: Cuba, Brasil e Estados Unidos* (Rio de Janeiro, Civilização Brasileira, 2016), p. 130 e 151.
[34] "Do ponto de vista de Locke, a origem da escravidão, assim como a origem da liberdade e da propriedade, estavam inteiramente fora do contrato social. Quando qualquer homem, por falta ou ato, perdia para outro seu direito de viver, não podia se queixar de injustiça se sua punição era adiada por sua existência escravizada. Se as provações da servidão, em qualquer momento, excedessem o valor da vida, ele poderia cometer suicídio, resistindo ao seu senhor e admitindo a morte que sempre merecera. [...] Para Locke, o pecado original havia sido substituído por um ato supostamente deliberado, que requeria que o escravo fosse excluído para sempre do acordo paradisíaco e trabalhasse, com o suor de seu rosto, em benefício de outros. E, aparentemente, não

se orientou para uma administração da produtividade do escravizado, não apenas no ambiente de trabalho, mas em vista da totalidade de suas dimensões de sociabilidade[35]. A escravidão não foi uma irracionalidade retardatária, mas, sim, uma plena racionalidade de estabelecimento e estruturação social.

A escravidão, tanto nos séculos de colônia quanto já no Império independente, é a estrutura produtiva da formação da sociabilidade brasileira e, portanto, sua forma relacional decisiva. Ela marcará o central do conjunto no qual a presença de sujeitos livres também se fazia presente, num território colonial organizado a partir de um sentido de empreitada econômica exploratória, cujo centro político-institucional era a metrópole portuguesa e depois passou a ser a classe escravista nacional. Daí, em sistemas colonial e imperial calcados na escravidão, o modelo de sociabilidade dos sujeitos livres não pode ser tomado como toda a moldura da sociologia do direito de seu tempo: revela, apenas, uma das facetas de uma possível sociologia do direito dessa época. Maria Sylvia de Carvalho Franco, ao tratar do que chamou de homens livres na sociedade escravocrata, referindo-se em especial já ao caso cafeeiro do Sudeste brasileiro no século XIX, anuncia, no que tange à subjetividade livre, seu caráter tanto minoritário quanto contraditório. Ao mesmo tempo que a escravidão forja uma dinâmica senhorial e latifundiária cuja mecânica não é jurídica nem institucional, mas calcada no poder direto, pessoal e econômico, também não estabelece as coerções específicas da exploração dos trabalhadores por via jurídica:

> No plano da sociedade em geral, nota-se que são critérios econômicos plásticos e não rígidos preceitos ético-jurídicos que regulam os processos de diferenciação social e de participação na cultura. Definiu-se com isto uma considerável fluidez na categorização dos homens livres e também a dispersão dos padrões culturais. A despeito da presença desses elementos, não se completou o processo de constituição de uma sociedade de classes. O poder pessoal lá estava a impedir que isso acontecesse, filtrando, por seu prisma de solidão, o mundo material e o mundo humano. [...]

---

havia possibilidade alguma de redenção desse inferno secular." David Baron Davis, *O problema da escravidão na cultura ocidental* (Rio de Janeiro, Civilização Brasileira, 2001), p. 141 e 143.

[35] "As teorias administrativistas escravistas que foram construídas a partir do final dos setecentos têm um inegável teor moderno e, por esse motivo, podem ser tomadas como um dos desdobramentos potenciais da nova racionalidade econômica e política surgida no mundo atlântico na passagem do século XVIII para o XIX. O que tudo isso demonstra é a possibilidade de se falar na existência de um liberalismo escravista, plenamente compatível com as ordens nacionais escravistas que foram erigidas a partir da crise do sistema colonial, e que representaria um caminho alternativo para a modernidade, contraposto ao liberalismo antiescravista – capitaneado pela Inglaterra e pelo norte dos Estados Unidos – que acabou por se impor na economia-mundo capitalista ao longo do século XIX." Rafael de Bivar Marquese, *Feitores do corpo, missionários da mente: senhores, letrados e o controle dos escravos nas Américas, 1660-1860* (São Paulo, Companhia das Letras, 2004), p. 381.

Ao lado do latifúndio, a presença da escravidão freou a constituição de uma sociedade de classes, não tanto porque o escravo esteja fora das relações de mercado, mas especialmente porque excluiu delas os homens livres e pobres e deixou incompleto o processo de sua expropriação. [...] As relações entre proprietários e não proprietários não assumiram generalizadamente o caráter de relações de troca.[36]

A sociabilidade salariada

Embora tenha havido arcabouços normativos tanto na colônia como nos tempos do Reinado e do Império do Brasil, não são esses marcos que forjam um grau de subjetivação especificamente jurídica. Esta, rigorosamente, somente se alcança com a vinculação do trabalho de modo assalariado. Até a abolição da escravatura, os liames jurídicos na exploração do trabalho são incidentais. E, no que tange à legalidade, até a República ela não tem o condão de vetorizar a dinâmica capitalista: o domínio direto senhorial – em algumas circunstâncias, somando-se ao poder absolutista – é totalmente marcante nos tempos coloniais e predominantemente marcante nos períodos monárquicos. A abolição da escravatura marca a primeira possibilidade de subjetividade jurídica às massas, mas somente a República pode se assemelhar a algum regime de parcial institucionalidade liberal burguesa[37]. Na mais importante análise sociológica sobre a formação do Estado burguês no Brasil, Décio Saes aponta para o fato de que a abolição foi gestada por movimentos de classes médias. Contrariamente ao interesse das classes econômicas dominantes, estruturadas na escravidão, as classes médias lideraram um processo que tanto superava o escravismo quanto, também, buscava administrar o Estado aos moldes liberais, impedindo as revoltas escravas e populares, a mudança nas condições latifundiárias e o empoderamento das massas. Mas a República, surgindo sob controle militar, logo após o governo de Floriano Peixoto é capturada não pelos setores liberais de classe média, e sim pelos setores econômicos dominantes agrários de variados Estados, capitaneados pelos cafeeiros paulistas. Diz Saes:

> Não foram as classes dominantes (apegadas, no seu conjunto, à ideologia escravista), mas sim a classe média nascente (trabalhadores não manuais) que se fez portadora, na formação social escravista brasileira, da ideologia jurídica burguesa. Movida pelo

---

[36] Maria Sylvia de Carvalho Franco, *Homens livres na ordem escravocrata* (São Paulo, Editora Unesp, 1997), p. 237.
[37] Sobre as legislações civis de Teixeira de Freitas no século XIX e de Clóvis Beviláqua no início do século XX: "Beviláqua e Freitas, cada qual em sua época, enfrentaram problemas relativos à regulamentação jurídica do sistema de trabalho vigente no Brasil. Teixeira de Freitas, por conta da transitoriedade do estado civil do escravo; e Beviláqua, por causa da implementação de leis de proteção ao trabalhador, que ainda demorariam muito para entrar em vigor no país". Keila Grinberg, *Código Civil e cidadania* (3. ed., Rio de Janeiro, Zahar, 2001), p. 65.

igualitarismo jurídico burguês, a classe média reorganizou o movimento de revolta escrava, colocando-o a serviço de seu objetivo político: promover a transformação burguesa do Estado. Ao fazê-lo, a classe média bloqueou a formação de uma frente escravo-camponesa contra o latifúndio, condenou o campesinato pobre ao isolamento político e impediu que a revolução política burguesa se fizesse acompanhar de uma revolução agrária. As demais classes trabalhadoras urbanas (classe operária fabril, proletariado comercial e dos transportes) também se colocaram sob a direção da classe média no processo de transformação burguesa do Estado.
O processo de transformação burguesa do Estado se fez por etapas: extinção legal da escravidão (1888), reorganização do aparelho de Estado (Proclamação da República em 1889, Assembleia Constituinte em 1890/1891).[38]

Embora a abolição e a República permitam já um arcabouço liberal, e mesmo importantes documentos jurídicos, como o Código Civil, tenham sido gestados por intelectuais da classe média[39], a dinâmica social se dá sob as condições de um controle pelo bloco agrário – em especial cafeeiro –, cujas relações não são ainda totalmente de equivalência contratual. A dinâmica da subjetividade jurídica apenas se completará de modo estrutural quando da massificação do trabalho assalariado, a partir da década de 1930, ao tempo do varguismo. Somente neste momento, então, as noções já de há muito proclamadas de cidadania se encontram com uma condição de exploração do trabalho mediante contrato, de tal sorte que se possa reproduzir socialmente um conjunto de relações e vínculos econômicos e políticos calcados no direito. Baseando-se numa leitura marxista da determinação da forma política estatal pela mercadoria, reconhecendo dinâmicas parciais de lutas de classes e grupos e, por meio delas, uma relativa autonomia do Estado em face do imediato interesse econômico, Décio Saes propõe que o processo de consolidação de um Estado burguês e de uma normatividade jurídica propícia começa já no século XIX, mas apenas no século XX, com a industrialização, tal processo estabelece uma plena conexão social a partir da subjetividade jurídica.

---

[38] Décio Saes, *A formação do Estado burguês no Brasil: 1888-1891* (Rio de Janeiro, Paz e Terra, 1985), p. 346.

[39] "O Código Civil é obra de homens da classe média, que o elaboraram nesse estado de espírito, isto é, na preocupação de dar ao país um sistema de normas de Direito privado que correspondesse às aspirações de uma sociedade interessada em afirmar a excelência do regime capitalista de produção. Mas esse propósito encontrava obstáculos na estrutura agrária do país e não recebia estímulos de uma organização industrial a que se somasse o ímpeto libertário da burguesia mercantil. A classe média, que o preparou por seus juristas, embora forcejasse por lhe imprimir um cunho liberal e progressista, estava presa aos interesses dos fazendeiros que, embora coincidentes imediatamente com os da burguesia, não toleravam certas ousadias. Numerosas e concludentes são as provas de que o pensamento dominante na elaboração do Código Civil sofreu a influência desse desajustamento interno entre os interesses da classe dominante." Orlando Gomes, *Raízes históricas e sociológicas do Código Civil brasileiro* (São Paulo, Martins Fontes, 2003), p. 30.

> A passagem ao capitalismo não se iniciou, no Brasil, com a revolução política burguesa de 1888-1891; mas essa transformação superestrutural foi *condição necessária* para que o modo de produção capitalista se tornasse *dominante* na formação social brasileira. [...] A transformação jurídico-política de 1888-1891 foi, portanto, condição necessária para que o modo de produção capitalista se tornasse dominante no Brasil; isso não ocorreu, entretanto, *imediatamente* após a transformação superestrutural. Ainda algumas décadas após esse processo, as relações de produção servis continuaram a ser dominantes no campo, e a indústria permaneceu subordinada à agricultura; o que significa que as relações de produção servis foram as dominantes na própria formação social, tomada no seu conjunto. Só após 1930, quando a indústria foi progressivamente subordinando a agricultura (esta, já em processo de transformação capitalista), as relações de produção capitalistas se tornaram dominantes. Desse modo, foi a classe dos capitalistas industriais, e não a dos proprietários fundiários ou a dos capitalistas mercantis, a grande beneficiária, *no longo prazo*, da revolução política *burguesa* de 1888-1891.[40]

É quando se dá industrialização que, então, o Brasil alcança uma plena sociabilidade da exploração do trabalho assalariado, alterando o modelo até aí calcado fundamentalmente no escravismo colonial. Às contradições de séculos de exploração colonial e dominação escravocrata, que constituem o processo de formação social brasileira, hão de se somar as contradições das classes dominantes burguesas em relação às massas populares[41], as estratégias de acumulação, de inserção no capitalismo internacional, de governo e manutenção do domínio social. A juridicidade plenamente burguesa, que com a industrialização então se instaura no Brasil, passa a estruturar o controle social atual do país: mediante Estado (ditaduras ou democracias controladas) e direito (dando forma à exploração econômica e ao domínio de classe e grupos), a sociabilidade do escravismo colonial agora se transforma sob as formas sociais burguesas.

---

[40] Décio Saes, *A formação do Estado burguês no Brasil*, cit., p. 347 e 349.

[41] "Quando se fala do negro brasileiro, costuma-se dizer que ele foi ótimo escravo e, atualmente, é péssimo cidadão. Este julgamento, que se repete como passado em julgado e se transformou em clichê reproduzido sem mais análise, deve ser enfocado ao nível de interpretação sociológica a fim de que se possa descobrir a sua função numa sociedade competitiva. [...] O radical e o marginal, grosso modo, poderão, pois, ser apresentados como os modelos do mau cidadão negro, aos quais se contraporia o do bom escravo do passado. O estabelecimento desses ideais-tipos reflete a essência contraditória dos valores da sociedade capitalista brasileira em relação aos seus estratos inferiorizados e marginalizados e desemboca em uma série de medidas práticas de controle social e atos repressivos que servirão para manter inalterados os padrões e valores tradicionais. Em outras palavras: são dois julgamentos que refletem a ideologia das classes sociais dominantes na sociedade brasileira." Clóvis Moura, *O negro: de bom escravo a mau cidadão?* (São Paulo, Dandara, 2021), p. 27 e 36. Ver, ainda, Clóvis Moura, *Brasil: as raízes do protesto negro* (São Paulo, Dandara, 2023).

7
A sociedade brasileira: atualidade

Desenvolvimento da dinâmica capitalista brasileira

Os movimentos econômicos e políticos que se iniciam no final do século XIX e se avolumam e se condensam nas primeiras décadas do século XX erigem então, no Brasil, uma sociabilidade determinantemente assentada em formas capitalistas: exploração do trabalho sob forma assalariada, domínio da forma mercadoria, orientação social plena à acumulação, política institucionalizada sob forma estatal, forma de subjetividade jurídica organizando as relações e os vínculos sociais. A reprodução da formação social brasileira se desenvolve, desde essa fase, a partir de tais balizas das formas capitalistas, embora atravessada por variados arranjos, lutas, tensões, disputas e linhas de interesse que forjaram suas margens, possibilidades e limites. Do século XX até o século XXI o Brasil verificou alguns modelos de desenvolvimento capitalista relativamente autonomistas – do varguismo ao petismo – e, contra eles, as reações das classes burguesas, bloqueando tais projetos. Os marcos mais decisivos da reação foram a ditadura a partir de 1964 e o neoliberalismo desde a redemocratização.

Embora sofrendo combates e desmontes posteriores, as mudanças advindas dos governos de Getúlio Vargas assentaram um outro índice para o capitalismo nacional: industrialização, com mercado consumidor mais massivo que aquele dos tempos apenas agroexportadores, proteções normativas aos trabalhadores urbanos, planejamento estatal e controle e organização das lutas sindicais. O desenvolvimentismo dos governos Vargas define o padrão de dinamização econômica e os nichos máximos de inclusão social havidos dentro da formação capitalista nacional[1].

---

[1] "É após 1930 que se aprofunda a Revolução Burguesa, período em que se assinalam, concomitantemente, o avanço quantitativo e qualitativo da industrialização, sob o aspecto econômico; um novo pacto de poder, alterando a correlação de forças dentro da classe dominante, do ponto de

Contra tais padrões levantam-se as reações burguesas – nacionais e internacionais –, políticas, jurídicas, militares e ideológicas. Do suicídio de Vargas, passando pelo golpe de 1964 até o desmonte da CLT com o golpe de 2016, uma determinada moldura do capitalismo nacional enfrenta uma constante negação pela própria coesão capitalista socialmente dominante. Os governos Vargas não representam o surgimento do capitalismo no Brasil – esse processo já vinha em maturação de há muito –, mas, sim, estabelecem uma formação específica dentro das possibilidades das formas da reprodução social capitalista nacional em face inclusive do todo capitalista mundial. Conforme Lúcio Flávio de Almeida:

> A "Revolução de 1930" abriu caminho para a reestruturação do Estado nacional, tornando-o melhor aparelhado para o prosseguimento, em novos termos, do processo de desenvolvimento capitalista no Brasil. [...] A especificação é importante: desenvolvimento do capitalismo em novos termos e não início do desenvolvimento capitalista no Brasil. [...] Dominação do capital mercantil no processo de acumulação e deslocamento da burguesia agromercantil no interior do bloco no poder: eis dois aspectos essenciais para a compreensão do panorama político brasileiro no período que se abre com a "Revolução de 1930". [...]
> Como diversos autores observaram, a contrapartida da crise de hegemonia foi a ampliação do papel da burocracia estatal na definição da política de desenvolvimento capitalista no pós-30. Manobrando em meio ao equilíbrio instável entre as distintas frações da classe dominante e tirando proveito das contradições que grassavam no campo imperialista, a burocracia de Estado lograria, por meio do enquadramento político e ideológico de amplos setores do proletariado e das baixas camadas médias, criar uma base de massa para uma política que, em última análise, favorecia um certo processo de industrialização.[2]

Com Vargas, uma articulação política liderada pelo Estado se aproveita de circunstâncias específicas da crise da sociabilidade brasileira e mesmo do capitalismo mundial, de tal sorte que, a partir daí, uma nova forja de acumulação se assenta, com todas as derivações jurídicas e sociais decorrentes, como a da administração

---

vista político; e um novo tratamento para a 'questão' operária e para a participação dos 'setores médios urbanos', no campo social." Pedro Cezar Dutra Fonseca, *Vargas: o capitalismo em construção* (São Paulo, Brasiliense, 1999), p. 28. "O Estado brasileiro assumiu uma forma particular, entre os anos de 1930 e o final da década de 1950 [...]. Sob esta forma, consubstanciou-se a direção econômica estatal e seu comando sobre o processo de industrialização restringido. Ao final dos anos de 1950, sob a égide do Plano de Metas, o país ingressou em sua fase de economia industrial avançada, e prenunciaram-se os elementos de esgotamento e crise do Estado." Sônia Draibe, *Rumos e metamorfoses: um estudo sobre a constituição do Estado e as alternativas da industrialização no Brasil, 1930-1960* (2. ed., Rio de Janeiro, Paz e Terra, 2004), p. 223. Ver, ainda, Alexandre de Freitas Barbosa, *O Brasil desenvolvimentista e a trajetória de Rômulo Almeida: projeto, interpretação e utopia* (São Paulo, Alameda, 2021).

[2] Lúcio Flávio de Almeida, *Ideologia nacional e nacionalismo* (São Paulo, Educ, 2014), p. 115-6, 123-4.

das relações de trabalho via direitos trabalhistas. Não há uma teleologia que faria com que a economia cafeeira exportadora brasileira se transformasse numa economia industrial mais autônoma, de direitos sociais regulados. Essa sociabilidade se forjou não como devir inexorável, mas como uma das possibilidades capitalistas. Assim, Luiz Pereira:

> No período revolucionário de 30, nada há, pois, de uma revolução burguesa. Com ele dá-se, sim, um impulso dinâmico exercido por novas forças sociais, dentre as quais já figuram os setores populares citadinos. Tal impulso leva para novo estágio e expansão o processo de constituição de uma formação econômico-social capitalista (industrialização "intencional" e variavelmente "orientada"); imprime a esta formação um novo rumo (exploração do mercado interno); e conduz a uma recomposição política e econômica entre as classes burguesas (por ampliação e fortalecimento do setor industrial) e entre essas classes burguesas e as "camadas populares" citadinas. Estas, enquanto contingentes de trabalhadores, expandem-se e diferenciam-se internamente com o avanço da industrialização e do setor de serviços grandemente estimulado pela industrialização, bem como se fortalecem politicamente. Afinal, realizou-se uma revolução não burguesa, que tinha dentre seus componentes um cunho também popular citadino, mas que não negou a formação socioeconômica capitalista. Ao contrário, afirmou a *complementação do desenvolvimento do capitalismo no Brasil*, explorando porém o *possível* histórico *capitalismo autônomo*, sem no entanto chegar à negação, mas apenas à contestação e parcial destruição do total predomínio econômico e político dos setores agrário-exportadores. As transformações sofridas pela sociedade brasileira desde então acham-se ligadas aos êxitos e aos desvios e insucessos da realização desse "modelo".[3]

No que tange à juridicidade, ao lado de lograr um circuito maior da subjetividade jurídica para perenes fins contratuais e de exploração do trabalho assalariado, a inconstância de legalidades democráticas é uma das marcas da sociabilidade brasileira em toda a sua fase contemporânea. O varguismo, que ampliou a juridicidade no âmbito trabalhista, se assentou tanto em regimes políticos de exceção quanto de legalidade democrática. Quando do golpe de 1964, uma mescla de desenvolvimento econômico sob marcos jurídicos se anelou a uma quebra sistemática de direitos individuais e sociais. A redemocratização, a partir da década de 1980, estabeleceu uma nova inflexão no padrão político e jurídico do país. A Constituição Federal de 1988 foi tomada como símbolo de um contraste suficiente com o passado ditatorial e de uma chegada decisiva a um regime capitalista democrático, liberal, com viés de inclusão e bem-estar social. No entanto, logo a partir de sua promulgação, tal modelo jurídico constitucional passa a ser sistematicamente combatido, começando pela inflexão neoliberal da década de 1990 e tendo como epílogo o golpe de 2016, simbolizado pelo *impeachment* de Dilma Rousseff e a ascensão de Michel

---

[3] Luiz Pereira, *Ensaios de sociologia do desenvolvimento* (3. ed., São Paulo, Pioneira, 1978), p. 127.

Temer e, depois, de Jair Bolsonaro. O pretenso horizonte democrático liberal-progressista simbolizado pela Constituição Federal de 1988 revelou-se a parte frágil de um padrão materialmente consolidado de reprodução da sociabilidade.

Consolidação da reprodução social brasileira

Em *Crise e golpe*, proponho que o padrão determinante da sociabilidade brasileira contemporânea não é o de 1988, mas sim o de 1964[4]. Foram o golpe contra João Goulart e a subsequente ditadura que estabeleceram as molduras das possibilidades e dos limites da reprodução social no Brasil. O movimento de redemocratização e a Constituição Federal de 1988 são, na verdade, um influxo de menor capacidade de incidência e de mais frágil estabelecimento em face do domínio empresarial--civil-estatal-militar já plenamente amalgamado pela ditadura e cujo poder, desde então, não deixou de estar em exercício. Ler 1988 como menos estrutural que 1964 é avançar para além das ilusões da ideologia jurídica que tradicionalmente inspiram o liberalismo e o juspositivismo brasileiros. Trata-se de uma leitura distinta daquela que domina o cenário ideológico – e a maioria da sociologia brasileira – desde o período da redemocratização. Por versões de esquerda dessa interpretação, o caminho da sociedade brasileira é de ação dentro da moldura institucional, em favor de um capitalismo inclusivo – o liberalismo de esquerda. Por versões de direita, o neoliberalismo é seu corolário, revestido pelo clamor de que um ambiente de lei e ordem e de defesa das instituições jurídicas de um Estado mínimo seriam suficientes para a garantia da segurança jurídica e do ambiente contratual que permitiria uma maximização econômica. Contra ambas as leituras liberais e juspositivistas dominantes – tanto contra sua faceta socialmente inclusiva quanto contra sua versão neoliberal edulcorante –, proponho que o padrão de reprodução social brasileiro não é marcado pela Constituição Federal de 1988, mas sim por um modelo de capitalismo regressista no limite sempre ditatorial. O golpe de 1964 é o leito do rio da sociabilidade brasileira[5].

---

[4] Ver Alysson Leandro Mascaro, *Crise e golpe* (São Paulo, Boitempo, 2018).
[5] "O golpe de Estado de 1964 é o evento-chave da história do Brasil recente. Dificilmente se compreenderá o país de hoje sem que se perceba o verdadeiro alcance daquele momento decisivo." Carlos Fico, *O golpe de 1964: momentos decisivos* (Rio de Janeiro, Editora FGV, 2014), p. 7. "O golpe do 1º de abril teve exatamente por objetivo atender a essas duas exigências: fazer do Estado o núcleo articulador do grande capital, estrangeiro e nativo (e do latifúndio), para conduzir um projeto de crescimento econômico associado ao capital estrangeiro e submisso às novas exigências das metrópoles imperialistas (em primeiro lugar, Washington). A funcionalidade do Estado próprio ao regime instaurado a 1º de abril era, portanto, dupla: econômica e política – o novo padrão de acumulação que ele promoveria, para superar a crise, supunha tanto o privilégio ao grande capital numa perspectiva que atualizava as condições de reprodução da dependência quanto as mais

Superando as visões juspositivistas e liberais que compreendem 1988 como institucionalidade dada apenas porque pelo direito está posta, então, para alcançar as razões pelas quais 1964 tem natureza mais incisiva e estruturante que 1988, há, na verdade, duas possibilidades sociológicas: visões não liberais/não juspositivistas e a crítica marxista. No que tange aos não liberalismos/não juspositivismos, suas percepções realistas alcançam o nível dos poderes efetivamente dominantes da sociabilidade brasileira. Uma de suas mais imediatas manifestações está no poder militar, de perfil reacionário e filoestadunidense, antiesquerdista, não subordinado – e muitas vezes mesmo estruturalmente contraposto – ao poder civil. No entanto, somente a crítica marxista tem a possibilidade de alcançar, cientificamente, as determinações de um complexo de poder – militar, estatal, jurídico e civil – que erige as margens da reprodução social brasileira e que tem na exploração e nas estratégias de acumulação capitalista seu motor. Assim sendo, as estruturas presentes da formação social brasileira têm que ser pensadas pela sua determinação capitalista e pelas variadas manifestações de poder e interesse que na reprodução econômica se imbricam.

A materialidade jurídica da sociabilidade brasileira contemporânea, feita mediante longos e lentos passos de forjas capitalistas – Independência, abolição, República –, delineou suas atuais molduras econômicas de classe, seus limites políticos e seus bloqueios sociais exatamente com o golpe e a ditadura de 1964, condensando a formação econômica, política, social e jurídica decisiva brasileira[6]. Agentes estatais operam diretamente a repressão[7]. O golpe foi legitimado pelos

---

severas restrições à participação democrática da massa da população. Ergueu-se, pois, como um Estado *antinacional* e *antipopular*, que conduziu o capitalismo no Brasil a um estágio avançado do capitalismo monopolista com vigorosa intervenção estatal." José Paulo Netto, *Pequena história da ditadura militar (1964-1985)* (São Paulo, Cortez, 2014), p. 78. Ver, ainda, Caio Navarro de Toledo (org.), *1964: visões críticas do golpe – democracia e reformas no populismo* (2. ed., Campinas, Editora da Unicamp, 2014).

[6] "A história do bloco de poder multinacional e associado começou a 1º de abril de 1964, quando os novos interesses realmente 'tornaram-se Estado', readequando o regime e o sistema político e reformulando a economia a serviço de seus objetivos. Agindo dessa forma, levaram o Brasil e, poder-se-ia conjecturar, todo o cone sul da América Latina ao estágio mundial de desenvolvimento capitalista monopolista." René Armand Dreifuss, *1964, a conquista do Estado: ação política, poder e golpe de classe* (Petrópolis, Vozes, 1987), p. 489.

[7] "Todos estavam ameaçados de demissão ou prisão, de tortura ou morte, dependendo do juízo dos policiais e militares encarregados diretamente da repressão. Os esquemas policiais foram centralizados operativamente através do DOI-Codi e da Oban, e se coordenaram sob a direção do Serviço Nacional de Inteligência, mistura de FBI e CIA. Este organismo tinha o nível de gabinete presidencial e dispunha de agentes no âmbito das equipes de cada ministro para cuidar do ajustamento entre as polícias ministeriais e a de segurança nacional. Em resumo: o regime de repressão policial militar que se armou entre 1964 e 1966, e que parecia diminuir entre 1967 e 1968, voltou a reafirmar-se de forma muitas vezes mais violenta e totalitária." Theotonio dos Santos, *Evolução histórica do Brasil: da colônia à crise da Nova República* (São Paulo, Expressão Popular, 2021), p. 128.

tribunais brasileiros e a Constituição liberal de 1946 foi substituída por ditames constitucionais ditatoriais de 1967 e de 1969, atravessados por grotescas normativas como os Atos Institucionais, cujas vigências perduraram por muito. A legalidade foi o esteio para a ditadura, não sua antípoda. Conforme Anthony Pereira, comparando a juridicidade da ditadura brasileira a outras latino-americanas:

> A abordagem brasileira à questão da legalidade foi marcada por uma maior cooperação entre as forças armadas e o Judiciário e por uma maior preocupação com a legalidade formal no trato com os adversários políticos, pelo menos com os que faziam parte da elite política, do que ocorreu nos dois outros casos. No Chile, os militares tendiam a usurpar o poder ou a assumir a autoridade judicial, mais do que a tentar se integrar no Judiciário civil, como ocorreu no Brasil. E, na Argentina, era comum os militares desrespeitarem frontalmente o poder Judiciário, com a subsequente ratificação judicial das consequências concretas do arbítrio militar. [...]
> O uso dos tribunais militares como instrumentos de ação judicial contra dissidentes e opositores manteve o regime militar brasileiro numa trajetória legalista, embora não constitucional. Empregados originalmente para expurgar comunistas e partidários de Goulart do aparato estatal, os tribunais militares tiveram seu raio de ação ampliado de modo a incluir os integrantes da nova esquerda armada, comprometidos com a derrubada do regime. Esse regime permitiu um mínimo de padronização de procedimentos no tratamento dado aos presos políticos, embora, em alguns casos, o governo tenha optado por ignorar a própria legalidade, matando e fazendo desaparecer integrantes da esquerda armada considerados particularmente perigosos.[8]

Houve lutas no processo de saída da ditadura. Tal dinâmica, no entanto, foi administrada por uma abertura controlada pelos próprios poderes ditatoriais. A redemocratização não penalizou crimes e torturas havidos no regime golpista, não superou seus termos de domínio e, por fim, com o golpe de 2016, sucumbiu às mesmas estratégias e horizontes ideológicos prevalecentes desde o golpe anterior – conservadorismo moral e religioso, reacionarismo político, desmonte de políticas parcialmente inclusivas, anticomunismo, arbítrio militar como *ultima ratio* da política, ativismo judicial golpista, louvor à violência e à ignorância jactante anticientífica. Com 1964, e desde então até o presente, a tortura se torna a materialidade da dominação última e frequentemente factível à sociabilidade[9]. Daí, o AI-5 é uma marca jurídica das possibilidades materiais

---

[8] Anthony W. Pereira, *Ditadura e repressão: o autoritarismo e o estado de direito no Brasil, no Chile e na Argentina* (São Paulo, Paz e Terra, 2010), p. 107 e 142.

[9] "A tortura foi indiscriminadamente aplicada no Brasil, indiferente a idade, sexo ou situação moral, física e psicológica em que se encontravam as pessoas suspeitas de atividades subversivas. Não se tratava apenas de produzir, no corpo da vítima, uma dor que a fizesse entrar em conflito com o próprio espírito e pronunciar o discurso que, ao favorecer o desempenho do sistema repressivo, significasse sua sentença condenatória. Justificada pela urgência de se obter informações, a tortura

da juridicidade brasileira mais decisiva que o artigo 5º da Constituição Federal de 1988. O primeiro foi sustentado pelo capital, pelos militares, pelos meios de comunicação de massa, pelos tribunais, pelos juristas, pela ideologia conservadora da sociedade, para os quais, desde então até hoje, os direitos humanos devem ser aplicados apenas para humanos "direitos". O segundo é cultivado em bolhas jurídicas e intelectuais que fantasiam o império constitucional, normativo e judicial dos direitos humanos como produto necessário da técnica jurídica juspositiva e da melhor razão.

No que tange à juridicidade no campo da política econômica, dois polos internos ao capitalismo apresentam-se em disputa desde o varguismo[10]: de um lado, o intervencionismo estatal, de perfil burguês mais autonomista e soberanista, com variados graus de bem-estar social – desde o PTB de Vargas ao PT de Lula –; de outro lado, o liberalismo – num arco que vai da União Democrática Nacional (UDN) ao bolsonarismo, passando pela Arena e pelo Partido da Social Democracia Brasileira (PSDB), dentre outros –, subordinado ao imperialismo estadunidense e fundado em variadas modulações de defesa da ordem, de moralismos conservadores e religiosos, e de agressivos desmontes de conquistas jurídicas de bem-estar social, como as do direito do trabalho, em políticas constantes de privatizações e em violência militar e paramilitar sistemática. Diz Gilberto Bercovici:

> A autonomia do Estado brasileiro nunca foi plena, dependendo das inúmeras forças políticas heterogêneas e contraditórias que o sustentam. [...] O sentido da ação estatal dá-se pela hierarquização dos interesses sociais, definidos e articulados em suas políticas ou omissões. Não é uma direção autodeterminada, mas, também, não se reduz ao jogo das forças políticas, levando-se em consideração que a atuação do Estado altera constantemente as mesmas correlações de força que constituem sua base material. E foi precisamente esta direção do Estado, no contexto de uma esfera de atuação autônoma

---

visava imprimir à vítima a destruição moral pela ruptura dos limites emocionais que se assentam sobre relações efetivas de parentesco. Assim, crianças foram sacrificadas diante dos pais, mulheres grávidas tiveram seus filhos abortados, esposas sofreram para incriminar seus maridos. [...] O emprego sistemático da tortura foi peça essencial da engrenagem repressiva posta em movimento pelo Regime Militar que se implantou em 1964. Foi, também, parte integrante, vital, dos procedimentos pretensamente jurídicos de formação da culpa dos acusados." Arquidiocese de São Paulo (org.), *Brasil: nunca mais* (41. ed., Petrópolis, Vozes, 2014), p. 41 e 201.

[10] "Para a UDN, do ponto de vista econômico, ou do ponto de vista político, *o Estado era a própria emanação de Getúlio Vargas e de sua herança*. O 'reboquismo udenista', frente ao onipresente chefe do Estado Novo (veja-se a análise sobre o acordo interpartidário no governo Dutra, por exemplo), explica grande parte do antiestatismo e do antipopulismo. Afinal, a UDN aceitaria a estatização, quando proposta pelos militares, após 1964, assim como se convertera em 1960 às práticas populistas, quando encenadas por Jânio Quadros ou Carlos Lacerda, este, tradicional inimigo do getulismo." Maria Victoria de Mesquita Benevides, *A UDN e o udenismo: ambiguidades do liberalismo brasileiro (1945-1965)* (Rio de Janeiro, Paz e Terra, 1981), p. 281.

limitada, que propiciou, apesar das restrições, a realização de um projeto de desenvolvimento, fundado na industrialização e na tentativa de autonomia nacional. [...]
O Estado brasileiro constituído após a Revolução de 1930 é, portanto, um Estado estruturalmente heterogêneo e contraditório. É um Estado Social sem nunca ter conseguido instaurar uma sociedade de bem-estar: moderno e avançado em determinados setores da economia, mas tradicional e repressor em boa parte das questões sociais. Apesar de ser considerado um Estado forte e intervencionista é, paradoxalmente, impotente perante fortes interesses privados e corporativos dos setores mais privilegiados.[11]

Tais dois polos, seja o progressista, de Vargas a Lula, seja o regressista, da UDN ao bolsonarismo, compreendem arraigados movimentos práticos de luta social que remontam sempre a bases capitalistas. A esquerda brasileira, via de regra, não é socialista, mas sim defensora de um capitalismo socialmente inclusivo; a direita busca uma maximização da exploração que achata a classe trabalhadora e o mercado interno e o põe em subordinação à exploração estadunidense. É exatamente o socialismo o limite intransponível contra o qual se organiza a ideologia, a política e o direito no Brasil contemporâneo: pouco e raramente pleiteado, embora seja, em discursos e na prática, o Outro a ser evitado e que mobiliza o reformismo de esquerda (melhorar o capitalismo para que não haja uma revolução) e o radicalismo reacionário (o combate ao comunismo justifica as ditaduras e o afastamento da legalidade).

O golpe de 2016 quebrou a ideia de que a sociedade brasileira tenha tido no complexo empresarial-civil-militar nacional e internacional da ditadura de 1964 apenas um desvio de rota, como se o golpe contra Goulart e a ditadura que se lhe seguiu tivessem sido tão só um espasmo reativo ao liberalismo e à modernidade, cujas perenidades depois fossem reconquistadas. O pretenso espasmo é, na verdade, o esteio do domínio social, jamais confrontado estruturalmente desde então[12]. O padrão de 1964 não foi suplantado pela Constituição de 1988. Esta foi uma transação possível a partir dos termos daquele. O bloqueio à esquerda petista então no governo, promovido com o golpe de 2016; o *lawfare* e a prisão de Lula; o desmonte da CLT e das políticas públicas progressistas; o agressivo avanço do capital nacional e internacional mediante financeirização e privatizações; a subordinação aos interesses estadunidenses; a retomada do governo por militares e seu papel de garante último do poder, acima das leis; o total domínio ideológico capitalista nos meios de comunicação de massa, sem espaço para interesses populares; o aumento da repressão às periferias e comunidades suburbanas; o aumento de padrões de racismo, machismo,

---

[11] Gilberto Bercovici, *Constituição econômica e desenvolvimento: uma leitura a partir da Constituição de 1988* (São Paulo, Malheiros, 2005), p. 56-7.
[12] Ver, dentre outros, Edson Teles e Vladimir Safatle (orgs.), *O que resta da ditadura: a exceção brasileira* (São Paulo, Boitempo, 2010). Edson Teles e Renan Quinalha (orgs.), *Espectros da ditadura: da Comissão da Verdade ao bolsonarismo* (São Paulo, Autonomia Literária, 2020).

homofobia e perseguição a grupos tradicionalmente oprimidos; a lucratividade negocial originária do choque do desmonte econômico do país, fortalecendo frações do capital nacional e internacional contra outras – tudo isso rapidamente se impôs a partir dos mesmos padrões de exploração econômica, dominação política e institucional e opressão e controle social já de há décadas estabelecidos. Não se trata de uma mudança de padrões estruturais, mas sim de uma continuidade: o período de 1964 a 1985 e sua continuidade a partir de 2016 revelam a fragilidade do interregno da democratização e do constitucionalismo de 1988 e permitem inclusive compreender a continuidade profunda da autocracia, embora as aparências novidadeiras de um progressismo que se pretendia ancorar juridicamente na Constituição Federal. Os golpes de 1964 e 2016 são a contrapartida necessária para o liberalismo econômico, jurídico e político que com eles se entrelaçam. Embora divisões e conflitos entre frações da classe burguesa tenham se dado[13], no fundamental, os golpes de 1964 e 2016 são a atualização e a modernização inexoráveis para que a exploração e o domínio se mantenham nas mãos das mesmas classes e grupos.

A ascensão dos juristas como grupo administrador ativo do capitalismo neoliberal é um fenômeno mundial. A sociologia do direito de perfil juspositivista e liberal, desde as décadas finais do século XX, volta-se aos poderes judiciários como os responsáveis fundamentais por uma retificação na sociabilidade capitalista, garantindo a unificação jurídica dos espaços internacionais do capital, a propriedade privada, a liberdade contratual e a segurança negocial e, no campo dos direitos subjetivos, reduzindo-os apenas àqueles individuais. O louvor do ativismo judicial foi a tônica que permitiu um reputado tecnicismo na administração do capitalismo por muitas sociedades do mundo[14].

---

[13] Segundo Armando Boito Jr.: "Nossa tese é que a grande burguesia interna brasileira, que mantém uma relação ambivalente, de dependência e conflito, com o capital internacional, foi a fração burguesa hegemônica no bloco no poder durante os governos Lula e Dilma – principalmente depois da crise de 2005 e da substituição de Antonio Palocci por Guido Mantega no Ministério da Fazenda. A política econômica, externa e social do neodesenvolvimentismo expressava essa hegemonia – sem revogar o *modelo econômico* capitalista neoliberal, a *política* neodesenvolvimentista era distinta daquela defendida pelo capital internacional. Isso tudo contrasta com o bloco no poder do período FHC, no qual foi exatamente o capital internacional e a fração da burguesia brasileira a ele integrada que exerceram a hegemonia e graças à aplicação da plataforma política do neoliberalismo. Essas forças, nos governos do PT, foram deslocadas para uma posição secundária no bloco do poder e atuaram, em decorrência disso, como oposição a esses governos. Aliás, essas mesmas forças voltaram a ocupar posição dominante com a substituição do governo Dilma pelo governo Temer. Ou seja, entramos numa época de restauração da hegemonia do capital internacional e da fração burguesa a ele integrada". Armando Boito Jr., *Reforma e crise política no Brasil: os conflitos de classe nos governos do PT* (Campinas, Editora da Unicamp, 2018), p. 11.

[14] "Um judiciário disfuncional aumenta o custo e o risco das transações econômicas, distorcendo os preços e a alocação de recursos. [...] Um bom sistema judicial é essencial para permitir

No que tange à sociologia do direito, a fim de avançar para além de uma apreensão liberal autolegitimadora a partir das normas jurídicas ou das instituições estatais do direito, é a natureza da forma de subjetividade jurídica e da forma política estatal que deve ser posta em xeque, bem como arcabouços e institutos jurídicos como o da legalidade, os poderes judiciários, os ministérios públicos etc. Uma sociologia do direito fundada na análise das políticas públicas, dos judiciários e suas decisões, do impacto de alterações legislativas e normativas, tende a portar um reducionismo teórico que naturaliza a sociabilidade capitalista e leva os estudos de caso no campo jurídico a extrações limitadas de suas compreensões nas estruturas da totalidade. A formação social brasileira, erigida politicamente na forma estatal – necessariamente repressora, dada a condição de exploração e dominação social das formas do capital, das quais deriva –, passa a ser tomada pelas leituras liberais e juspositivistas como autoritária, carente do império da lei. Aquilo que é exatamente o problema – o capitalismo, seu direito, o Estado – é tomado como a solução, pleiteando-se, para tanto, outros arranjos quantitativos (mais direitos, mais eficiência na aplicação jurídica) e/ou morais (fim da corrupção, retirada da intervenção estatal para o incremento da confiança negocial, melhores e mais bem-educados legisladores ou juristas). Em tal cenário de liberalismo que normatiza e naturaliza a reprodução capitalista e busca negar a possibilidade das lutas estruturais em face da administração quotidiana a partir de prismas de segurança jurídica, estabelece-se uma proeminência dos poderes judiciários como controladores últimos da política e da ética. As contradições do capitalismo passam ao largo dessa sociologia do direito juspositivista liberal que grassa sistematicamente nas últimas décadas[15].

---

investimentos específicos em capital físico e humano. [...] Um equilíbrio socialmente mais desejável seria produzido por um judiciário eficiente e independente que permitisse ao governo flexibilidade no manejo de suas políticas, ao mesmo tempo em que garantisse o investidor privado contra o comportamento oportunista do governo." Armando Castelar, *Judiciário e economia no Brasil* (São Paulo, Sumaré, 2000), p. 184-5.

[15] "Dessas múltiplas mutações, a um tempo institucionais e sociais, têm derivado não apenas um novo padrão de relacionamento entre os Poderes, como também a conformação de um cenário para a ação social substitutiva a dos partidos e das instituições políticas propriamente ditas, no qual o Poder Judiciário surge como uma alternativa para a resolução de conflitos coletivos, para a agregação do tecido social e mesmo para a adjudicação de cidadania, tema dominante na pauta da facilitação do acesso à Justiça. Em torno do Poder Judiciário vem-se criando, então, uma nova arena pública, externa ao circuito clássico '*sociedade civil – partidos – representação – formação da vontade majoritária*', consistindo em ângulo perturbador para a teoria clássica da soberania popular. Nessa nova arena, os procedimentos políticos de mediação cedem lugar aos judiciais, expondo o Poder Judiciário a uma interpelação direta de indivíduos, de grupos sociais e até de partidos – como nos casos de países que admitem o controle abstrato de normas –, em um tipo de comunicação em que prevalece a lógica dos princípios, do direito material, deixando-se para trás as antigas fronteiras que separavam o *tempo passado*, de onde a lei geral e abstrata hauria seu fundamento, do

Uma sociologia das instituições, especificamente dos agentes do direito e dos poderes judiciários, revela, mais uma vez, que estes se forjam imediatamente calcados no interesse da reprodução capitalista e da ordem política repressiva e regressista. Ressalvadas as exceções, a ditadura de 1964 recebeu apoio, sustento técnico e legitimação dos juristas. As faculdades de direito, a cultura jurídica e os profissionais do campo jurídico estiveram na linha de frente dos governos e das administrações da ditadura. A naturalização da perseguição às esquerdas, aos pobres, aos grupos minoritários e da tortura, forneceu o esteio para o padrão jurídico-repressivo que até hoje vigora na sociabilidade brasileira. O orgulho ideológico liberal justificado pela facilitação à acumulação capitalista, pouco se importando com as condições materiais de vida das maiorias trabalhadoras e pobres do país, entrelaça-se com a brutalidade repressiva e mesmo reclama moralismos reacionários golpistas. As modernizações liberais do direito tributário da ditadura se casam com o AI-5 tanto quanto o direito da regulação econômica neoliberal com o desconhecimento ou a destruição dos princípios constitucionais de perfil progressista na Constituição Federal de 1988[16]. O golpe de 2016 foi capitaneado, inclusive, pelos juristas que, em plena maioria, dedicaram à Operação Lava Jato e à grave parcialidade promovida pelos seus quadros de promotoria e magistratura apoio entusiasmado. Dos grupos que administram a reprodução de tal sociabilidade do capital não se pode esperar a superação daquilo que exatamente sustentam. Sequer o julgamento dos crimes da ditadura prosperou nessa transição político-militar-jurídica sustentada pelo capital[17]. O padrão dos agentes jurídicos na sociabilidade brasileira contemporânea é

---

tempo futuro, aberto à infiltração do imaginário, do ético e do justo." Luiz Werneck Vianna et al., *A judicialização da política e das relações sociais no Brasil* (Rio de Janeiro, Revan, 1999), p. 22.

[16] "Em face da grande quantidade de normas indeterminadas na Constituição de 1988, o cenário jurídico-político brasileiro passou a ser balizado por uma ordem jurídico-constitucional estruturalmente assimétrica. [...] Por mais que a Constituição de 1988 tenha sido apresentada e justificada por seus autores sob a forma de um conjunto de normas juridicamente válidas *erga omnes*, na prática ela se revelou como um sistema de 'regras do jogo' determinado por um equilíbrio interinstitucional – ou seja, o sistema de relações sociais, econômicas, políticas e culturais que condiciona efetivamente a ação dos poderes públicos." José Eduardo Faria, *Direito e economia na democratização brasileira* (São Paulo, Malheiros, 1993), p. 152 e 161.

[17] "No Brasil, o arraigado consenso vigente em meio ao Judiciário e às forças armadas vem evitando reformas nas organizações judiciárias e militares. As elites militares e judiciárias, fundidas pelo sistema híbrido da justiça militar brasileira, não apenas detinham os meios como também tinham interesse na propagação de um conto de fadas sobre a benevolência e a justiça dos tribunais militares durante a ditadura. A escala relativamente reduzida da violência letal ajudou esses apologistas a afirmar que os tribunais militares, de modo geral, operavam com os altos padrões de um tipo ideal de estado de direito. Essa ficção foi muito conveniente para a manutenção do *status quo*, apesar das reivindicações de mudança surgidas com a era democrática." Anthony W. Pereira, *Ditadura e repressão*, cit., p. 244.

defensor da ordem, liberal em favor do capital e reacionário contra classes e grupos explorados e oprimidos.

A partir da ditadura, as constantes tentativas de refazer pactos de reformas pontuais no quadro da exploração, da dominação e das opressões no Brasil se dão a partir de um bloco econômico, político, jurídico, militar, institucional, ideológico e social que é plenamente coeso desde o golpe de 1964. Assim sendo, tal aparato aceita e bloqueia reformas progressistas conforme seus interesses, imediatos ou de longo prazo. A sociedade brasileira contemporânea, em termos jurídicos, não é uma ordem coerente normativamente, mas é suficientemente coesa para a exploração promovida pelas classes capitalistas nacionais e internacionais. Seus institutos se orientam a níveis de segurança jurídica suficientes para a reprodução da formação social[18]. Então, o que a sociologia do direito brasileiro na atualidade encontrará nas normas, nas instituições e nos juristas é o conjunto de alguns dos elementos que permitem a continuidade de uma sociedade capitalista exploratória, dominadora e opressiva.

Sentido da reprodução social brasileira contemporânea

Ao estabelecer um balanço da república brasileira, Décio Saes, apontando o caráter limitado e instável de sua democracia, avança para além de uma mera constatação do fracasso político nacional ou da falta de suficientes ou eficazes instituições liberais na sociabilidade pátria. Analisando os momentos da República Velha, do varguismo e pós-Constituição de 1988, propõe Saes razões materialmente específicas para a limitação da democracia no país a partir de sua formação social. No período 1889-1930, a manutenção do poder latifundiário que vinha do escravismo, sem relações dinâmicas no setor agrário, fez os setores urbanos se organizarem politicamente com partidos esvaziados de plena força econômica e social. Com isso, a democracia da Primeira República se estabilizou à margem das possibilidades de mudança eleitoral, impedindo que eventuais partidos populares urbanos surgissem, dada a sua ineficácia ao não encontrar apoio nos trabalhadores rurais, subjugados ainda a vínculos camponeses dependentes em face dos latifundiários:

> Ao promover a articulação política direta – sem uma mediação especificamente partidária – dos diferentes segmentos regionais da fração hegemônica da classe dominante, a "política

---

[18] "A consolidação da segurança jurídica é um retrato da própria consolidação do Estado brasileiro, e sempre caminhou ao lado da evolução do direito processual brasileiro que, como salientado, sofreu grandes transformações ao longo dos séculos, saindo de uma fase processualística com fundamentos que vêm desde as Ordenações, passando pelos códigos estaduais, os de processo de 1939, 1973 e um enorme salto com a Constituição Federal de 1988." Alex Antonio Mascaro, *Segurança jurídica e coisa julgada: sobre cidadania e processo* (São Paulo, Quartier Latin, 2010), p. 45.

dos governadores" enfraqueceu a vida partidária das classes dominantes regionais. Tornou-se assim inviável a formação de um *partido dominante de caráter nacional*. [...]
O estrito controle exercido pelos "coronéis" sobre o comportamento eleitoral das massas rurais não inviabiliza apenas a emergência de partidos rurais, ele também bloqueia a constituição de partidos trabalhistas urbanos voltados para a participação no jogo político-institucional. As classes trabalhadoras urbanas têm consciência de sua impotência eleitoral, decorrente da inviabilidade política de alianças eleitorais com as massas rurais (estando estas subjugadas, como já se viu, à política dos "coronéis"). Por isso, uma política independente – isto é, não controlada pelas classes dominantes – será perseguida pelas classes trabalhadoras urbanas, não por meio da organização de partidos trabalhistas direcionados para a participação eleitoral, e sim por meio do apelo a outros instrumentos de ação: a greve geral (classe operária), a revolta tenentista (classe média).[19]

Aponta Saes que, por sua vez, a democracia de 1945 a 1964 tem limitações de outro tipo. Organizada não mais a partir de um partido majoritário, mas por três legendas, PTB, PSD e UDN, apresenta fraquezas advindas da própria sustentação pela burocracia estatal dos dois primeiros desses partidos. A burguesia industrial brasileira não revela iniciativas de tomar a hegemonia econômica e política. É a burocracia estatal que opta pelo processo de industrialização, fazendo, também, a ação política de massas estar enredada nas contradições de uma luta pelo/contra o domínio estatal desenvolvimentista.

A burguesia industrial não almeja o aprofundamento da industrialização. Favorecida pela disponibilidade de recursos financeiros (engendrados na economia primário-exportadora) para importação e pela contínua oferta internacional de novas tecnologias industriais, essa classe social prefere se manter na condição de consumidora dos meios de produção fabricados noutro lugar a internalizar, com altos custos, o departamento econômico produtor de meios de produção. Ora, uma burguesia industrial que abdica da direção do processo de industrialização está, ao mesmo tempo, renunciando à luta pela conquista da hegemonia política no seio do bloco no poder. Nessas condições, dificilmente essa classe social se lançaria na construção de um "Partido industrial", salvo se fosse induzida a isso por um movimento contrário de auto-organização política das classes trabalhadoras urbanas. [...]
A burguesia industrial e a propriedade fundiária aceitam, ambas, a fragilidade do sistema partidário diante do aparelho de Estado, mas por motivos diversos: a burguesia industrial, porque vacila – para dizer o mínimo – diante do projeto político de industrialização; a propriedade fundiária, porque está confinada, em plena fase de transição para o capitalismo, numa posição puramente defensiva dentro do bloco no poder (defesa da grande propriedade rural, bloqueio à reforma agrária).[20]

---

[19] Décio Saes, *República do capital: capitalismo e processo político no Brasil* (São Paulo, Boitempo, 2023), p. 81 e 84.
[20] Ibidem, p. 93.

No balanço teórico promovido por Saes, as duas dinâmicas históricas de crise da democracia brasileira no século XX revelam distintas insuficiências. No primeiro caso, nas dinâmicas de 1930, com uma superação revolucionária. No segundo caso, nas dinâmicas da década de 1960, com um processo contrarrevolucionário:

> A destruição da "democracia oligárquica" de 1889-1930 representou a *superação revolucionária* de uma forma de Estado e de um regime político cujo funcionamento concreto favorecia os interesses das classes dominantes "arcaicas" (mormente os da burguesia comercial-exportadora), bem como bloqueava a aceleração do processo de industrialização e a integração política das classes trabalhadoras urbanas. Inversamente, a destruição da "democracia populista" de 1945-1964 se configurou como um processo *contrarrevolucionário*, amplamente favorável aos desígnios do capital monopolista e do imperialismo, de "contenção política" das massas brasileiras, objetivamente envolvidas, desde 1961, num processo de "dinamização pela esquerda" da democracia vigente. Pode-se portanto concluir que, assim como as limitações impostas à democracia respectivamente na Primeira República e no período 1945-1964 foram de natureza diversa, a instabilidade da democracia teve um significado histórico específico em cada um desses períodos.[21]

No que tange ao período político posterior à ditadura militar, Décio Saes, em seu texto escrito na década de 1990, também aponta para suas específicas fragilidades e contradições. O contexto da democratização, ancorado pela Constituição de 1988, não rompe plenamente com as amarras institucionais ditatoriais. Além disso, com o neoliberalismo, reorganizam-se as frações de classe na exploração econômica brasileira. Dá-se o deslocamento do controle da acumulação para o capital financeiro internacional (e não mais apenas fixado no capital bancário, dominante na ditadura militar, mas que ainda tinha características nacionais); em tal novo arranjo, perdem peso a empresa monopolista privada nacional e a empresa estatal. Nesse novo padrão, a reprodução social se consolida em padrões regressistas neoliberais, tendentes, em médio prazo, ao reacionarismo. Diz Saes:

> A década de 1990 marca a passagem da economia brasileira a uma nova fase. Nessa fase, reiteram-se, por um lado, as suas características de economia capitalista, monopolista e dependente. Por outro lado, nela se processa uma redefinição do peso econômico dos diferentes setores capitalísticos: o capital monopolista estatal e o capital monopolista privado nacional tendem a perder peso econômico (o primeiro, por meio da privatização; o segundo, por meio da desnacionalização) em benefício do capital monopolista estrangeiro (meramente industrial ou financeiro). [...]
> Ora, a *democracia limitada* de 1988 serve concretamente a esse novo arranjo do sistema de interesses monopolistas. Isso significa especificamente que tal formato institucional não se constituiu, até agora, em obstáculo à formação de governos (como os de Collor e de Fernando Henrique Cardoso) cuja política – privatizações, desregulamentação,

---

[21] Ibidem, p. 96.

abertura econômica etc. – é prioritariamente orientada pelos interesses do capital financeiro internacional. Num contexto histórico em que a subordinação ideológica das massas brasileiras – e não apenas destas – chega ao extremo da "aceitação" do programa político neoliberal (hostil, como se sabe, a qualquer proposta de preservação ou construção de um *Welfare State*), a adequação prática da democracia limitada de 1988 aos desígnios do capital financeiro internacional parece, à primeira vista, garantir a *estabilidade* dessa variante de democracia capitalista no médio prazo.[22]

As teses mais avançadas do campo crítico da interpretação sociológica sobre o Brasil – como as acima apontadas por Décio Saes, algumas das proposições da teoria marxista da dependência (TMD) de Ruy Mauro Marini e das de Florestan Fernandes, em especial a partir de *A revolução burguesa no Brasil*, quando alcança a compreensão do país como uma autocracia burguesa – são fundamentais para o dimensionamento das estruturas e das dinâmicas da reprodução social capitalista e das formas de exploração, domínio, opressão e luta na sociedade brasileira. Tanto a burguesia brasileira tem papel dependente e associado ao capital internacional, sendo uma zona de fronteira, de choque e de sustentação das estratégias de acumulação, quanto, em especial, sua afirmação interna se faz mediante um amálgama burguês, estatal, militar e jurídico que impede câmbios estruturais reformistas burgueses – mesmo porque, contra a burguesia já dominante e em gozo da reprodução social que comanda, não há outra burguesia a se opor. A proposta de Florestan Fernandes de ler a atual formação social brasileira como sendo uma autocracia burguesa deve, na verdade, ser complementada com a leitura sobre as formas sociais estruturantes do capitalismo, conforme as proposições científicas marxistas. Nesse sentido, não há a possibilidade de ver, por todo o mundo, democracias burguesas que não sejam autocracias burguesas, portanto, todas, as contradições estruturais e crises do capitalismo[23]. A se tomar o exemplo dos Estados Unidos da América, no qual o amálgama entre classes burguesas, Estado, militares, judiciário e mídia é tamanho a ponto de ser indistinto, para muitos aspectos, os efetivos grupos dirigentes da presidência da República, dado que há uma nucleação decisiva dirigindo a regulação social, o regime de acumulação e o domínio imperialista no plano interno e internacional – simbolizado no que o vulgo denomina por um *deep State* –, a autocracia burguesa é a forma necessária de toda reprodução política e social do capitalismo contemporâneo, definindo, então, os quadrantes, possibilidades e limites das instituições, da política estatal e do direito em todas as formações sociais capitalistas mundiais. A autocracia burguesa não é uma formação social excepcional no campo econômico, político ou jurídico; é, exatamente, o modo pelo qual o

---

[22] Ibidem p. 100-1.
[23] Ver Paulo Eduardo Arantes, *A fratura brasileira do mundo: visões do laboratório brasileiro da mundialização* (São Paulo, Editora 34, 2023).

capitalismo se afirma, desde os meados do século XX, em todos os seus países. Então o específico da formação social brasileira é o particular amálgama que forja e sustenta a reprodução social autocrática local, sem que a ela reste a hipótese de se mirar e se comparar com sociedades capitalistas não autocráticas. Ao cabo, no fundamental, as formas sociais da mercadoria, do valor, da política estatal e do direito, movendo a dinâmica da acumulação, são os constituintes de todas as sociabilidades capitalistas, a partir de constrições e moldes relacionais inexoráveis[24]. As formas da sociabilidade capitalista determinam suas variadas formações sociais específicas.

A ciência social enseja o entendimento de que a constituição da sociedade e sua reprodução, no Brasil e no mundo, em suas variadas sociabilidades, se dão estruturalmente, no tempo presente, para a exploração capitalista e a manutenção dos variados domínios a ele aglutinados. O específico da formação social brasileira está conjugado com as mesmas formas sociais coercitivas de todas as sociedades capitalistas. Disso deriva que a mudança social é, a cada qual das sociabilidades do mundo, o câmbio de suas formações – poderes, dominações, opressões –, mas é, a todas as sociedades, a mudança de suas formas – que atualmente têm por determinação a mercadoria, por dinâmica o valor e por lei última apenas a acumulação. Ao Brasil e ao mundo, somente a plena transformação da sociabilidade capitalista é sua esperança concreta e possível.

---

[24] Ver Alysson Leandro Mascaro, *Estado e forma política* (São Paulo, Boitempo, 2013), caps. 1 e 3.

Referências bibliográficas

ALBUQUERQUE, Manoel Maurício de. *Pequena história da formação social brasileira*. Rio de Janeiro, Graal, 1981.

ALMEIDA, Lúcio Flávio de. *Ideologia nacional e nacionalismo*. São Paulo, Educ, 2014.

ALMEIDA, Silvio Luiz de. *Racismo estrutural*. São Paulo, Jandaíra, 2019.

ALMEIDA FILHO, Niemeyer. Notas sobre as bases teóricas da teoria marxista da dependência. In: NEVES, Lafaiete Santos (org.). *Desenvolvimento e dependência*: atualidade do pensamento de Ruy Mauro Marini. Curitiba, CRV, 2012.

ALONSO, Angela. *Flores, votos e balas*: o movimento abolicionista brasileiro (1868-88). São Paulo, Companhia das Letras, 2015.

AMBROSINI, Diego Rafael; FERREIRA, Gabriela Nunes. Os juristas e o debate sobre "país legal" e "país real" na República Velha. In: MOTA, Carlos Guilherme; FERREIRA, Gabriela Nunes (orgs.). *Os juristas na formação do Estado-Nação brasileiro (de 1850 a 1930)*. São Paulo, Saraiva, 2010.

ANDRADA E SILVA, José Bonifácio de. *Projetos para o Brasil*. São Paulo, Publifolha, 2000.

ARANTES, Paulo Eduardo. *A fratura brasileira do mundo*: visões do laboratório brasileiro da mundialização. São Paulo, Editora 34, 2023.

ARAÚJO, Ricardo Benzaquen de. *Guerra e paz*: Casa-Grande & Senzala e a obra de Gilberto Freyre nos anos 30. São Paulo, Editora 34, 1994.

_____. *Zigue-zague*: ensaios reunidos (1977-2016). Rio de Janeiro, Editora PUC-Rio, 2019.

ARQUIDIOCESE DE SÃO PAULO (org.). *Brasil*: nunca mais. 41. ed., Petrópolis, Vozes, 2014.

ARRUDA, Maria Arminda do Nascimento; GARCIA, Sylvia Gemignani. *Florestan Fernandes, mestre da sociologia moderna*. Brasília, Paralelo 15, 2003.

BAMBIRRA, Vânia. *O capitalismo dependente latino-americano*. Florianópolis, Insular, 2019.

BARBOSA, Alexandre de Freitas. *O Brasil desenvolvimentista e a trajetória de Rômulo Almeida*: projeto, interpretação e utopia. São Paulo, Alameda, 2021.

BARBOSA, Rui. *Escritos e discursos seletos*. Rio de Janeiro, Nova Aguilar, 1997.

BARIANI JUNIOR, Edison. *Guerreiro Ramos e a redenção sociológica*: capitalismo e sociologia no Brasil. São Paulo, Editora Unesp, 2012.

BARRETTO, Vicente. Primórdios e ciclo imperial do liberalismo. In: BARRETTO, Vicente; PAIM, Antonio (orgs.). *Evolução do pensamento político brasileiro*. Belo Horizonte, Itatiaia, 1989.

BASTOS, Aurélio Cândido Tavares. *Os males do presente e as esperanças do futuro*. 2. ed., São Paulo, Companhia Editora Nacional, 1976.

_____. *A província*: estudo sobre a descentralização no Brasil. Maceió, Assembleia Legislativa de Alagoas, 2012.

BASTOS, Élide Rugai. Oliveira Vianna e a sociologia no Brasil (um debate sobre a formação do povo). In: BASTOS, Élide Rugai; MORAES, João Quartim de (orgs.). *O pensamento de Oliveira Vianna*. Campinas, Editora da Unicamp, 1993.

BEIGUELMAN, Paula. *Formação política do Brasil*. 2. ed., São Paulo, Pioneira, 1976.

BENEVIDES, Maria Victoria de Mesquita. *A UDN e o udenismo*: ambiguidades do liberalismo brasileiro (1945-1965). Rio de Janeiro, Paz e Terra, 1981.

BERCOVICI, Gilberto. *Constituição econômica e desenvolvimento*: uma leitura a partir da Constituição de 1988. São Paulo, Malheiros, 2005.

BOITO JR., Armando. *Reforma e crise política no Brasil*: os conflitos de classe nos governos do PT. Campinas, Editora da Unicamp, 2018.

BOSI, Alfredo. *Dialética da colonização*. São Paulo, Companhia das Letras, 1992.

BOTELHO, André. *O retorno da sociedade*: política e interpretações do Brasil. Petrópolis, Vozes, 2019.

BOYERT, Robert. *Teoria da regulação*: os fundamentos. São Paulo, Estação Liberdade, 2009.

BRANDÃO, Gildo Marçal. *Linhagens do pensamento político brasileiro*. São Paulo, Hucitec, 2010.

_____. Ideias e argumentos para o estudo da história das ideias políticas no Brasil. In: COELHO, Simone de Castro Tavares (org.). *Gildo Marçal Brandão*: itinerários intelectuais. São Paulo, Hucitec, 2010.

CAMPOS, Francisco. *O Estado nacional*: sua estrutura, seu conteúdo ideológico. Brasília, Senado Federal, Conselho Editorial, 2001.

CANDIDO, Antonio. A visão política de Sérgio Buarque de Holanda. In: CANDIDO, Antonio (org.). *Sérgio Buarque de Holanda e o Brasil*. São Paulo, Perseu Abramo, 1998.

CANECA, Frei Joaquim do Amor Divino. O *Typhis Pernambucano*. In: MELLO, Evaldo Cabral de (org.). *Frei Joaquim do Amor Divino Caneca*. São Paulo, Editora 34, 2001.

CARDOSO, Ciro Flamarion. *Escravo ou camponês? O protocampesinato negro nas Américas*. São Paulo, Brasiliense, 2004.

_____. BRIGNOLI, Héctor Pérez. *História econômica da América Latina*. Rio de Janeiro, Graal, 1983.

CARDOSO, Fernando Henrique. *Pensadores que inventaram o Brasil*. São Paulo, Companhia das Letras, 2013.

CARVALHO, José Murilo. *A construção da ordem*: a elite política imperial. Rio de Janeiro, Relume-Dumará, 1996.

CASTELAR, Armando. *Judiciário e economia no Brasil*. São Paulo, Sumaré, 2000.

CASTRO, Antonio Barros de. As mãos e os pés do senhor de engenho: dinâmica do escravismo colonial. In: CASTRO, Antonio Barros de et al. *Trabalho escravo, economia e sociedade*. Rio de Janeiro, Paz e Terra, 1984.

CERQUEIRA, Laurez. *Florestan Fernandes*: vida e obra. São Paulo, Expressão Popular, 2004.

COHN, Gabriel. Florestan Fernandes: A revolução burguesa no Brasil. In: MOTA, Lourenço Dantas (org.). *Introdução ao Brasil*: um banquete no trópico. São Paulo, Senac, 1999.

_____. Persistente enigma. In: FAORO, Raymundo. *Os donos do poder*: formação do patronato político brasileiro. 4. ed., São Paulo, Globo, 2008.

COSTA, Emília Viotti da. José Bonifácio: homem e mito. In: MOTA, Carlos Guilherme (org.). *1822*: dimensões. 2. ed., São Paulo, Perspectiva, 1986.

COSTA, Hipólito José da. Sistema constitucional. In: PAULA, Sergio Goes de (org.). *Hipólito José da Costa*. São Paulo, Editora 34, 2001.

COSTA, Iraci del Nero da. Sobre a não existência de modos de produção coloniais. In: PIRES, Julio Manuel; COSTA, Iraci del Nero da (orgs.). *O capital escravista-mercantil e a escravidão nas Américas*. São Paulo, Educ/Fapesp, 2010.

COUTINHO, Edilberto. *Gilberto Freyre*. Rio de Janeiro, Agir, 1994.

DAVIS, David Baron. *O problema da escravidão na cultura ocidental*. Rio de Janeiro, Civilização Brasileira, 2001.

DRAIBE, Sônia. *Rumos e metamorfoses*: um estudo sobre a constituição do Estado e as alternativas da industrialização no Brasil, 1930-1960. 2. ed., Rio de Janeiro, Paz e Terra, 2004.

DREIFUSS, René Armand. *1964, a conquista do Estado*: ação política, poder e golpe de classe. Petrópolis, Vozes, 1987.

ERKERT, Jonathan. *Modos de produção no Brasil*: escravidão e forma jurídica. São Paulo, Ideias & Letras, 2018.

FAORO, Raymundo. *Existe um pensamento político brasileiro?* São Paulo, Ática, 1994.

_____. *Os donos do poder*: formação do patronato político brasileiro. 4. ed., São Paulo, Globo, 2008.

FARIA, José Eduardo. *Direito e economia na democratização brasileira*. São Paulo, Malheiros, 1993.

_____. Juristas fora da curva: três perfis. In: *Baú de ossos de um sociólogo do direito*. Curitiba, Juruá, 2018.

FARIAS, Márcio. *Clóvis Moura e o Brasil*. São Paulo, Dandara, 2019.

FEIJÓ, Diogo Antônio. Discurso de Regente eleito. In: CALDEIRA, Jorge (org.). *Diogo Antônio Feijó*. São Paulo, Editora 34, 1999.

FERNANDES, Florestan. *Circuito fechado*: quatro ensaios sobre o "poder institucional". São Paulo, Globo, 2010.

_____. *Poder e contrapoder na América Latina*. São Paulo, Expressão Popular, 2015.

_____. *Significado do protesto negro*. São Paulo, Expressão Popular, 2017.

_____. *O que é revolução*. São Paulo, Expressão Popular, 2018.

_____. *Apontamentos sobre a "Teoria do Autoritarismo"*. São Paulo, Expressão Popular, 2019.

_____. *Reflexões sobre a construção de um instrumento político*. São Paulo, Expressão Popular, 2019.

_____. *A revolução burguesa no Brasil*: ensaio de interpretação sociológica. São Paulo, Contracorrente, 2020.

_____. *A integração do negro na sociedade de classes*. São Paulo, Contracorrente, 2021.

_____. *A função social da guerra na sociedade Tupinambá*. 4. ed., São Paulo, Contracorrente, 2022.

FERREIRA, Gabriela Nunes. *Centralização e descentralização*: o debate entre Tavares Bastos e o visconde de Uruguai. São Paulo, Editora 34, 1999.

_____. *O Rio da Prata e a consolidação do Estado imperial*. São Paulo, Hucitec, 2006.

FICO, Carlos. *O golpe de 1964*: momentos decisivos. Rio de Janeiro, Editora FGV, 2014.

FONSECA, Pedro Cezar Dutra. *Vargas*: o capitalismo em construção. São Paulo, Brasiliense, 1999.

FRANCO, Maria Sylvia de Carvalho. *Homens livres na ordem escravocrata*. São Paulo, Editora Unesp, 1997.

FREYRE, Gilberto. *Ordem e progresso*. 6. ed., São Paulo, Global, 2004.

_____. *Sobrados e mucambos*. 15. ed., São Paulo, Global, 2004.

_____. *Casa-grande & senzala*: formação da família brasileira sob o regime da economia patriarcal. 51. ed., São Paulo, Global, 2006.

GAMA, Luiz. Luiz G. P. Gama – Correio Paulistano – 1871. In: FERREIRA, Ligia Fonseca (org.). *Com a palavra Luiz Gama*: poemas, artigos, cartas, máximas. São Paulo, Imprensa Oficial, 2011.

_____. Pela última vez – Correio Paulistano – 1869. In: FERREIRA, Ligia Fonseca (org.). *Com a palavra Luiz Gama*: poemas, artigos, cartas, máximas. São Paulo, Imprensa Oficial, 2011.

_____. *Democracia*. São Paulo, Hedra, 2021

_____. *Liberdade*. São Paulo, Hedra, 2021.

_____. *Direito*. São Paulo, Hedra, 2023.

GOMES, Orlando. *Raízes históricas e sociológicas do Código Civil brasileiro*. São Paulo, Martins Fontes, 2003.

GONZALEZ, Lélia. *Primavera para as rosas negras*. Lélia Gonzalez em primeira pessoa. São Paulo, Diáspora Africana, 2018.

_____. *Por um feminismo afro-latino-americano*. Rio de Janeiro, Zahar, 2020.

_____; HASENBALG, Carlos. *Lugar de negro*. Rio de Janeiro, Zahar, 2022.

_____. *Festas populares no Brasil*. São Paulo, Boitempo, 2024.

GORENDER, Jacob. *A escravidão reabilitada*. São Paulo, Expressão Popular, 2016.

_____. *O escravismo colonial*. 6. ed., São Paulo, Expressão Popular, 2016.

GRINBERG, Keila. *Código Civil e cidadania*. 3. ed., Rio de Janeiro, Zahar, 2001.

HIRANO, Sedi. *Formação do Brasil colonial*: pré-capitalismo e capitalismo. São Paulo, Edusp, 2008.

HOLANDA, Sérgio Buarque de. *Raízes do Brasil*. 26. ed., São Paulo, Companhia das Letras, 1995.

HOLLANDA, Heloisa Buarque de (org.). *Pensamento feminista brasileiro*: formação e contexto. Rio de Janeiro, Bazar do Tempo, 2019.

IANNI, Octavio. Florestan Fernandes e a formação da sociologia brasileira. In: IANNI, Octavio (org.). *Florestan Fernandes*: sociologia crítica e militante. São Paulo, Expressão Popular, 2011.

IUMATTI, Paulo Teixeira. *História, dialética e diálogo com as ciências*: a gênese de *Formação do Brasil contemporâneo*, de Caio Prado Jr. (1933-1942). Santos, Intermeios, 2018.

KATZ, Claudio. *A teoria da dependência 50 anos depois*. São Paulo, Expressão Popular, 2020.

LIMA, Oliveira. *Formação histórica da nacionalidade brasileira*. São Paulo, Publifolha, 2000.

LOPES, José Reinaldo de Lima. *O Oráculo de Delfos*: o Conselho de Estado no Brasil-Império. São Paulo, Saraiva, 2010.

LUCE, Mathias Seibel. *Teoria marxista da dependência*: problemas e categorias. Uma visão histórica. São Paulo, Expressão Popular, 2018.

LYNCH, Christian Edward Cyril. Quando o regresso é progresso: a formação do pensamento conservador saquarema e de seu modelo político. In: FERREIRA, Gabriela Nunes; BOTELHO, André (orgs.). *Revisão do pensamento conservador*: ideias e política no Brasil. São Paulo, Hucitec, 2010.

MALHEIRO, Perdigão. *A escravidão no Brasil*: ensaio histórico, jurídico, social. Petrópolis, Vozes, 1976.

MARIGHELLA, Carlos. Por que resisti à prisão (1965). In: *Chamamento ao povo brasileiro e outros escritos*. São Paulo, Ubu, 2019.

MARINI, Ruy Mauro. *Subdesenvolvimento e revolução*. Trad. Fernando Correia Prado e Marina Machado Gouvêa, Florianópolis, Insular, 2017.

_____. *O reformismo e a contrarrevolução*: estudos sobre o Chile. São Paulo, Expressão Popular, 2019.

_____. Sobre a *Dialética da dependência*. In: TRASPADINI, Roberta; STEDILE, João Pedro (orgs.). *Ruy Mauro Marini*: "Dialética da dependência" e outros escritos. São Paulo, Expressão Popular, 2022.

MARQUESE, Rafael de Bivar. *Feitores do corpo, missionários da mente*: senhores, letrados e o controle dos escravos nas Américas, 1660-1860. São Paulo, Companhia das Letras, 2004.

_____; SALLES, Ricardo. A escravidão no Brasil oitocentista: história e historiografia. In: _____; SALLES, Ricardo (orgs.). *Escravidão e capitalismo histórico no século XIX*: Cuba, Brasil e Estados Unidos. Rio de Janeiro, Civilização Brasileira, 2016.

MASCARO, Alex Antonio. *Segurança jurídica e coisa julgada*: sobre cidadania e processo. São Paulo, Quartier Latin, 2010.

MASCARO, Alysson Leandro. O sentido jurídico brasileiro. Reflexões para uma teoria política e jurídica a partir de *O povo brasileiro*, de Darcy Ribeiro. In: *Filosofia do direito e filosofia política*: a justiça é possível. São Paulo, Atlas, 2008.

_____. *Estado e forma política*. São Paulo, Boitempo, 2013.

_____. *Crise e golpe*. São Paulo, Boitempo, 2018.

_____. *Filosofia do direito*. São Paulo, GEN-Atlas, 2023.

_____. *Sociologia do direito*. São Paulo, GEN-Atlas, 2023.

MATTOS, Ilmar Rohloff de. *O tempo saquarema*. São Paulo, Hucitec, 2017.

MAZZEO, Antonio Carlos. O escravismo colonial: modo de produção ou formação social? *Revista Brasileira de História*, São Paulo, Marco Zero, v. 6, n. 12, 1986, p. 203-14.

_____. *Estado e burguesia no Brasil*: origens da autocracia burguesa. São Paulo, Boitempo, 2015.

MELLO, Evaldo Cabral de. *A outra independência*: Pernambuco, 1817-1824. São Paulo, Todavia, 2022.

MELLO E SOUZA, Laura de. *Norma e conflito*: aspectos da história de Minas no século XVIII. Belo Horizonte, Editora UFMG, 1999.

MENDONÇA, Kátia M. Um projeto civilizador: revisitando Faoro. *Lua Nova*, São Paulo, n. 36, 1995, p. 188-9.

MENEZES, Daniel Francisco Nagao. A República de Weimar tropicalizada: as aproximações de Francisco Campos e Carl Schmitt no ataque ao Estado social. In: BERCOVICI, Gilberto (org.). *Cem anos da Constituição de Weimar (1919-2019)*. São Paulo, Quartier Latin, 2019.

MICELI, Sergio; MARTINS, Carlos Benedito (orgs.). *Sociologia brasileira hoje*. Cotia, Ateliê Editorial, 2017.

MOTA, Carlos Guilherme. *Ideia de Revolução no Brasil (1789-1801)*. São Paulo, Cortez, 1989.

_____. *José Bonifácio*. Patriarca da independência. Criador da sociedade civil nos trópicos. São Paulo, Imprensa Oficial, 2006.

_____. *Ideologia da cultura brasileira (1933-1974)*. 4. ed., São Paulo, Editora 34, 2008.

MOURA, Clóvis. *Dialética radical do Brasil negro*. 3. ed., São Paulo, Anita Garibaldi, 2020.

_____. *Quilombos*: resistência ao escravismo. São Paulo, Expressão Popular, 2020.

_____. *Rebeliões da senzala*: quilombos, insurreições, guerrilhas. 6. ed., São Paulo, Anita Garibaldi, 2020.

_____. *O negro*: de bom escravo a mau cidadão? São Paulo, Dandara, 2021.

_____. *Brasil*: as raízes do protesto negro. São Paulo, Dandara, 2023.

NABUCO, Joaquim. *O abolicionismo*. São Paulo, Publifolha, 2000.

_____. Um estadista do Império. In: MELLO, Evaldo Cabral de (org.). *Essencial Joaquim Nabuco*. São Paulo, Companhia das Letras, 2010.

NASCIMENTO, Beatriz. *Uma história feita por mãos negras*. Rio de Janeiro, Zahar, 2021

_____. *O negro visto por ele mesmo*. São Paulo, Ubu, 2022.

NETTO, José Paulo. *Pequena história da ditadura militar (1964-1985)*. São Paulo, Cortez, 2014.

NOVAIS, Fernando A. *Portugal e Brasil na crise do Antigo Sistema Colonial (1777-1808)*. São Paulo, Editora 34, 2019.

OLIVEIRA, Lucia Lippi. *A sociologia do Guerreiro*. Rio de Janeiro, Editora UFRJ, 1995.

OSORIO, Jaime. *O Estado no centro da mundialização*: a sociedade civil e o tema do poder. São Paulo, Expressão Popular, 2019.

PACHUKANIS, Evguiéni B. *Teoria geral do direito e marxismo*. Trad. Paula Vaz de Almeida, São Paulo, Boitempo, 2017.

PEREIRA, Anthony W. *Ditadura e repressão*: o autoritarismo e o estado de direito no Brasil, no Chile e na Argentina. São Paulo, Paz e Terra, 2010.

PEREIRA, Luiz. *Ensaios de sociologia do desenvolvimento*. 3. ed., São Paulo, Pioneira, 1978.

PERICÁS, Luiz Bernardo. *Caio Prado Júnior*: uma biografia política. São Paulo, Boitempo, 2016.

_____. Introdução. In: PERICÁS, Luiz Bernardo (org.). *Caminhos da revolução brasileira*. São Paulo, Boitempo, 2019.

PINTO, Luiz. *Tavares Bastos*. Rio de Janeiro, Dasp, 1955.

PRADO, Antonio Arnoni. *Dois letrados e o Brasil nação*: a obra crítica de Oliveira Lima e Sérgio Buarque de Holanda. São Paulo, Editora 34, 2015.

PRADO JÚNIOR, Caio. *Evolução política do Brasil*: colônia e império. São Paulo, Brasiliense, 1990.

_____. *História econômica do Brasil*. São Paulo, Brasiliense, 1998.

_____. A política brasileira. In: *Dissertações sobre a Revolução Brasileira*. São Paulo, Brasiliense, 2007.

_____. *Formação do Brasil contemporâneo*: colônia. São Paulo Brasiliense, 2008.

_____. A revolução brasileira. In: *A revolução brasileira e a questão agrária no Brasil*. São Paulo, Companhia das Letras, 2014.

RAMOS, Guerreiro. *Introdução crítica à sociologia brasileira*. Rio de Janeiro, Andes, 1957.

_____. *Negro sou*. A questão étnico-racial e o Brasil: ensaios, artigos e outros textos (1949--73). Rio de Janeiro, Zahar, 2023.

_____. *Mito e verdade da revolução brasileira*. Florianópolis, Insular, 2016.

REALE, Miguel. *Figuras da inteligência brasileira*. Rio de Janeiro, Tempo Brasileiro, 1984.

RÊGO, Walquíria G. Domingues Leão. *A utopia federalista*: estudo sobre o pensamento político de Tavares Bastos. Maceió, Edufal, 2002.

REIS, João José; GOMES, Flávio dos Santos Gomes (orgs.). *Revoltas escravas no Brasil*. São Paulo, Companhia das Letras, 2021.

RIBEIRO, Darcy. *O povo brasileiro*: a formação e o sentido do Brasil. São Paulo, Companhia das Letras, 1995.

_____. *Confissões*. São Paulo, Companhia das Letras, 1997.

_____. *Teoria do Brasil*. Rio de Janeiro, Fundação Darcy Ribeiro, 2013.

RICUPERO, Bernardo. *Caio Prado Jr. e a nacionalização do marxismo no Brasil*. São Paulo, Editora 34, 2000.

_____. *Sete lições sobre as interpretações do Brasil*. São Paulo, Alameda, 2011.

ROCHA, Antonio Penalves. *A economia política na sociedade escravista*: um estudo dos textos econômicos de Cairu. São Paulo, Hucitec, 1996.

ROMÃO, Wagner de Melo. *Sociologia e política acadêmica nos anos 1960*: a experiência do CESIT. São Paulo, Humanitas, 2006.

SAES, Décio. *A formação do Estado burguês no Brasil*: 1888-1891. Rio de Janeiro, Paz e Terra, 1985.

_____. *República do capital*: capitalismo e processo político no Brasil. São Paulo, Boitempo, 2023.

SAFATLE, Vladimir. Luta armada por subtração. In: MARIGHELLA, Carlos. *Chamamento ao povo brasileiro e outros escritos*. São Paulo, Ubu, 2019.

SALDANHA, Nelson. *O pensamento político brasileiro*. Rio de Janeiro, Forense, 1978.

SANTOS, Agnaldo dos; FERRAZ, Isa Grispum. Darcy Ribeiro. In: PERICÁS, Luiz Bernardo; SECCO, Lincoln Ferreira (orgs.). *Intérpretes do Brasil*: clássicos, rebeldes e renegados. São Paulo, Boitempo, 2014.

SANTOS, Rogerio Dultra dos. Francisco Campos e os fundamentos do constitucionalismo antiliberal no Brasil. *Dados – Revista de Ciências Sociais*, v. 50, n. 2, Rio de Janeiro, Iuperj, 2007, p. 281-323.

SANTOS, Theotonio dos. *Socialismo ou fascismo*: o novo caráter da dependência e o dilema latino-americano. Florianópolis, Insular, 2018.

_____. *Evolução histórica do Brasil*: da colônia à crise da Nova República. São Paulo, Expressão Popular, 2021.

SANTOS, Wanderley Guilherme dos. Paradigma e história: a ordem burguesa na imaginação social brasileira. In: *Roteiro bibliográfico do pensamento político-social brasileiro (1870-1965)*. Belo Horizonte, Editora UFMG, 2002.

SCHWARTZ, Stuart B. *Burocracia e sociedade no Brasil colonial*. São Paulo, Perspectiva, 1979.

SEABRA, Raphael Lana (org.). *Dependência e marxismo*: contribuições ao debate crítico latino-americano. Florianópolis, Insular, 2016.

SECCO, Lincoln; SILVA, Marcos; BRITES, Olga. *Mulheres que interpretam o Brasil*. São Paulo, Contracorrente, 2023.

SEREZA, Haroldo Ceravolo. *Florestan*: a inteligência militante. São Paulo, Boitempo, 2005.

SILVA, Eduardo. Entre Zumbi e Pai João, o escravo que negocia. In: REIS, João José; _____. *Negociação e conflito*: a resistência negra no Brasil escravista. São Paulo, Companhia das Letras, 1989.

SILVEIRA, Paulo de Castro. *Tavares Bastos*: um titã das Alagoas. Maceió, Assembleia Legislativa de Alagoas, 2019.

TELES, Edson; SAFATLE, Vladimir (orgs.). *O que resta da ditadura*: a exceção brasileira. São Paulo, Boitempo, 2010.

_____; QUINALHA, Renan (orgs.). *Espectros da ditadura*: da Comissão da Verdade ao bolsonarismo. São Paulo, Autonomia Literária, 2020.

TOLEDO, Caio Navarro de (org.). *1964*: Visões críticas do golpe – democracia e reformas no populismo. 2. ed., Campinas, Editora da Unicamp, 2014.

TORRES, Miguel Gustavo de Paiva. *O Visconde do Uruguai e sua atuação diplomática para a consolidação da política externa do Império*. Brasília, Funag, 2011.

TRASPADINI, Roberta. *A teoria da (inter) dependência de Fernando Henrique Cardoso*. São Paulo, Outras Expressões, 2014.

URUGUAI, Visconde do. Ensaio sobre o Direito Administrativo. In: CARVALHO, José Murilo de (org.). *Visconde do Uruguai*. São Paulo, Editora 34, 2002.

VAZ DE CAMINHA, Pero. *Carta de achamento do Brasil*. Campinas, Editora da Unicamp, 2021.

VENANCIO, Giselle Martins. *Oliveira Vianna entre o espelho e a máscara*. Belo Horizonte, Autêntica, 2015.

VIANNA, Luiz Werneck et al. *A judicialização da política e das relações sociais no Brasil*. Rio de Janeiro, Revan, 1999.

VIANNA, Oliveira. *O idealismo da Constituição*. 2. ed., São Paulo, Companhia Editora Nacional, 1939.

_____. *Instituições políticas brasileiras*. Brasília, Senado Federal, 1999.

_____. *Populações meridionais do Brasil*. Brasília, Senado Federal, 2005.

VIEIRA, Evaldo Amaro. *Autoritarismo e corporativismo no Brasil*: Oliveira Vianna & Companhia. São Paulo, Editora Unesp, 2010.

VON MARTIUS, Carl F. P. *O Estado de direito entre os autóctones do Brasil*. Trad. Alberto Löfegreo, Belo Horizonte, Itatiaia, 1982.

WILLIAMS, Eric. *Capitalismo e escravidão*. São Paulo, Companhia das Letras, 2012.

OUTRAS PUBLICAÇÕES DA BOITEMPO

Democracia para quem?
ANGELA DAVIS, PATRICIA HILL COLLINS E
SILVIA FEDERICI
Tradução de VComunicações
Prefácio de Marcela Soares
Orelha de Juliana Borges

A ordem do capital
CLARA MATTEI
Tradução de Heci Regina Candiani
Nota da edição de Clara Mattei e Mariella Pittari
Orelha de Luís Nassif
Apoio de Fundação Perseu Abramo

Pessoas decentes
LEONARDO PADURA
Tradução de Monica Stahel
Orelha de Xico Sá
Apoio de Ministerio de Cultura y Deporte da Espanha

Quem tem medo do gênero?
JUDITH BUTLER
Tradução de Heci Regina Candiani
Orelha de Amanda Palha
Quarta de Naomi Klein e Erika Hilton

Terra viva
VANDANA SHIVA
Tradução de Marina Kater
Orelha de Geni Nuñez e João Pedro Stedile
Quarta capa de Marina Silva

ARSENAL LÊNIN
Conselho editorial Antonio Carlos Mazzeo,
Antonio Rago, Fábio Palácio,
Ivana Jinkings, Marcos Del Roio, Marly Vianna,
Milton Pinheiro e Slavoj Žižek

O desenvolvimento do capitalismo na Rússia
VLADÍMIR ILITCH LÊNIN
Tradução de Paula Vaz de Almeida
Apresentação de José Paulo Netto
Orelha de Anderson Deo
Apoio de Fundação Maurício Grabois

BIBLIOTECA LUKÁCS
Coordenação: José Paulo Netto e Ronaldo Vielmi Fortes

Estética: a peculiaridade do estético – volume 1
György Lukács
tradução de Nélio Schneider
revisão técnica de Ronaldo Vielmi Fortes
apresentação de José Paulo Netto
orelha de Ester Vaisman

ESCRITOS GRAMSCIANOS
Conselho editorial: Alvaro Bianchi, Daniela Mussi, Gianni Fresu, Guido Liguori, Marcos del Roio e Virgínia Fontes

Vozes da terra
Antonio Gramsci
Organização e apresentação de Marcos Del Roio
Tradução de Carlos Nelson Coutinho e Rita Coitinho
Notas da edição de Rita Coitinho e Marília Gabriella Borges Machado
Orelha de Giovanni Semeraro

ESTADO DE SÍTIO
Coordenação: Paulo Arantes

Colonialismo digital
Deivison Faustino e walter Lippold
Prefácio de Sérgio Amadeu da Silveira
Orelha de Tarcízio Silva

MARX-ENGELS

Ludwig Feuerbach e o fim da filosofia clássica alemã
Friedrich Engels
Tradução de Nélio Schneider
Apresentação de Eduardo Chagas
Orelha de Arlene Clemesha

MUNDO DO TRABALHO
Coordenação: Ricardo Antunes
Conselho editorial: Graça Druck, Luci Praun, Marco Aurélio Santana, Murillo van der Laan, Ricardo Festi e Ruy Braga

A angústia do precariado
Ruy Braga
Prefácio de Sean Purdy
Orelha de Silvio Almeida

PONTOS DE PARTIDA

Lukács: uma introdução
José Paulo Netto
Orelha de João Leonardo Medeiros

ARMAS DA CRÍTICA

O CLUBE DO LIVRO DA **BOITEMPO**

UMA BIBLIOTECA PARA **INTERPRETAR** E **TRANSFORMAR** O MUNDO

Lançamentos antecipados
Receba nossos lançamentos em primeira mão, em versão impressa e digital, sem pagar o frete!

Recebido camarada
Todo mês, uma caixa com um lançamento, um marcador e um brinde. Em duas caixas por ano, as novas edições da *Margem Esquerda*, **revista semestral da Boitempo.**

Fora da caixa
Além da caixa, a assinatura inclui uma versão digital do livro do mês*, um guia de leitura exclusivo no Blog da Boitempo, um vídeo antecipado na TV Boitempo e 30% de desconto na loja virtual da Boitempo.

Quando começo a receber?
As caixas são entregues na segunda quinzena de cada mês. Para receber a caixa do mês, é necessário assinar até o dia 15!

FAÇA SUA ASSINATURA EM
ARMASDACRITICA.COM.BR

*Para fazer o resgate do e-book, é necessário se cadastrar na loja virtual da Kobo.

Publicado em 2024, 200 anos após a promulgação da
primeira Constituição do Brasil, outorgada por Pedro I após
dissolver a Assembleia Constituinte, este livro foi composto
em Adobe Garamond Pro, corpo 11/13,2, e reimpresso em
papel Avena 80 g/m² pela gráfica Mundial, para a Boitempo,
em outubro de 2024, com tiragem de 3 mil exemplares.